美育课程论

高中教育的美学视野

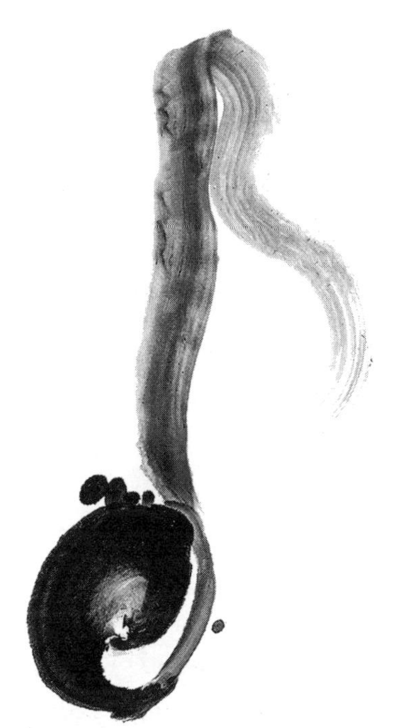

马维林——著

图书在版编目（CIP）数据

美育课程论：高中教育的美学视野/马维林著. —北京：北京师范大学出版社，2020.6
ISBN 978-7-303-25828-4

Ⅰ.①美… Ⅱ.①马… Ⅲ.①美育－教学研究－高中
Ⅳ.①G633.950.2

中国版本图书馆 CIP 数据核字（2020）第 074202 号

营 销 中 心 电 话　010-58802135　010-58802786
北师大出版社教师教育分社微信公众号　京师教师教育

MEIYU KECHENG LUN：GAOZHONG JIAOYU DE MEIXUE SHIYE
出版发行：北京师范大学出版社　www.bnup.com
北京市西城区新街口外大街 12-3 号
邮政编码：100088
印　　刷：北京京师印务有限公司
经　　销：全国新华书店
开　　本：787 mm×1092 mm　1/16
印　　张：16.25
字　　数：280 千字
版　　次：2020 年 6 月第 1 版
印　　次：2020 年 6 月第 1 次印刷
定　　价：60.00 元

策划编辑：伊师孟　责任编辑：贾理智
美术编辑：李向昕　装帧设计：李向昕
责任校对：段立超　责任印制：马　洁

序　言

美育是我国全面发展教育方针的组成部分。习近平总书记在全国教育大会上讲道，“要全面加强和改进学校美育，坚持以美育人、以文化人，提高学生审美和人文素养。”培养德、智、体、美、劳全面发展的社会主义建设者和接班人，不能没有美育。美育是培养学生审美观念和审美能力的教育，教育学生在自然界、社会和艺术作品中发现美、欣赏美，同时能够在生活中表现美、创造美。

艺术教育是美育的重要形式。习近平总书记在给中央美术学院8位老教授的信中写道：“美术教育是美育的重要组成部分，对塑造美好心灵具有重要作用。”正如习总书记所说，美育是塑造人的美好心灵的教育、美育不只是艺术教育，在学校里，所有活动都是在塑造学生的美好心灵。但艺术教育却是最好的途径。

中国教育历来非常重视美育。孔子提倡的“礼乐射御书数”六艺，把礼乐放在头两位，以乐辅礼，是把艺术与道德联系在一起。民国初期，蔡元培在教育方针中提出“以美育代宗教”。鲁迅也指出：美术有三方面目的和效果：“表见文化”“辅翼道德”“救援经济”。这些都说明美育与人文教育、德育是紧密相连的，充分说明了美育的育人价值。

然而，近年来，由于受到“应试教育”的干扰，美育在学校中缺失了，造成了学生的片面发展。社会上的一切不文明行为，追溯起来都与学校美育的缺失有关。再加上当前社会现代化带来的价值观念的冲突，特别是文化多元，各种思想交相融合和冲突，一些腐朽的丑恶文化也随之而来。学生的成长环境发生了深刻变化，他们正面临着这种复杂环境的挑战。因此，加强学校美育，培养学生正确的审美观念，刻不容缓。

江苏省南菁高中地处长江之滨的江阴市。江阴是一座古城，素以忠义之邦、人文之乡闻名于世。这里是季札的故乡、申春君的封地、吴文化的发祥地，历代人才辈出，有着深厚的文化底蕴。这里是南菁高中成长的历史文化沃土，也是江苏省南菁高中文化传承的基因。南菁高中的前身是“南菁书院”。书院自建立之日起即以“忠恕勤俭”为校训，弘扬优秀传统文化，培养经世致用人才。从书院、高等学堂到现代南菁高中，这座历史悠久的名校锤炼凝聚出了南菁精神——人文与创新。

南菁高中继承了优秀的文化传统，把握了时代脉搏，以美育为特色，树立起大美育的办学理念。他们不再以高考为圆心画圈，而是把立德树人作为根本任务，全面实施素质教育，培育学生的核心素养，让高中生能够享受幸福美好的校园生活，进而养成高雅的人格。自 2011 年开始，学校探索面向全体学生、贯穿教育全程、涉及全部学科、融入日常生活的“大美育”课程体系的建设。通过实施大美育，今天的南菁高中既保有百年书院的学府气质，更彰显出与时俱进的时代风采。

所谓大美育，就是以美育为核心的全面发展教育。大美育是自然美、社会美、艺术美、人格美的综合美育。南菁高中实施的大美育，不是一种教育形式，而是一种办学理念，即把美育贯穿到教育的全过程，培养真善美的健美人格。南菁学校全体老师都树立起了大美育的观念，能够在自己的教育教学中发现美、赞赏美、表现美，教书育美，以美育人。

大美育如何在学校落实？艺术教育虽不等于美育，但却是实施美育的重要途径。南菁高中虽然有着丰富的艺术教育资源，但高中已没有了艺术课程。因此，需要从大美育的理念，建设美育课程和美育活动。而南菁高中试图从学校历史、教育现实和学生未来的链接中探寻美育改革动因和实践方略。他们采取了以下几方面的举措。

第一，建设校本课程。学校利用文化艺术资源，开设了“中国传统艺术与审美”课程，将学生审美素养和审美能力纳入常态化教学视野。在教育教学改革的实践中，研究团队开发编写了美育校本教材《审美八讲》《涵养八讲》《创思八讲》，并陆续开发了覆盖各学科的美育教材。

第二，建设审美课堂，深入实施“大美育”课程。学校在美育课程体系整体建构的基础上，将美育实践的重心下沉至“课堂”，倡导以艺术的、审美的方式提升课堂教学的品质，深度变革教与学的方式。通过环境创设、文化培育、学科整合、渗透，营造审美的教学生态，激发学生内在的生命活力。课堂教学强化价值引领，从注重知识传承转向全面育人，培育学生核心素养。挖掘教学实践中的逻辑美和外在形式美，进行学校教学生活的审美化渗透，创设促进教与学转化的教学情境。

这里我讲一个我们青年时(20 世纪 40 年代)在南菁中学学习的故事。数学课本来是很枯燥的课程，但是我们在学习数学时却别有乐趣。同学之间都要比较谁的作业最整齐漂亮。特别是立体几何、解析几何都需要画图。立体几何的圆锥体画得有阴面有阳面，都是用工程制图笔画成，非常漂亮。记得当时班上作业做得最好最漂亮的是夏鹤龄同学。语文课上李成溪老师给我们讲《文心雕龙》，讲文学的审美。地理课李庚序老师在黑板上画出精美的地图。胡森林老师组织我们成立歌咏队、课外合唱团。上述这些案例说明，任何学科中都有美的因素，现在南菁高中继承了这一美育的传统。

第三，以美育重构校园生活，让美育渗透在学校教育的各个环节、各个方面。传承学校精神文化，提炼徐霞客、刘天华三兄弟、黄炎培、陆定一、吴文藻等老一辈校友的人文特质，宣扬现代校友在事业发展中的创新精神，提出“涵育南菁气质”，作为育人目标，着力培育有思想会表达、有责任敢担当、有爱心能宽容的南菁学子。

2011 年南菁高中被江苏省教育厅授予“江苏省首批美育课程基地”。经过这几年的探索和实践，南菁高中已经形成了以大美育为办学理念，以育人为宗旨的师生共同愿景，并建立起一套大美育课程体系和育人模式，使南菁高中成为既具书院气质，又显时代精神的现代学校。

本书的作者马维林在攻读博士学位期间就致力于普通高中美育问题的研究，他结合南菁高中的美育实践，对普通高中美育进行了理论分析和经验提炼，对普通高中美育的价值、目标、课程建构逻辑、课程开发思路、课堂教学改革等问题进行了深入探讨。这本书对破解普通高中的美育困境提出了可借鉴的方案。我期待通过大家共同努力，“让美育能渗透到学校教育生活的方方面面，让学校处处洋溢着美的气息”。

是为序。

2020 年 1 月

目　录

第一章　缘起：让学校教育彰显美学精神

美育作为一个相对独立的、明确的教育范畴，是由 18 世纪德国启蒙运动时期的美学家席勒在其《美育书简》中提出来的。面对工业革命以来人类前所未有的价值危机，席勒以人的全面和谐发展和社会的和谐为基点提出了较为完整的美育理论，对美育的本质特征和功能价值做出了全面阐述。美育，又称审美教育、美感教育，其核心任务是提高学生的审美素养，重在审美能力与审美意识的培育。通过对艺术美、自然美、社会美的审美活动和理性的审美教育，培养人树立审美观念，培养人健康的审美趣味，提高人对于美的欣赏力和创造力。党的十八届三中全会提出，“全面贯彻党的教育方针，坚持立德树人，加强社会主义核心价值体系教育，完善中华优秀传统文化教育……改进美育教学，提高学生审美和人文素养”，引起专家学者的高度重视。

就当前我国普通高中来说，学校教育存在功利化和庸俗化倾向，教育的精神培育和人格塑造功能缺失，立德树人的根本任务没有得到落实；学生人文素养不高，审美精神缺乏，想象力缺失，创新能力不强。一些学校“对美育育人功能认识不到位”，将美育窄化为艺术教育，又将艺术教育变成升学加分的途径，使艺术教育沦为技能的训练，更遑论建设有规模、有架构的课程综合群，形成美育课程体系了。

美育是审美教育，也是情操教育和心灵教育。美育不仅能提升人的审美素养，还能潜移默化地影响人的情感、趣味、气质、胸襟，激励人的精神，温润人的心灵。美育的实施必须回归到培养完整的人的高度上来，面向全体学生，进行全程渗透。这就需要从促进人的全面发展这一教育目标出发，构建学校美育课程体系，以美育重构校园生活。

第一节　弘扬传统文化　响应时代呼唤

马克思在深刻考察工业社会的弊端时指出，工业社会加速人的专业化，造成了完整人格的分裂，人日益被物质化和工具化……马克思在对工业社会弊端的批判中进一步提出社会发展的终极目标是实现人的全面而自由的发展。现代性美育命题提出，美育的宗旨是保持人的感性和自发性，保持个体生命的活泼和原创力，维护人与自然之间天然的、身心一体的联系，促使人在感性与理性方面实现协调发展。

一、价值审视：美育成就生命的美好和人生的幸福

（一）美育促进人的科学精神与人文素养的协调发展，是人全面发展的需要

近代以来，古典教育关注人自身完善的人文性传统被逐渐淡化，知识传授和技艺的形成已成为现代教育最突出的特点，过于强调应试性和专业性，使教育背离了其原初的价值，人的整体性、全面性和价值性的发展被遮蔽。正如席勒所说，“在现时代，欲求占了统治地位，把堕落了的人性置于它的专制桎梏之下。利益成了时代的伟大偶像，一切力量都要服侍它，一切天才都要拜倒在它的脚下。”①随着工业文化的全面渗透，人类文化出现了工具性的危机。当代学生出现的人文素质偏低、艺术素养不高、重理轻文、高分低能等现象，特别是基础教育忽视人文素养培育的现象，不利于人的全面发展和社会的健康发展。随着第三次工业革命的全面展开和后工业化时代的到来，人才培养面临着新的重大转型。现代社会物质文明和精

① ［德］席勒：《美育书简》，37 页，北京，中国文联出版公司，1984。

神文明的创造越来越需要具有科学素养和人文精神的高素质人才。从科学素养看，现代生产需要驾驭数字化和智能化生产工具，生产智能、个性、创意的产品，同时，现代生产需要合作、分享，需要更加凸显人的价值，生态和谐、绿色低碳、可持续发展成为现代生产的重要特质；从人文追求看，现代生产是人的现代化价值的重要体现，“人自身的需要”成为一切生产的终极价值追求，人不是物质的“奴隶”，而是自我的主人。马克斯·韦伯认为，任何一项事业的背后，必然存在着一种无形的精神力量。一个国家和民族的崛起必然有与之相适应的伦理精神作为价值支撑和道义支持。某种特别的伦理精神赋予某种崛起或发展以特有的价值引擎和伦理动力。由此，时代对教育提出的新的重大命题就是：如何通过教育进一步高扬人的价值需要，进而引领人的行动，走向智慧创新、主体关照的新阶段。因此，“改进美育教学，提高学生审美和人文素养”变得十分迫切。

“在一个技术泛滥的世界里生活，我们常常被追求物质享受的利己主义贪欲窒息得透不过气来。我们总是‘心不在焉’地活着，以至于忘记我们的根本，我们周围的一切都是矫饰和虚伪的”——这段由西班牙学者写于20世纪70年代的话，至今仍然掷地有声，甚至对当下的中国来说更为契合。正是因为我们被“物”所包围、被欲望所牵引，周围充满了媚俗和商业气息的所谓“美”，所以我们才迫切需要来换一种思维关照自己的情感、灵魂与他人，关照这个静默不语却始终在变迁的世界。① 真正的教育就是要以个体发展的完整性为指向，让学生兼备科学精神与人文素养。正如席勒所说，美育的目的不是单纯地促进某一种心理功能的发展，而是通过在内心中达到审美状态使各种心理功能达到和谐，即通过美育使受教育者具有协调和谐的心理状态和人格状态，从而为各种能力的高度发展和充分协调提供基础。② 美育充分开展审美理想和审美价值观的教育，通过培养正确的审美价值意识，帮助受教育者在关心物质利益的同时也追求精神价值、在追求知识技能的同时也重视内心世界的丰富与提高、在寻求个人需要满足的同时

---

① ［西班牙］安·塔比亚斯：《艺术实践》，25页，杭州，浙江摄影出版社，1989。

② 杜卫：《美育学概论》，43页，北京，高等教育出版社，2001。

也充分尊重社会与他人的需求。人的全面发展是个性发展的基础，没有全面发展的个性发展必然导致人的畸形成长，使人难以成为具有创新精神和创新能力的高素质人才。

(二)科学的思维与艺术的想象力一体两翼，美育是培养创新思维的重要途径

人的思维能力包括抽象思维能力和形象想象能力，后者在人的思维能力中发挥着重要作用，其作用机制是从已知形象创造出未知形象。想象力是审美能力的重要体现，外来的审美信息或审美对象进入人的审美视野，人凭借其个性化的记忆、想象和情感，创造出独特的审美意象。因此，审美本身蕴含着丰富的创造性特质。在欧美一些国家，艺术教育被明确定义为一种创造性教育。[①] 德国气象学家魏格纳正是根据“大西洋两岸边海岸线相似，非洲西海岸和南美东海岸像一张撕成两半的纸”这样形象的比喻，凭借想象力提出了“大陆漂移说”；牛顿也是凭借对“苹果落地”的进一步想象发现了“万有引力定律”，等等。科学研究有赖于这种能力，表现为凭直观形象进行模拟和推理，是一种发散性思维活动。这种活动机制恰恰也是人审美能力的重要表现，直接发生在艺术创作和欣赏中。

美育促进人的创新能力的发展还在于对人的整体创造能力的培养，包括创造欲望、动力，创造性实践、技能及其意识和思维。赫胥黎认为，能够从科学的推理中感受到优美、美妙和乐趣，能够从文学艺术欣赏中感受到理智，这就达到了受教育的最佳境界。[②] 现代物质文明的实现有赖于人的创新能力的高度发展和完善，科学的思维与人的艺术想象力有着内在的一致性，很多重大的科学发现都源于人对艺术和美的追求。有时候，科学家遵循本能提供的通向美的方向而前进，往往会获得深刻的真理。美育是一种体验性与参与性高度融合的活动，是想象的、造型的、感性直观的、自由表现的、富有感情色彩、专注和投入的、注重过程和愉悦的。这些特征

---

① 杜卫：《论审美素养及其培养》，载《教育研究》，2014(11)。

② 杨斌：《什么是真正的教育——50位大师论教育》，62页，福州，福建教育出版社，2010。

的实现，能自发地促进受教育者心理素质的协调发展，使人的各种能力、知识与技能得到全面发展。“优美的山野令人心旷神怡，它使我们的精神从人生的忧愁中解脱出来，赋予我们以勇气和希望。奔流不息的大河，使僵化思维活跃起来，得以扩展死板的思维范围。郁郁葱葱的大森林还诱发出对万物之源——生命的神秘感，唤起对生命的尊重意识。”①人的创新欲望和创新潜能就是在这种对生命激情的唤醒中实现的。可见，美育不仅激发了人类巨大的潜力，锻炼发展了人类的技能，而且使人类的审美触角伸向了广阔的空间。

当前，世界各国都高度重视文化创意产业，这一产业发展的关键是审美视野和创新素养。国际上流行的观点是：“四流企业卖劳力，三流企业卖产品，二流企业卖技术，一流企业卖专利，超级企业卖标准，超超级企业卖思路。”这已经成为国际产业链的基本形式，在这一链条上，中国不能仅以劳力作为后发优势。如文化创意产业的核心竞争力正是基于对人审美需要的满足，是想象力与实用性的统一，是生活与艺术的完美结合。文化创意产业的“创思”，是不同于工业时代“旧式竞争”的“新式竞争”。② 诚如美国密歇根大学(University of Michigan)教育学院赵勇教授所言：“中国正致力于由低端制造业为主的劳动密集型经济模式，向以创新为主的知识型经济模式转化。一个由创新驱动的社会一定是由创新型的社会成员组成的。而创新型的人才，绝不会是来自那些强迫学生们背诵考试标准答案，或是看学生能否‘反刍’那些以填鸭的方式教给他们的知识，来作为奖惩方式的学校。正因此，中国决心要把应试教育改变成为素质教育。”③现在看来，我们所追求的素质教育不应该仅仅是一般意义上的能力培养，还应该走向更高层次的审美体验和价值引领，让学生的成长具有美的意旨，充满想象力，

---

① ［日］池田大作、［德］狄尔鲍拉夫：《走向21世纪的人与哲学》，49页，北京，北京大学出版社，1992。

② Andy Pratt and Paul Jeffcutt, *Creativity, Innovation and the Cultural Economy*, New York, Routledge 2009, p. 3.

③ 赵勇：《迎头赶上，还是领跑全球——全球化时代的美国教育》，2页，上海，华东师范大学出版社，2010。

追求美的表达。

(三)美育培育人的健康情感和审美观念，唤起人对生命价值的执着追求

价值性是教育的本质属性，教育最根本的目的在于培养人的价值追求，让人类不断摆脱自我的束缚，走向更宽广的精神高地，进而追求人生价值的充盈和生命尊严的神圣，这与美育的目标是一致的。美育正是通过审美体验活动培养人健康的情感和丰富深刻的审美观念，进而提升人对生命价值的追求，使人自觉地追求充盈卓越的审美人生。马克思在《1844年经济学—哲学手稿》中提出"人也按照美的规律来建造"的理论，社会生产包括产品的生产和人的生产，而学校教育的工具性价值泛滥和社会对教育的功利化诉求，让教育很难真正充满诗意，教育培养人的使命被弱化了。因此，需要为学生提供那些更有意义的课程，引起学生对知识的兴趣、对美的思考、对价值的渴求。"人之为人不仅在于人有不同于动物的生理结构，更重要体现在人具有独特的创造能力及对自身价值和意义的不懈追求。人不满足于仅仅解决温饱问题，满足于口舌之快和本能欲望，更追求高品质的精神生活和自我价值的实现，在具体的实践活动中超越现实，追逐自己的人生理想。"①

康德认为，真正的德行只能根植于原则之上。"……它就是对人性之美和价值的感觉，这样说就概括了它的全部。惟有当一个人使自己的品性服从于如此之博大的品性的时候，我们善良的动机才能成比例地加以运用，并且会完成其为德行美的那种高贵的形态。"②学校何以适应这种需要，致力于德性和人性的培养呢？现代性学校建设是江苏省南菁高级中学(以下简称南菁高中)适应时代变革和在教育价值审视下对学校发展取向做出的战略性选择，其根本出发点是促进人才培养的现代化，提升学校教育的主体性价值。具体包括教育场域中师生的价值观念、道德认识、知识结构、精神气

① 刘亚敏：《论学术自由的人本价值》，载《教育研究》，2014(2)。

② [德]康德：《论优美感和崇高感·译序》，11页，北京，商务印书馆，2001。

质等的现代性转变，而这一切价值理想都必须借助于学校教育生活的重构来完成。例如，课堂如何渗透美育的理念，彰显现代性教育对人的现代性和社会现代性的要求，建设生成性、人道性、民主性的理想课堂。课程如何系统整合，引领学生在学习和体验中去理解美、欣赏美，进而去创造美。

美育通过对审美情感的培育，可以让人的心灵更加美化、人的精神境界更加高远，进而使人的审美素养和人文情怀达到完美统一。正如蔡元培所说，“美育之目的，在陶冶活泼、敏锐之性灵，养成高尚纯洁之人格。”美育与审美可以调和我们的情感，使之深沉丰厚，这也是涵养修习的最为重要的目标之一。近代西方哲学认为，人的心灵与精神领域可以分为认知(cognition)、情感(emotion)和意志(will)，即知、情、意三个方面，德国哲学家康德认为情感既包含着理性与认知的因素，又勾连着意志与欲望，因此在二者之间起着重要的桥梁作用。所以，在教育领域中，分别对应精神领域的知、情、意，有智育、美育和德育三方面，美育在其中起着重要的枢纽作用。当前，虽然脑科学、心理学还不能完全解释创新思维的特点和创新活动的过程，但通过对在科学领域有重大贡献的杰出人才进行考察，可以发现他们具有的共同特点：对科学探究的兴趣、对人类进步的责任感、献身科学的专业操守，善于合作……这些特点的具备，不仅仅需要通过专业知识的学习，更需要从小对学生进行积极健康的审美情感的培育，需要引领学生走向求真、扬善、唯美的人生境界。

二、政策导向：构建科学的美育课程体系

1999 年 1 月，国务院批转教育部发布的《面向 21 世纪教育振兴行动计划》，其中明确指出“体育和美育是素质教育的重要组成部分”；同年 6 月，中共中央、国务院颁布了《关于深化教育改革全面推进素质教育的决定》，将“美育”正式写入教育方针。从那时起，经历了较长“沉潜”期的美育开始逐渐进入我国基础教育的试验课程方案。“审美情趣”“审美观”等词语，在国家相关课程计划中频频出现。如 2000 年 1 月教育部印发的《全日制普通高级中学课程计划(试验修订稿)》中就明确指出，要通过课程学习，让学生“对自然美、社会美、科学美和艺术美具有一定的感受力、鉴赏力、表现力

和创造力”①。

2013 年 11 月，党的十八届三中全会通过《中共中央关于全面深化改革若干重大问题的决定》，提出要“改进美育教学，提高学生审美和人文素养”。自此，学校美育成为社会高度关注的热点问题。这是党的文件第一次对美育做出重要部署，推动着新时期的美育工作进入一个全新的阶段。2015 年 9 月，国务院办公厅印发《关于全面加强和改进学校美育工作的意见》(以下简称《意见》)，针对学校美育改革发展中存在的突出问题，深入而全面地提出了四条举措，其中，“构建科学的美育课程体系”位居其首，其他依次是“大力改进美育教育教学”“统筹整合学校与社会美育资源”“保障学校美育健康发展”。建构“美育课程体系”何以受到如此重视？究其原因，显然是因为“课程”乃国家教育政策、指导思想、育人目标与教学内容的重要载体，是国家意志特别是社会主义核心价值观在学校育人环节中的集中体现，也是学校教育教学活动的基本依据，在人才培养过程中发挥着核心作用。可以说，加强和改进学校美育工作，其关键正在于美育课程体系的建设。

《意见》指出，“普通高中美育课程要满足学生不同艺术爱好和特长发展的需要，体现课程的多样性和可选择性，丰富学生的审美体验，开阔学生的人文视野”。这就对普通高中的美育课程体系建构提出了相当高的要求：不仅要有完善而丰富的课程，可以供学生根据其不同的艺术爱好和特长发展加以选择，而且要在这些课程中体现出艺术技艺技能之外的审美素养，“丰富学生的审美体验”；不仅要在义务教育的美育基础上，进一步提升学生的艺术素养，而且要通过课程来达到“开阔学生的人文视野”的目标。也就是说，在当代，普通高中美育课程至少有两方面的要求：一是要以艺术教育作为实施美育的主要内容和基本途径；二是要在艺术教育的基础上给予美育更高的素养论意义，使其能够成为提高学生核心素养、增进其审美感受，进而获得全面成长的路径。这在很大程度上是由普通高中的特殊性

① 何东昌主编：《中华人民共和国重要教育文献(1998—2002)》，509 页，海口，海南出版社，2003。

决定的——“高中阶段的学生即将成为成人，处于人生观、价值观、世界观形成的关键期，也是他们成长为合格公民的重要阶段”。这一阶段，学生应该完成知识技能的积累与人生修养的提高。正因为此，需要“强调学校类型的多样化与课程结构的多样化”①。

而要实现这两方面的要求，就必须对学校美育课程体系进行科学建构，使该体系在微观(科目安排)上能够完成普通高中普及性艺术教育的教学任务，而在宏观(整体立意)上则可以体现出其本身的立意宗旨、教育理念与育人方案。因此，显而易见的是，不同学校基于其不同的地方文化特色、学校自身历史和定位，可以有不同的美育课程体系。但不同的美育课程体系又必须体现出同样的教育培养目标，即通过课程的多样性和可选择性，满足学生不同艺术爱好和特长发展的需要，丰富其审美体验，开阔其人文视野。更进一步而言，不同学校的美育课程体系都应该体现出“美育”作为审美教育之于人的完整性与人的全面发展的根本意义，体现出中华美学精神在当代教育中的重要价值。

于此而言，美育是实现《国家中长期教育改革和发展规划纲要(2010—2020年)》中所提出的“推动普通高中多样化发展”，特别是“推进培养模式多样化，满足不同潜质学生的发展需要，探索发现和培养创新人才的途径，鼓励普通高中办出特色”的重要路径和手段。而更重要的是，在普通高中“多样化”美育课程体系建构的背后，可以体现出学校美育改革的长远目标，即《意见》所言，“到2020年，初步形成大中小幼美育相互衔接、课堂教学和课外活动相互结合、普及教育与专业教育相互促进、学校美育和社会家庭美育相互联系的具有中国特色的现代化美育体系”。这一全国性的“现代化美育体系”，是以各校“美育课程体系”为基础的，而研究一所学校的美育课程体系，尤其是带有范本意义的学校正在建构中的美育课程体系，对于全国性现代化美育体系的建构具有窥斑见豹的意义。

鉴于此，本书尝试以江苏省首批重点中学、国家级示范高中、全国教

---

①　顾明远、石中英主编：《国家中长期教育改革和发展规划纲要(2010—2020年)解读》，106～107页，北京，北京师范大学出版社，2010。

育系统先进集体、江苏省美育课程基地——江苏省南菁高中为例，从美育课程体系建构的基本概念入手，分析其理论基础、资源建构、思路与目标、课程内容与评价，力图以这一所代表性学校美育行动的整体个案，讨论出当前我国普通高中美育课程体系建构的主要思路，并以美学和教育学的视角对这一思路进行初步的理论化探索。

三、背景研究：从中华美学精神到学生核心素养

21世纪前10年的课程改革可以视为是当前美育课程体系建构研究的基础与铺垫。而2015年以来的新一轮的美育课程改革已经超出了2001年《基础教育课程改革纲要（试行）》所提出的使学生“养成健康的审美情趣和生活方式”的教育目标①，而是着眼于人的全面发展，将美育上升到统领教育发展的整体立意的高度，重在立德树人。这一现象的发生，自有其深厚的社会文化背景。

2015年10月15日，习近平总书记在文艺工作座谈会上发表重要讲话，指出：“我们要结合新的时代条件传承和弘扬中华优秀传统文化，传承和弘扬中华美学精神。中华美学讲求托物言志、寓理于情，讲求言简意赅、凝练节制，讲求形神兼备、意境深远，强调知、情、意、行相统一。我们要坚守中华文化立场、传承中华文化基因，展现中华审美风范”。② 而在此之前，党的十八届三中全会通过的《中共中央关于全面深化改革若干重大问题的决定》就曾明确提出“改进美育教学，提高学生审美和人文素养”的要求。可以说，这一前后相继的重要讲话精神与中央文件，为中国当前的教育工作提出了明确的目标和方向。而这一方向，在2015年9月28日国务院办公厅印发的《关于全面加强和改进学校美育工作的意见》中被明确表述为“按照《国家中长期教育改革和发展规划纲要（2010－2020年）》要求，把培育和践行社会主义核心价值观融入学校美育全过程，根植中华优秀传统文化深厚土壤，汲取人类文明优秀成果，引领学生树立正确的审美观念、陶冶高尚

---

① 何东昌主编：《中华人民共和国重要教育文献（1998—2002）》，887页，海口，海南出版社，2003。

② 习近平：《在文艺工作座谈会上的讲话》，北京，人民出版社，2015。

的道德情操、培育深厚的民族情感、激发想象力和创新意识、拥有开阔的眼光和宽广的胸怀，培养造就德智体美全面发展的社会主义建设者和接班人”。也就是说，要通过学校美育教学，实现中华美学精神的传承与弘扬；通过学校美育教学，淬炼中华审美风范；通过学校美育教学，培养出一批拥有较高审美和人文素养，能够传承并弘扬中华美学精神，并在继承之中实现创新和创造性转化，同时具有相当道德情操、民族情感的社会主义人才。

这既是由当前我国深化教育改革的现实决定的，在一定程度上，也是由当前我国美育环节较为薄弱的现状所决定的。就前者而言，《国家中长期教育改革和发展规划纲要(2010—2020年)》明确提出，当前和今后一段时间，我国教育改革与发展面临较为繁重和紧迫的任务，是以育人为本、改革创新为工作方针，完善中国特色社会主义现代教育体系(包括美育体系)。着眼于“育人为本”的方针，可以认为从一个侧面说明了当前我国教育存在的明显问题：学校教育存在功利化和庸俗化倾向，教育的精神培育和人格塑造功能缺失，立德树人的根本任务没有得到切实落实；学生人文素养不高，审美精神缺乏，想象力缺失，创新能力不强。究其原因，党中央国务院高度重视美育，但当前美育工作落实并不理想——认识上，对美育缺乏应有的重视；实践上，美育实施碎片化，缺少整体设计。美育没有与学校全部教育生活相衔接，美育实施浅层化，教学生活机械化，师生关系单一化。说到底，是学校教育教学存在审美缺失。从课堂教学来说，教学的育人本质被遮蔽，工具性价值过分张扬。教学唯科学、唯理性、机械重复，学生学习负担沉重；教学缺少人文关怀，学生缺乏内在动力；教学实施与评价缺少学生立场，教与学的方式没有发生根本转变。教育的工具性价值过度彰显，导致普通高中教育以应试为本，学生人文素养不高、艺术素养缺位，学校教育生活单调乏味、缺乏精神追求，等等。而就美育自身而言，上述状况更成为美育在我国普通高中普遍缺乏有效践行的原因——正如《意见》所言，“总体上看，美育仍然是整个教育事业中的薄弱环节……重应试轻素养、重少数轻全体、重比赛轻普及，应付、挤占、停上美育课的现象仍然存在；资源配置不达标，师资队伍仍然缺额较大，缺乏统筹整合的协同推进机制”。

在改变上述现象的过程中，普通高中的美育课程体系建构具有极为重要的作用。一方面，高中阶段的学习是基础教育（义务教育）的提升，它体现和检验着初中与小学阶段的教育教学成果；另一方面，它又是中等教育与高等教育之间的衔接环节，为学生进入大专院校提供启蒙与基础。而美育作为一种注重人的全面发展、“把自己的全面的本质据为己有”的教育①，作为一种随时随地能用内在固有的尺度来衡量对象的、“按照美的规律来构造”物体的教育②，不但要求教育对象具有一定的认知水平和专业技能，更重要的是，还要求其具有相当充分的感性能力。而这种能力，需要具备一定的生活经验和接受一定的艺术熏陶才能产生，高中阶段恰是其发展的关键期。但问题在于，正因为高中阶段处于承前启后的枢纽环节，所以最容易受到“高考指挥棒”的影响，从而使美育工作流于泛泛。因此，需要依托具体的课程体系，对高中美育加以巩固、完善与充实。这不但在中国教育学界是一种共识③，而且已经成为当前国际课程理论发展的一个新趋势④。

而几乎与此同时，“核心素养”成为我国基础教育课程改革的关键词。在2014年3月教育部印发的《关于全面深化课程改革落实立德树人根本任务的意见》（以下简称《意见》）中，“核心素养”被置于深化课程改革的基础地位，成为课标修订的依据。2016年9月，《中国学生发展核心素养》研究成果发布。核心素养以培养“全面发展的人”为核心，分为文化基础、社会参与和自主发展3个方面，综合表现为人文底蕴、科学精神、学会学习、健康生活、责任担当、实践创新6大素养，具体细化为18个基本要点⑤。在这

---

① ［苏联］泰·伊·奥伊则尔曼：《马克思的〈经济学—哲学手稿〉及其解释》，73页，北京，人民出版社，1981。

② 马克思：《1844年经济学哲学手稿》，58页，北京，人民出版社，2004。

③ 参见张正江：《新中国美育发展研究》，227～230页，北京，人民出版社，2014。

④ 参见张华：《走向课程理解：西方课程理论新进展》，载《全球教育展望》，2001(7)。

⑤ 核心素养研究课题组：《中国学生发展核心素养》，载《中国教育学刊》，2016(10)。

18个要点中，与“美育”直接相关的是“文化基础—人文底蕴—审美情趣”。但如果从宏观层面来理解“美育”，则核心素养中的人文积淀、人文情怀、审美情趣、理性思维、批判质疑、珍爱生命、健全人格、社会责任、国家认同、国际理解、劳动意识等要点均与其相关。换言之，基于核心素养的美育课程体系建构可以在课程目标、课程内容结构、课程实施、课程评价等方面融入上述要点，使原本为顶层设计的核心素养具有落地的路径和渠道。因此，可以说，美育课程是核心素养培育的需要。也正是在这个意义上，才能得出“用核心素养来梳理培养目标，可以矫正过去重知识、轻能力、忽略情感态度价值观的教育偏失”①——因为“情感态度价值观的教育”，正是“美育”的核心内容；核心素养为美育课程体系的建构提供了较为细致的育人目标。

根据学者的研究，“核心素养的界定是学校教育从‘知识传递’转向‘知识建构’的信号，标志着我国学校的课程发展进入了新的阶段”②。事实上，《意见》将“构建科学的美育课程体系”作为首要措施，从某种意义上看，也可以认为是我国学校课程发展进入新阶段的一个标志。因此，探索这两个“标志”在理论建构与学校实践过程中的同一性，并为其提供个案参照，也是当前我国普通高中美育课程体系研究的重要内容。

四、意义建构：让美育在普通高中真正落地

教育的根本目的是培养全面发展的人，致力于人高尚人格的养成和精神品性的培育，让每一个人都能拥有较高的审美素养和精神追求，超越“工具人”，成为一个“完整的人”。从对优秀传统文化的提倡，到中华美学精神的提出，再到《意见》的印发与《中国学生发展核心素养》的出台，我国普通高中美育课程体系建构问题逐渐由部分学者的讨论和一些高水平高中的自发实践而被推向了社会关注的前台。但就目前来看，关于美育课程体系建构的讨论多集中在高等教育领域，针对普通高中的相关研究很少，且

---

① 施久铭：《核心素养：为了培养“全面发展的人”》，载《人民教育》，2014(10)。

② 钟启泉：《基于核心素养的课程发展：挑战与课题》，载《全球教育展望》，2016(1)。

缺乏足够的美学和教育学理论深度及富有时代精神的探索意义。当下，美育在普通高中面临如下状况：其一，由于高中教育的应试主义倾向没有得到根本转变，所以美育在普通高中没有受到应有的重视，学校对美育的本质、功能、途径缺少整体把握；其二，由于学校、社会和家庭对教育的认识存在不同程度的功利主义，将分数和升学作为评价教育的唯一指标，导致学校缺少美育实施的空间，甚至部分学校的艺术课被文化课挤占，学生的身心健康受到损害，更谈不上培养学生的审美素养。也就是说，美育没有得到真正有效落实，被等同于艺术教育，而艺术教育又沦为特长训练，从而使得学校教育背离了育人的本质，不利于人的全面发展。这些问题，亟待基础教育研究和实践领域作出回答，将"加强和改进美育教学、实现立德树人根本任务"的教育关切转变为生动的教育实践。

本书之所以尝试选择普通高中的美育课程体系建构作为研究对象，主要缘由如下：

第一，普通高中完成美育课程体系建构是完善中华优秀传统文化教育的关键，而后者则是在当前中国逐步崛起时，以文化自觉、文化自信、文化自强的面貌出现于世界的核心命题。自党的十七大以来，"中华民族伟大复兴必然伴随着中华文化繁荣兴盛，要更加自觉、更加主动地推动文化大发展大繁荣，并就提高国家文化软实力、兴起文化建设新高潮做出一系列重大战略部署"①逐渐成为全社会的共识，同时也成为国家教育改革和发展规划、国家文艺工作方针与政策制定的指导思想。这一宏观理念与中国经济高速发展、中国文化日渐为世界所认识的国际形势密切相关，突出表现在国家对文化软实力的重视上。

而"教育是决定文化软实力基础是否扎实、人才储备是否充足、潜力是否巨大、可持续发展是否有保证的最主要的领域"，"为了做强中国文化软实力，必须扎扎实实搞好教育，切实解决教育领域比较突出的现实问题，

① 云杉：《文化自觉、文化自信、文化自强：对繁荣发展中国特色社会主义文化的思考》，见中共中央宣传部《党建》杂志社编：《文化中国》，2页，北京，红旗出版社，2011。

夯实文化软实力的基础”①。从现实来看，美育课程体系的缺失，确实是“教育领域比较突出的现实问题”之一；而教育（包括美育）于国家文化软实力而言，是基础，其完善与否直接关系到中国国家文化软实力的发展前景，关系到中华优秀文化的传承与弘扬。反过来说，中国国家文化软实力的未来与中华优秀传统文化的复兴也必须落实在教育上，因此，注重感染、熏陶、陶冶、启迪和改造的“美育”就显得尤为重要。当前，基础教育功利化的倾向还十分严重，学生的全面发展和个性发展没有得到切实的保障，要改变这种现状，必须进一步落实国家立德树人、深化课程教学改革的总体要求。其中，课程尤为关键。普通高中建立起全面、完善、有特色的美育课程体系，以此为依托，将中华优秀传统文化和民族精神融入学生的学习生活中，渗透到课程教学的每一个环节，以此来展开具体扎实的立德树人工作，才能使中国文化软实力和中华优秀传统文化在公民成长过程中具有强大的凝聚力、创造力和竞争力。

第二，普通高中加强对美育课程体系的建构研究，是教育改革与发展的必然要求。就人才培养而言，长期以来，为了满足工业化对人才培养的需要，普通高中过分重视智育，重视教育的应试功用，而忽略了人“知、情、意”的全面发展，教育促进人精神提升和人格完善的功能没有得到充分发挥。表现在课程设置上，缺少系统化的整体建构，教育理念、人才培养的目标和学校课程体系之间缺少有效衔接，使得先进的教育理念仍停留在理想的企盼阶段，没有转化为生动的实践智慧。部分学校虽然有整体的课程设计，但在课程设置上，也片面地理解“美育”，将美育与智育、德育割裂开来：一方面，德育被局限在“空洞、苍白、枯燥的说教”之中，“容易引起学生对道德教育的麻木、冷淡、厌恶与反感心理，道德精神陶冶的作用根本无从谈起”②；另一方面，美育被狭隘理解为艺术教育，甚至仅被等同于艺术技能训练的特长教育。教育部教材局局长田慧生曾在给南菁

---

① 张国祚：《中国文化软实力研究论纲》，81～82 页，北京，社会科学文献出版社，2015。

② 朱梅梵：《立美育德论》，37 页，武汉，武汉大学出版社，2014。

高中“南菁美育丛书”做的序言中深刻地指出，“因为高考中普遍存在的艺术特长生加分政策，多少年来，很多中学的美育工作都围绕着‘艺术特长’打转，各种名目的课外辅导更是多如牛毛。这种以高考加分为诉求的‘艺术特长训练’，使学生在中学时期本最灵动的艺术敏感遭到了异化，也失去了‘美育’本应具有的净化精神、提升境界的功能”。因此，恢复普通高中的美育课程地位，整体建构科学合理的普通高中美育课程体系，也就成了落实《中共中央关于全面深化改革若干重大问题的决定》所提出的“坚持立德树人”，“完善中华优秀传统文化教育”，“改进美育教学”等任务的当务之急。

第三，强化普通高中美育课程体系建构研究，是普通高中实施多样化发展、加快育人模式转型的需要。普通高中多样化发展的本质是回归育人本质，尊重教育规律，办适合学生发展的教育。只有满足人的多样化发展，才能促进人的全面发展。一方面，美育是全面育人的基本要求，是教育的重要组成部分。正如《意见》所指出，“总体上看，美育仍是整个教育事业中的薄弱环节”。就全国范围来看，普通高中普遍需要加强美育建设，这就需要对普通高中的美育课程体系有较为深刻的研究与认识。另一方面，美育也是部分优质高中的办学特色。《国家中长期教育改革和发展规划纲要(2010—2020年)》中明确指出，要“推动普通高中多样化”发展，鼓励普通高中办出特色，“切实改变普通高中‘千校一面’的状况，注重普通高中学校的文化建设，鼓励普通高中依据地方文化特色、学校自身历史和学校定位建设具有自身特色的校园文化……鼓励普通高中根据地方特色和学校实际自主选择学校定位、培养目标和发展模式”①。就目前来看，已有部分普通高中在美育上有所突出、有所倾斜、有所成就，成为美育办学的特色校。而本书之所以将南菁高中作为研究对象，是因为江苏省历来以美育为其优势和特色，且正在开展“美育进中考”和落实美育公示制度，以南京宁海中学、

---

① 顾明远、石中英主编：《国家中长期教育改革和发展规划纲要(2010—2020年)解读》，122页，北京，北京师范大学出版社，2010。

江阴南菁高中为代表的一批美育课程基地已经取得了较为丰硕的成绩①。由此，选择一所江苏的学校，突出其美育特色，研究其课程体系的建构与实践，以“解剖麻雀”的方式，对其进行兼具行动研究与叙事研究的个案分析，既可以普遍利于普通高中实施美育课程建设，又可以为普通高中多样化办学特色提供一种借鉴和参照，从而克服普通高中人才培养的同质化现象，营造尊重个性和历史文化差异、有利于发展学生特长的育人环境。

第四，强化普通高中美育课程体系建构研究，是美学与教育学(课程论)研究发展的必然要求。长久以来，美学都被视同艺术哲学②，也有人将美学研究的对象视为艺术(含文学)，因此，美育(审美教育，Aesthetic Education)也往往被等同于艺术教育(Art Education)③。而事实上，一般美学的研究早已跃出了艺术的狭隘范畴，即使单就西方美学而言，也先后呈现为本质论美学、神学美学、认识论美学、语言论美学和文化论美学等阶段④，研究对象在艺术之外，还包括个人的审美直觉、想象力与创造冲动，自然界与科学研究中形式美的相关规律，个人的胸襟、气度与性情涵濡，以及

---

① 参见沈健：《让美育成为江苏教育现代化的美丽亮色》，载《中国教育报》，2015-10-13；彭钢：《课程基地：推进普通高中改革与发展的“综合平台”》，载《江苏教育报》，2011-09-29。

② 这是在康德之后以谢林和黑格尔为代表的美学观点，黑格尔曾明确指出：美学的对象就是广大的美的领域，说得更精确一点，它的范围就是艺术，或者毋宁说，就是美的艺术……我们的这门学科的正当名称却是“艺术哲学”，或者更确切一点，“美的艺术的哲学”，参见[德]黑格尔：《美学》，1卷，3～4页，北京，商务印书馆，1991。而整个20世纪的西方美学都是由分析哲学所主导的，“在分析哲学传统中，哲学美学其实就等同于艺术哲学”，参见 Allen Carlson，*Aesthetics and the Environment*：*the Appreciation of Nature*，*Art and Architecture*，London，Routledge 2000，p. 5。

③ 甚至近百年来中国美育的首倡者蔡元培似乎也以艺术教育作为美育的主要内容，他自述：“我本来很注意于美育的，北大有美学及美术史教课，除中国美术史由叶浩吾君讲授外，没人肯讲美学，十年，我讲了十余次……至于美育的设备，曾设书法研究会，请沈尹默、马叔平诸君主持。设画法研究会，请贺履之、汤定之诸君教授国画；比国楷次君教授油画。设音乐研究会，请萧友梅君主持。”可见，蔡元培所构想的美育课程体系，也主要是以具体部门艺术为科目的艺术教育，参见《蔡元培美学文选》，206页，北京，北京大学出版社，1983。另可参见彭锋：《美学导论》，277～278页，上海，复旦大学出版社，2011。

④ 参见王一川：《新编美学教程》，2～5页，上海，复旦大学出版社，2007。

个人对人与人、人与自然、人与社会(日常生活)之间情感交往的理解和体会，等等。而将这一切纳入美育教育之中，乃是当前普通高中美育课程体系建构，乃至各级各类学校美育工作的重要方面。诚如论者所言："当前我国美育课程存在的一个突出问题，就是课程结构单一，在教育实践中美育课程实际上就变成艺术课程，主要是音乐、美术。近年来增加了(综合)艺术，还是没有走出艺术课程的范围。"①造成这一现象的原因有二：一是上述对"美育等于艺术教育"的狭隘理解；二是在相当长的一段时期内，由于受苏联教育理论的影响，教育工作者曾"把美育看成德育的一部分，或者把美育看作实施德育的一种手段，它的目的是德育。按照这种看法，美育在教育体系中是依附于德育的，本身没有独立的价值"②。也正因此，国务院在《意见》中既要求"开设丰富优质的美育课程。各级各类学校要按照课程设置方案和课程标准、教学指导纲要，逐步开齐开足上好美育课程。……普通高中在开设音乐、美术课程的基础上，要创造条件开设舞蹈、戏剧、戏曲、影视等教学模块。……各级各类学校要重视和加强艺术经典教育，根据自身优势和特点，开发具有民族、地域特色的地方和校本美育课程"，同时，也明确指出要"将美育贯穿在学校教育的全过程各方面，渗透在各个学科之中。加强美育与德育、智育、体育相融合，与各学科教学和社会实践活动相结合。挖掘不同学科所蕴含的丰富美育资源，充分发挥语文、历史等人文学科的美育功能，深入挖掘数学、物理等自然学科中的美育价值。大力开展以美育为主题的跨学科教育教学和课外校外实践活动，将相关学科的美育内容有机整合，发挥各个学科教师的优势，围绕美育目标，形成课堂教学、课外活动、校园文化的育人合力"。至于如何将国家对于美育课程的普遍性要求(如《意见》中所指出的"学校美育课程主要包括音乐、美术、舞蹈、戏剧、戏曲、影视等")与普通高中所在的地方民族文化特色、学校自身历史和定位建设结合起来，开设完整的、容纳国民教育序列课程、地方

---

① 张正江：《新中国美育发展研究》，228页，北京，人民出版社，2014。

② 叶朗：《美育与人生境界》，见陆挺、徐宏：《人文通识讲演录·美学卷》，16页，北京，文化艺术出版社，2007。

课程与校本课程等为一体的课程体系，则是当前普通高中美育课程论的重要课题。解决这一课题，既需要宏观的课程观，也需要具体的个案剖析。

特别需要指出的是，美育课程体系的整体建构这一研究正是以美学精神来实现对教育生活的提升，即以美育重构审美的中学生活。从普通高中深化课程教学改革的目标来看，教学方式变革转型与学科育人是当前教育理论与实践关注的重点，美育课程体系的整体建构正是致力于学科本位教学转向素养教学情境的创设。“情境”与南菁高中美育课程体系建构的理论依据“生活美学”(The Aesthetics of Everyday Life)之间有着密切关联。尤其是自生活美学而延伸出的审美素养论转向(The Literacy Turn of Aesthetics)，将情境作为审美对象(学科整合以及教学与生活的融合)，使教育学和美学具有了理论的应契。应这一理论趋势，提出具有实践意义的课程与课堂建设路径和范式，转变课堂教学生态，提升课堂教学的育人价值，是该研究所要解决的重要理论问题，亦是其意义所在。

正是基于以上四点原因，本书拟将南菁高中作为个案研究的对象，以切入当前我国普通高中美育课程体系的建构讨论，从南菁高中近年来的教育教学实践中，抽离出对我国普通高中美育课程体系建构有所裨益的普遍经验和范例参照。

本书以美育课程体系整体建构的理论依据、课程实施的路径方法、实践探索的呈现以及美育课程的评价为主要线索，构建普通高中美育课程体系建构的理论模型和实践范式，试图以美学精神统领课程文化建构，推动教学转型。

本书从普通高中的视角，回应党中央国务院提出的立德树人、加强和改进美育教学的要求。通过总结南菁高中近年来在美育工作特别是美育课程体系整体建构和教学方式深度变革等方面的理论研究和实践探索的成果，对基础教育美育实施和教学改革进行大胆探索，就普通高中如何克服教育的工具主义倾向、践行社会主义核心价值观、培养学生核心素养提出可行的路径，对深化课程教学改革、实现立德树人根本任务做出生动的回答。

在具体研究中，本书将借鉴美国教育学家魏乐曼(Francis T. Villemain)教授的观点，将其进行区分①。

第二节　探寻理论之因　触摸实践之脉

一般来说，课程论的研究综述(学术史)往往可以分为两类：一种是关于该课程理论的价值研究，即从学理上对某学科课程的概念进行重建和多重理解，可以视为一种课程哲学或课程美学；另一种则是关于该课程理论的实践研究，也就是研究具体的课堂教学，讨论在课程实施中的具体问题。但是，正如上文所言，由于“美育”是一个相当广阔的概念，它更多类似于一种课程群，而非单一的学科门类，因此，美育的课程体系研究难以援引前文所言的分类方式②。本节在对本书所涉核心概念做出历时性澄清与解释的同时，也对已有相关研究展开回顾和评析，在概念界定与文献考察的双重视野中提出本书的研究基础与路径。

一、历程梳理：从“社会论美育”到“主体论美育”

我国学界对于美育的关注和研究基本与狭义的现代性进程同步，大体开始于19世纪末。此后，经过20世纪，尤其是近三十年的发展，形成了相当繁荣的学术流派，但相比于一般教育学理论(如近年来对多元理论、生命教育、影子教育、课程领导等的讨论)、美学热点话题(如20世纪90年代以

---

① 魏乐曼(又译“维勒曼”，1919—1992)是美国著名的教育学家、教育哲学家，曾任圣何塞州立大学教育学院院长，创办有《教育与哲学研究》学术期刊。魏乐曼教授去世后，圣何塞州立大学设立了以他的名字命名的讲席。关于其对教育哲学研究的贡献，可参见 Hobert W. Burns, Patricia A. Villemain, “Remembrance of Francis T. Villemain”, *Studies in Philosophy and Education*, Vol. 14, Issue 1, 1995, pp. 1-3。

② 以“高中美育”为关键词，在中国知网中进行检索，得出的相关研究论文基本都是某一具体科目和知识点的美学渗透，如《高中语文古典诗歌美育研究》《高中数学美育的教学策略研究》《高中地理学科的美育内容及目标达成的策略研究》等，而缺乏对“高中美育”的理论探讨和价值阐释，而这在很大程度上正是由于“美育”自身概念的宽泛性所造成的。

来生命美学与实践美学的论争、进入21世纪以来文化研究的兴起等)，美育仍是学术研究的薄弱环节，甚至在“什么是美育”的话题上，仍没有相对一致的意见。这一点留在后文讨论“美育课程”时再加以详细说明。而“美育”的基本概念在当前中国基础教育和学术研究界之所以还不明晰，很大程度上是因为其近百年来的发展较为曲折。

从已有研究来看，学者们对于我国美育研究的发展历程有不同形式的归纳，如唐兵认为近百年来我国美育观念演进可以分为六个阶段：情感陶冶美育观(五四运动以前)、陶冶情操美育观(五四运动至20世纪20年代)、怡情悦性美育观(20世纪三四十年代)、政治教育美育观(20世纪50年代至70年代)、德育美育观(20世纪70年代末至80年代初)、素质教育美育观(20世纪80年代中至80年代末)①。单就学术研究而言，五四运动以来美育观念的演进就是美育研究主流趋势的改变，中国美育研究同样可以按照时段进行上述划分。应该说，这种划分也是基本符合实际的。在中华人民共和国成立前后，我国的美育观念和美育研究确实存在着巨大的断裂，而近三十年对“美育是什么”的理解也与20世纪五六十年代有着极为明显的区别。不过，这种“六段论”的划分方式失之过细，特别是将中华人民共和国成立之前美育观念的讨论分成“情感陶冶”“陶冶情操”和“怡情悦性”三类，枉顾了其代表人物的主要著述时间大都有所重合：如按照唐兵的划分，蔡元培既属于“情感陶冶”又属于“陶冶情操”；而作为教育家的陶行知，也很难说其对于美育的看法仅有“怡情悦性”而无“陶冶情操”。

更为重要的是，在唐兵所论述的在中华人民共和国成立之前的美育家中，鲁迅与王国维虽然与梁启超、蔡元培等人一样认为美育有“改造社会”的作用，但一则作者并未以“改造社会”对其进行归纳，而是将其概括为“情感陶冶”——这种说法其实与“陶冶情操”“怡情悦性”之间并无本质上的差异；二则鲁迅与王国维对美育重视的出发点和目的，与梁启

---

①　参见唐兵：《近百年中国美育观念演变研究》，硕士学位论文，西南师范大学，2001。

超、蔡元培有迥然的差异，这种差异造成了他们对美育的态度与梁、蔡有着根本的不同。另外，在20世纪60年代至70年代，我国的美育研究由于政治原因而陷入停滞，在这前后的部分学者的论述也显得过于政治化而缺乏实际的学术意义或学理启发，故而可以在学术史上忽略。基于上述理由，本书主张将我国近百年来富有学术价值的美育研究划分为四个阶段①。

第一阶段，也是最复杂的阶段，是在中华人民共和国成立之前。这一时期的美育研究，一方面由于社会性质与文化形势的复杂而呈现出一种救亡与启蒙并存的“双重变奏”②；另一方面，由于美育（美学）作为一门现代学科刚刚被引介入中国，学界对其理解呈现出颇为不同的两面：政治批判与个性解放。虽然这两面都是美育的重要功效，但上文所述梁启超、蔡元培等人主要强调其政治批判的一面，希望通过美育将刚从封建社会中挣脱出来的中国“人”整合进一个现代的、文明的、法治的“社会”之中，这一点尤其充分地表现在梁启超对小说的期待中。他说：“今日欲改良群治，必自小说界革命始；欲新民必自新小说始。”③而在蔡元培的教育体系中，美育是与军国民主义教育、实利主义教育、公民道德教育、世界观教育并列的一种教育，他的“美育”除了学校教育之外，还有家庭美育、社会美育，其用意在于改造社会④。与他们不同的是，王国维和鲁迅更强调美育个性解放的一

---

① 此段分析采纳浙江大学传媒与国际文化学院林玮博士的观点和建议，特此致谢。

② “启蒙与救亡的双重变奏”是李泽厚于1986年提出来的观点，曾在学界引起广泛而持续的讨论。相关论述可参见李泽厚：《中国现代思想史论》，1～44页，天津，天津社会科学院出版社，2003。李杨：《“救亡压倒启蒙”？——对八十年代一种历史“元叙事”的解构分析》，载《书屋》，2002(5)；罗岗：《五四：不断重临的起点——重识李泽厚〈启蒙与救亡的双重变奏〉》，载《杭州师范大学学报》(社科版)，2009(1)；刘悦笛：《“启蒙与救亡”的变奏：孰是孰非》，载《探索与争鸣》，2009(10)；田正平：《救亡与启蒙的二重奏——以留日学生刊物〈浙江潮〉为个案的考察》，载《教育研究》，2005(11)。

③ 梁启超：《论小说与群治之关系》，见夏晓红：《梁启超学术文化随笔》，177页，北京，中国青年出版社，1996。

④ 参见汤广全：《自由与和谐——蔡元培“五育并举”观研究》，载《教育学术月刊》，2009(1)。

面。由于对于当时社会有着明显的不信任感①，他们倾向于将“人”与腐朽的、僵化的社会及其人生观隔离开来，通过美育使人重新显现出一种朝气蓬勃的面向，通过个人情感的更新、精神的改变，来渐次更新社会，以及整个民族与国家②。

总的来说，第一阶段的美育研究重视的是个人与社会的关系，这是因为当时的中国正处于社会转型时期，需要强调个人与国民社会的融入以及个人对国民社会的批判。即使强调个人性情的陶冶、趣味或品位的培养，也大多是出于“文明社会”的现代性考量③。因此，这一时期的美育观念不妨命名为“社会论美育”。

而进入新中国之后，美育受政治的影响较为明显，故而唐兵认为这一阶段为“政治教育美育观”的历史阶段。当时参与美育研究的蔡仪、高尔泰、朱光潜、李泽厚等人分别标举“美在客观”“美在主观”“美在主客观的统一”“美在社会性与客观性的统一”等理论，在学术意义上进行了较大范围的讨论④。虽然这些美育家及其主张未尝没有政治因素的考量，但就其讨论的整体范围和学术水准而言，他们的美育观念仍属于一种较为纯粹的知识论范畴——虽然这种范畴在很大程度上受到了马克思唯物主义

---

① 王国维自认是前清的“遗民”，而其观念一贯被视为是“自由之思想，独立之精神”(见陈寅恪于1929年为王国维所做的墓志铭)的代表，可参见孟泽：《“遗民诗学”的亲证——王国维的精神变迁与情感归属》，载《中国韵文学刊》，2007(1)；陈来：《略论“独立之精神、自由之思想”与大学精神》，载《清华大学学报》(哲学社会科学版)，2012(6)。而鲁迅对社会的批判及其对教育的启示，可参见胡虹丽、王侃：《鲁迅“执着现在”现实主义精神及其对当代基础教育改革的启示》，载《教育学术月刊》，2008(6)。

② “改变精神”是鲁迅推崇美育的重要意义所在，这从其《呐喊》自序中一段极为著名的话可以看出来：“凡是愚弱的国民，即使体格如何健全、如何茁壮，也只能做毫无意义的示众的材料和看客，病死多少是不必以为不幸的。所以我们的第一要著，是在改变他们的精神，而善于改变精神的是，我那时以为当然要推文艺，于是想提倡文艺运动了”。另外，相关论述还可参见何志汉：《鲁迅教育思想浅探》，194页，成都，四川教育出版社，1987。

③ 朱光潜有一段论述，可以鲜明地说明这一点。他说：“中国社会闹得如此之糟，不完全是制度的问题，是大半由于人心太坏……要求人心净化，先要求人生美化”。参见《朱光潜美学文集》，1卷，446页，上海，上海文艺出版社，1982。

④ 参见叶朗：《美学原理》，34～43页，北京，北京大学出版社，2009。

意识形态的影响，但“意识形态”毕竟不能完全等同于“政治”。从某种意义上说，当时主导中国学术界的“知识型”（主客观二分）观念正是在马克思主义影响下而产生的①。这些美育家在讨论学术问题时，是充分从其知识与经验的背景出发的。无论“客观说”“主观说”，还是“主客观统一说”“社会性与客观性统一说”，都没有明显的“政治”意味，更无“政治诉求”，很难说是将美、美育当作一种“政治工具”②——其实，所谓“工具（政治）论美育”，在 20 世纪六七十年代的“文化大革命”期间才体现得较为充分。因此，与其说这一阶段的美育为“政治教育”范式所主导，不如说是一种较为纯粹的“知识论美育”。

事实上，对于中华人民共和国成立之后的国家美育阶段，有多种不同的说法。从历史发展的角度出发，有的学者选择了较为形象的表述。如西南大学张正江副研究员就认为，普通中小学美育在中华人民共和国成立之后可以分为“初春”（1949—1956 年）、“深秋”（1956—1966 年）、“寒冬”（1966—1976 年）、“复苏”（1977—1985 年）、“春天”（1986—1988 年）、“初夏”（1999 年至今）五个阶段③；华南师范大学郭声健教授则认为可以分为“从有到无”（1949—1976 年）、“拨乱反正”（1979—20 世纪 90 年代初期）、“重要决策”（《中国教育改革和发展纲要》的颁布到第三次全国教育工作会议的召开）、“规范发展”（21 世纪以来）④四个阶段。可以说，这类划分方式的主要标准是史学的，或者说是史料的，是以某一具体历史事件（如政策的颁布、法规的出台、领导的讲话等）作为转折标志的。

---

① 所谓“知识型”（episteme，又译为“认识阈”），是福柯所使用的概念。他认为，知识型“是指能够在既定时期把产生认识论形态、产生科学、也许还有形式化系统的话语实践联系起来的整体”。参见[法]福柯：《知识考古学》，248 页，北京，生活·读书·新知三联书店，1998。

② 唐兵：《近百年中国美育观念演变研究》，30 页，硕士学位论文，西南师范大学，2001。

③ 参见张正江：《新中国美育发展研究》，41～102 页，北京，人民出版社，2014。

④ 郭声健：《新中国学校美育地位变迁的四个阶段》，载《美育学刊》，2011(1)。

这种以史学本体为依据的划分方式，固然有其意义，但同样也缺乏一种学理性的归纳和思考，容易失之过细。如张正江的划分中，1986—1988年的短短两三年就可以算作美育发展的一个历史阶段（“春天”）。这样的结论，说服力并不强。正因为此，本书尝试提出以美育本体为标准的划分方法，除了上述社会论美育、知识论美育之外，近百年来，中国的美育还包括“德育论美育”和“主体论美育”两个阶段。

“德育论美育”大体是指“文化大革命”之后至20世纪80年代中期的美学倾向。虽然这种美学倾向在中国历史上和在中华人民共和国成立时都曾不同程度地存在过，但在“文化大革命”之后，社会对精神文明建设的整体渴望，促使了美育被认定与德育有着密切的关联。最为典型的例子是1982年在全国范围内浩浩荡荡开展的“五讲四美”活动，即将其中“美”设置为首位的“心灵美”。许多美学家也坚持认为，美育的意义在于促进德育的发展，因为美“总是指某种浸透着人类崇高的精神境界的形成”①。这种观点形成的原因有两个：一是中国历史悠久的“诗教”和“乐教”传统，强调寓教于乐；二是受苏联的影响。比如有论者指出：“苏联的一些美学的辞典和书里都明确讲，美育是道德教育、思想教育、劳动者教育等的一部分。”②这种观点一方面扩大了德育范畴的外延，为德育的发展提供了富有感染力的理论修辞与实施方法，但另一方面，也在某种意义上取消了美育的独立性，将美育视为德育的附庸。因此，这种美育观念是值得反思的。

随着现代教育观的确立，尤其是立足中国本土教育实践发展的美育，对“德育论美育”进行了一定程度的纠偏。这突出表现在1999年至2001年这一段时间，以素质教育的倡导为契机，中央密集发布了一系列文件和领导

---

① 参见滕守尧：《论审美能力的构成和培育》，载《教育研究》，1983(6)，其中相关观点，可参见丁家桐：《谈美育》，载《教育研究》，1981(8)。

② 叶朗：《美育与人生境界》，见陆挺、徐宏：《人文通识讲演录·美学卷》，16页，北京，文化艺术出版社，2007。

的讲话稿，将美育提高到了与"德、智、体"相并列的层面①，并出台了系列关于艺术教育的政策、意见和办法。如基于1999年开始的新一轮基础教育课程改革，国家于2001年出台《义务教育课程设置实验方案》，规定在一至九年级设置艺术课；2003年出台《普通高中课程方案》，要求学生"形成积极健康的生活方式和审美情趣"，并制定了音乐、美术、艺术等课程标准；2014年，教育部出台了《关于推进学校艺术教育发展的若干意见》，为"改进美育教学，提高学生审美和人文素养"提供了具体依据和富有操作性的课程落地式意见。因此，延续至今的美育可称为"主体论美育"，即将美育视为一种人的主体性询唤力量，并且以艺术课程为抓手，构建一种不同于此前片面突出美育某些功能的教育观，使美育具有更为崇高也更为根本的树人功能。当然，毋庸讳言的是，当前我国"主体论美育"的理论建构与教学实践，尤其是课程体系建设仍处于起步阶段，不少问题尚有待深入研究。

另外，需要指出的是，进入21世纪，随着美育课程受到普遍重视，"德育论的美学观"开始向"美育论的德育观"转变，并被视为是对道德教育功利主义的超越②，使二者之间形成了历史的二律背反。这恰可证明美育在当前学校教育中的重要意义，也让我们对一贯缺乏美育的课程体系建构重新进

① 这一系列行为始于1999年1月13日国务院批转教育部《面向21世纪教育振兴行动计划》，其中提出"体育和美育是素质教育的重要组成部分，要加强体育和美育工作"；同年6月13日，中共中央、国务院又发布《关于深化教育改革全面推进素质教育的决定》，其中第二条指出"实施素质教育，必须把德育、智育、体育、美育等有机地统一在教育活动的各个环节中"；在当年的第三次全国教育工作会议上，时任国家主席的江泽民、国务院副总理李岚清先后发表重要讲话，指出要克服那种只重视智育，轻视德育、体育和美育的倾向。2001年5月29日，国务院发布《关于基础教育改革与发展的决定》，指出："坚持教育必须为社会主义现代化建设服务、为人民服务，必须与生产劳动和社会实践相结合，培养德智体美等全面发展的社会主义事件建设者和接班人"。这与1995年《中华人民共和国教育法》第五条"教育必须为社会主义现代化建设服务，必须与生产劳动相结合，培养德、智、体等方面全面发展的社会主义事业的建设者和接班人"相比，增加了"美育"，可视为是对教育方针的新概括。以上相关文件论述，可参见何东昌主编：《中华人民共和国重要教育文献（1998—2002）》，218、276、296、887、912、1403页，海口，海南出版社，2003。

② 可参见檀传宝：《德育美学观》，北京，教育科学出版社，2006。

行审视。同时，就教育学研究而言，也有学者指出，现代教育学"在获得数量和效率的同时，却逐渐失去了它原本具有的生活性和文化批判的品格。这主要表现在教育学在学科建设上仅仅关注学科逻辑的合理性和可操作性，漠视多彩的教育现实。教育学应恢复它的文化批判本性，走向实践、关注生命"①。"走向实践、关注生命"在很大程度上意味着人及其自由而全面的发展应是教育的本质和核心问题，而这恰是美育的根本任务，是核心素养中"珍爱生命""勇于探究"等要点的显现。

由上述美育发展的变化可以看出，中国的美育研究在经过了特殊时期的侧重之后，逐渐回归了其立人的本义，指向了人的全面发展。而正如上文所言，主体论美育一方面缺乏理论的深入探索，另一方面则在课程实践上缺乏与教学论相契合的细节研究，这就为本书讨论普通高中美育课程体系的建构提供了空间与可能。

最后，需要说明的是，虽然中国古典美育思想丰富，有着深厚的美育传统，但近代意义上的美育研究却来自西方，上述近百年来的中国美育研究在很大程度上已经包括了美育在西方漫长发展中的各种偏向。20 世纪下半叶以来，西方美育在学校教学过程中有了更"接地气"的进展和研究，相关文献综述也是"前人之述备矣"②，本书不再做梳理，仅以斯洛文尼亚学者奥加尔·登纳什(Olga Denac)的综述为例。其在对学校美育进行分维度的文

---

① 刘旭东：《"现代性"教育学的批判与反思》，载《西北师范大学学报》(社会科学版)，2007(4)。

② 对美育的教学论研究，可以参见 Gadsden，V. L，"The Arts and Education：Knowledge Generation，Pedagogy，and the Discourse of Learning"，*Reviewof Research in Education*，2008(32)，29-61；对美育的德育意义研究，可以参见 Koopman，C，" Art as Fulfilment，On the Justification of Education in the Arts"，*Journal of Philosophy of Education*，2005(39)，85-97；关于美育在小学阶段的意义综述性研究，可以参见 Denac，O.，"Arts and Cultural Education in Slovenian Primary Schools"，*TheNew Educational Review*，2011(24)，121-132；关于部门艺术(音乐)在学校教育中所承担的美育功能，可以参见 Denac，O，"The Influence of Aesthetic and Music Education on the Integral Development of a Child's Personality"，*Sodobnapedagogika*，1999(4)，170-187；关于学校教育环境的美育功能话题的研究综述，可以参见 Nevanen，S.，"Kindergarten and School as a Learning Environment for Art"，*International Journal of Education through Art*，2014(10)，7-23。

献梳理过程中，专门列出了“审美体验的美育意义”一节，讨论了自美国实用主义哲学家杜威以来的审美体验论在学校教育中的传统①。这一“专门”行为事实上将美育从艺术教育的狭隘范畴中“解放”了出来，使其成为具有“立人”意义的学校教育必备功能之一。而这也为本书提出的立足学校生活改造，在学校教育各环节、全过程(包括课堂教学环节)均应进行审美体验的渗透这一基本思路提供了一种西方教育研究的参照②。

二、概念界定：课程、课程体系与美育课程

国内外关于课程的研究文献可谓汗牛充栋，其中国内学界对课程的讨论明显与1999年至2000年开始的基础教育“课程改革”(课改)有着密切的关系。以“课程”为篇名关键词检索中国知网数据库(见图1.1)可以发现，1979年以“课程”为标题的论文仅有14篇，而到了2014年却有45464篇。

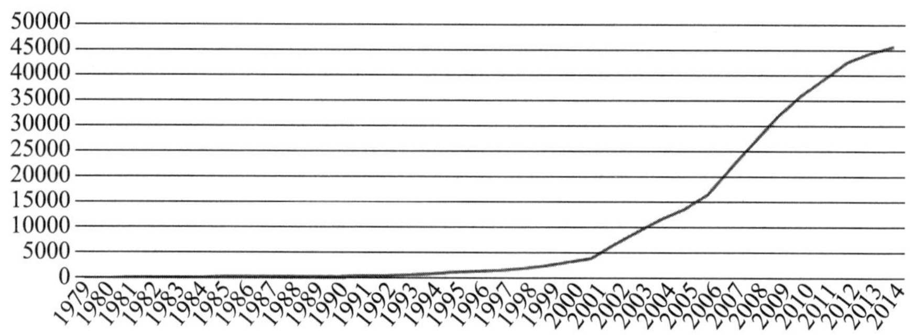

图1.1　1979年至今课程研究相关论文发表篇数统计

---

① 可参见斯洛文尼亚学者奥加尔·登纳什的论述，其研究分为美育的基本任务、体验的美育意义、美育的过程与计划三个部分。对近百年来西方学校美育思潮的发展进行了综述，指出西方国家的教育学理论长期局限在智力发展研究上，忽视了对美育发展的理解和把握；而在引入杜威等人的审美体验论之后，登纳什也指出，“引入艺术，是为了接受审美体验，而非仅是为了获取艺术知识”，“学校教育应该鼓励学生体验和创作艺术、自然与人际关系的美好”。事实上，后者正构成了本文后面将讨论的以美育重构校园生活的基本理论指向。参见 Olga Denac，“The Significance and Role of AestheticEducation in Schooling”，*Creative Education*，2014，5，1714-1719。

② 另可参见 Reimer B，“Volume IV：What Knowledge Is of Most Worth in the Arts? Philosophy of Education. Mayor Themes inthe Analytic Tradition”，In P. H. Hirst，& P. White (Eds.)，*Problems of Educational Content and Practices*，London，New York，Routledge 1998，pp. 145-170。

由论文的年份分布可以看出，其直线上升而一跃成为学界讨论热点的时间段是21世纪前十年。也就是说，课程研究与课程改革之间有着明显的关系。因此，从某种意义上说，课程研究的政策在很大程度上左右着学界的相关讨论。但就本书而言，首先注意的是美育课程体系研究，亦即将“课程”置于现代化、结构化的语境中加以考察；其次是需要对课程的体系化加以讨论，这充分表现在“课程领导”理论与实践之中；再次是要对与“审美”相关的课程研究进行分析。下文将从上述三个方面着眼，进行简要归纳与评价。

(一)现代化课程理论与课程结构研究综述

课程的现代化意味着“课程”本身从传统的“讲习”之中独立出来。因此，开发课程或课程开发，乃是其理论的核心命题。许多研究都指出，被称为“现代课程理论之父”的美国教育学家拉尔夫·泰勒(Ralph Tyler)是这一领域的重要奠基人，也是“科学化课程开发理论的集大成者”①。20世纪40至50年代，美国恰逢经济大萧条，学校教育受到挑战，“强化课程”成为有效的工具。在这种背景下，泰勒的观点是条分缕析地将学校的课程设置应用于解决具体的教育教学问题。他提出，教育是围绕四个问题展开的，即“学校应该达到哪些教育目标”“提供哪些教育经验才能实现这些目标”“怎样才能有效地组织这些经验”“怎样确定教育目标正在得到实现”。因此，泰勒出版的著作，如《课程与教学的基本原理》《成绩测试的编制》等，都是很典型的工具性课程理论②。

然而，这种课程理论研究在现代社会学视野中，仍然是一种秉持教育或课程“立法者”身份来进行的讨论，看似“价值中立”、充满理性，但很可能在课程开发的立场上就没有充分考虑学生的需求，而是以教育者(学校)的“教育目标”为核心的。这种研究取向(或称“泰勒原理”)在20世纪70年代之后，随着英美等发达国家进入后工业化社会，逐渐走向衰弱。相继而起

① 王淑英：《学校体育课程体系研究》，16页，博士学位论文，河北师范大学，2012。

② 可参见 Tyler，*Basic Principles of Curriculum and Instruction*，Chicago，The University of Chicago Press 1949，p. 1。

的整体研究立场，是研究者身份从“立法者”向“阐释者”的转化①。也就是说，“开始由研究‘课程开发’为主转向以研究‘如何理解课程’为主”②。因此，在欧美国家首先出现了“人本取向”的课程论，即从“谁接受教育”“学习什么”“为什么需要教育”“如何进行教育”“在怎样的环境下引起学习”“需要怎样的控制”六个方面进行构造③。显而易见的是，这种方法与上述“泰勒原理”的四个方面有着立场上的迥异：前者是从受教育者的角度出发进行的课程设置，力图在理解受教育者的需要和目标之后制定课程；而后者则是从教育者的立场出发对课程进行的“立法”。

这一范式的转型，给本书的启发是应该兼顾教育者的教育目的与受教育者的教育需求来进行普通高中的美育课程体系建构。但这种兼顾并不是二者的简单“协商”，而是在明确普通高中美育课程的“核心知识课程”(Core Knowledge Curriculum)之后，建构出适合学校自身特色与未来发展指向的地方与校本课程体系。所谓“核心知识课程”，是美国在20世纪90年代之后有感于学校课程支离破碎、学校教育各行其道而设置的“国家课程”④。这种课程设置出于国家意识和社会需要，与我国美育课程体系的顶层设计类似。

需要指出的是，今天的普通高中美育课程体系的建构需要在国际化的视野中展开，亦即参照“全球化课程理论”(Global Curriculum Theory)进行课程整合与体系建构。但这一建构必须在地方化的基础上展开，以中华优秀传统文化和中华美学精神为依据，以学校地方文化为特色，展开富有独

① 这种研究的价值立场转变，在整个人文社会科学界都是普遍存在的。相关哲学思潮与变迁论述，可参见[英]鲍曼：《立法者与阐释者：论现代性、后现代性与知识分子》，上海，上海人民出版社，2000。郇建立：《从立法者到阐释者》，载《读书》，2001(9)。而其在教育方面的讨论，可参见韦晓冰：《从“立法者”向“阐释者”的转变——后现代文化语境下教师形象理念的转化》，载《教育艺术》，2005(1)。

② 胡弼成：《高等学校课程体系现代化研究》，77页，博士学位论文，厦门大学，2004。

③ 可参见钟启泉：《现代课程论》，168～169页，上海，上海教育出版社，1989。

④ 参见赵中建：《美国核心知识课程的理论与实践(上)》，载《外国教育资料》，1996(5)。

特性和“在地化”的美育课程。也就是说，要在全球视野中为美育课程赋予“乡愁”意味。

根据加拿大教育学者大卫·史密斯(David G. Smith)的观点，当前的国际化是以市场逻辑展开的，建构在经济全体化基础上的，这种逻辑“不足以保证大家有真正开放的、能够在任何正当的意义上维护人类友爱未来的逻辑……因而，人们无法在自己的‘现在’的经验中检讨自身的生活和环境”，也因为此，“复归地方性和建构‘现在教育学’，是当代课程研究的根本使命”①。在当前我国建构普通高中美育课程体系的过程中，对于国际化课程，尤其要注重中华传统与地方传统两个维度，努力在课程设置中，使之与国际课程体系构成平等对话关系，从而打开高中美育课程面向未来的新局面。

由此可见，得出本书所使用的“课程”概念具有两个层面的意涵。其一，它是以课堂教学为基础和主体、在学校课堂中实际执行的课程。从当前普通高中的美育课程教学实际来看，尽管不少学校有大量的课外活动，但其教学内容仍主要体现在学校的正式课程(formal curriculum)之中；事实上，不少课外活动也是课堂教学的延伸和补充，二者无法截然分开。有鉴于此，为了论述方便，同时也为了适应当前我国普通高中美育课程建设的实际情况，本书所讨论的“课程”主要指学校正式的课堂教学，包括国家课程、地方课程和校本课程。其二，它的自然外延是学校的整体生活，其具象显现乃是学校的办学历史、精神传统、校风校训、校园环境等“学校文化”的物质与精神载体。这些在学校办学活动中逐渐形成的、潜移默化地影响师生生活的制度或非制度侧面，乃是无形课堂，也是隐形课程(hidden curriculum)。②

---

① ［加］史密斯：《全球化与后现代教育学》，29～34页，北京，教育科学出版社，2000。另可参见张华：《走向课程理解：西方课程理论新进展》，载《全球教育展望》，2001(7)；胡弼成：《高等学校课程体系现代化研究》，88页，博士学位论文，厦门大学，2004。

② ［美］派纳等：《理解课程(上)》，26～27页，北京，教育科学出版社，2003。

（二）课程体系与课程领导研究综述

建构普通高中美育课程体系，关键在于“体系”。根据辞典的解释，所谓“体系”，是指若干有关事物相互联系、相互制约而构成的一个整体。至于课程体系，则有学者将其归纳为“在一定教育价值理念指导下，将课程的各个构成要素加以排列组合，使各个课程要素在动态运行过程中统一指向专业培养目标实现的系统”①。从当前有关“课程体系”的几篇教育学博士论文来看，对于“体系”的解析基本都是采取这一定义②。而这一定义在研究操作上，则主要是从课程目标、课程结构、课程实施、课程评价（或称目标要素、内容要素、实施要素和评价要素）四个方面进行建构的（或增加“理念”“价值取向”“动力”“哲学基础”等因素）③。不过，不同研究对这几个要素的具体构成讨论不尽相同。

以课程目标来说，华东师范大学罗尧成在关于我国研究生教育课程体系的博士论文中对“内涵及特征”“目标设计”“目标指向（创新）”和“确立”进行了讨论；而李世讴在关于教育硕士课程体系构建的研究中，对“目标”要素的分析则主要从“现状与问题”“建构原则”和“建构过程”三个维度展开；在王淑英学校体育课程体系的研究中，目标要素是通过“认知”（包括目标的多功能性、目标来源的多向性）、“体系”（包括目标的类型，目标体系的阐释、要求）、“演进与发展”及“构想”四个方面来讨论的；胡弼成高等学校课程体系现代化研究中的目标要素则是从其与高等教育目的之关系、目标要素类别界说、主要特征与原则规定、现代化发展的趋势等几个

---

① 杨荣昌：《教师继续教育课程体系研究》，28页，博士学位论文，华东师范大学，2006。

② 还可参见罗尧成：《我国研究生教育课程体系研究》，博士学位论文，华东师范大学，2005；李世讴：《教育硕士课程体系构建研究》，博士学位论文，西南大学，2010；何劲鹏：《学校体育课程体系生命化探究》，博士学位论文，东北师范大学，2008。

③ 如李世讴《教育硕士课程体系构建研究》设有“教育硕士课程体系建构的理念”和“教育硕士课程体系建构的价值取向”两章；胡弼成《高等学校课程体系现代化研究》（博士学位论文，厦门大学，2004）设有“高等学校课程体系现代化的动力”一章。

角度来展开的。①

以课程结构(内容)而言，罗尧成的研究是从元结构的启示、形式结构、实质结构三个方面来进行的；李世讴的研究是从当前课程结构存在的问题、结构设计的原则和相关建议三个角度来分析的；王淑英的研究是从课程内容的阐释(包括含义、性质与特定、选择依据和影响因素、原则)、内容的演变与发展、内容的现状与需求分析、存在的问题、多元文化背景下课程内容体系的构成、内容组织分析(取向性和内容组织形式)六个方面来讨论的；胡弼成的研究则是从学习者、知识发展和社会要求三个方面来分析的。②

从课程实施来说，罗尧成的研究主要讨论了"建构主义"视野下课程体系的实施目标和"探究场"的营建对课程体系实施方式的要求两个方面；李世讴的研究讨论了课程实施的内涵与意义、现状、问题和对策四个方面；王淑英的研究讨论了实施的认知(包括含义、本质、价值体现和三种取向)、构成要素(人、教学与课外活动、环境)、现状、对策四个方面；胡弼成的研究则讨论了课程体系实施的主导理论、课程呈现和实施场三个方面。③

在对课程的评价上，罗尧成的研究讨论了课程评价的内涵及影响因素、原则以及对课程体系设计的评价、对课程体系实施的评价；李世讴的研究讨论了课程评价的意义、现状、问题与对策；王淑英的研究分析了课程评价体系的认知、构成(主体、类型与方法、对象与指标)、历史、现状和对策；胡弼成的研究则是将课程评价放置于课程实施一章，把课程评价看作是"作为实施反馈"，讨论了课程评价与课程体系评价的区别、课程体系评价的总原则(人的发展)和课程体系评价的实施要略三个方面的话题。④

---

① 分别参见罗尧成：《我国研究生教育课程体系研究》，91～101页，博士学位论文，华东师范大学，2005；李世讴：《教育硕士课程体系构建研究》，75～90页，博士学位论文，西南大学，2010；王淑英：《学校体育课程体系研究》，61～102页，博士学位论文，河北师范大学，2012；胡弼成：《高等学校课程体系现代化研究》，135～154页，博士学位论文，厦门大学，2004。

② 同上。

③ 同上。

④ 同上。

通过对上述罗、李、王、胡四人博士论文中对“课程体系”的理解和剖析，大体可以看出，罗尧成与胡弼成两人的研究是以问题为导向的，对课程体系各构成要素的分析主要是从理论意义层面展开的，相对比较切中研究的微观或中观问题——尤其可以看出这一取向的是，罗尧成与胡弼成的研究在对上述课程体系的四个构成要素进行分析之后，还分别设专章就“相关和集中”的课程体系构想、课程体系现代化的基本特征及其启示展开了附论式的分析(这是李世讴和王淑英的论文所没有的)；而李世讴和王淑英的研究则是以实践为导向的，对课程体系各构成要素的分析，均大体延续意义(或历史)、现状、问题、对策四个角度——这种分析对课程体系建构的具体操作可能有所帮助，但易流于宏大、追求完整而失去聚焦的问题意识与理论意识。可以说，这两种研究方法和取向各有利弊，宜做兼顾。

本书在研究方法和研究视角的借鉴上，通过两个方面来对上述问题进行规避：一是充分发挥个案研究的优势，以南菁高中为例，展开对普通高中美育课程体系的建构研究，避免贪求研究话题的宏大、全面，而以集中式的案例，试图实现以小见大的取向；二是引入“课程领导”的视野，将美育课程体系的建构与课程领导相结合，通过在不同层级、类别的美育课程中进行分散式课程领导来建构整个研究，从而避免意义、现状、对策与方法“四段论”式的写作。

课程领导是20世纪70年代之后发展于美国的教育学理论①。这种理论进入中国，在很大程度上是因为21世纪初我国的课程改革(新课改)把革新的重点放在了教育者主体上，即重在教师，要求从教师素质和能力提升等方面来寻求课程变革与基础教育革新的突破。这就对现行的学校组织结构、课程管理方式和教育教学管理运行模式都提出了挑战。这一方面是因为教师自身能力有限，学校文化建构存在不同程度的问题；另一方面，则是由

① 关于“课程领导”理论的发展阶段，有不同的说法，但大体都认为课程领导起源于20世纪中后期，而其模式应用的深化则在20世纪90年代之后。可参见郑东辉：《中小学课程领导研究综述》，载《上海教育科研》，2005(8)；汪菊：《课程领导研究：一种综合的观点》，12页，博士学位论文，华东师范大学，2004；谢翌、李朝辉等：《学校课程领导引论》，4～5页，北京，高等教育出版社，2012。

于学校管理模式没有跟上新课程的改革步伐，依然沿袭旧有的管理思维和相对僵化的体制，从而使得新课改本身所具有的新理念、新方法没有得到充分实践和发挥，反而被旧体制所同化①。另外，新一轮基础教育课程改革中课程管理体制的变革，尤其是三级课程管理体制的推行，让学校拥有了一定的课程管理权力；新课程改革对教师课程的创造，也有相应的要求。这些因素综合而使得课程领导一时成了教育学界讨论的热门话题。

目前，我国对课程领导的研究已有相当成果。经中国知网数据库检索，2001 年以“课程领导”为篇名的论文仅有 1 篇，而至 2014 年已达 89 篇，相关博士论文有 8 篇，硕士论文 70 余篇。这些研究大体可以分为三类。

一是专门针对校长(园长)和教师的课程领导研究，主要从道德领导、愿景领导的角度对当前我国课程领导存在的问题进行分析。如翁文艳的《校长道德领导力的提升》就从五个方面讨论了校长领导力建构过程中所要处理的问题；鲍东明对改革开放三十年来我国中小学校长课程领导实践进程进行了潜意识、意识和显意识的划分，认为校长对课程领导的认识和实践有更鲜明的理论自觉和能动创造；郑东辉论证了教师也可以成为课程领导者，主要可以扮演生成者、引领者、促进者、帮助者和塑造者五种角色②。

二是针对不同层面(如区域、学校)的课程领导研究，如钟启泉认为学校层面的课程领导应由校长和教师组成，校长、教师和学生是有可能展开课程行动博弈的，因此，需要借助课程协商，促使课程参与者建立共同的伦理规范，从而保证课程的可持续发展；沈成林、于泽元则认为有关课程领导往往集中在国家和学校两个层面，但事实上，区域管理模式也

---

① 张廷凯：《革新课程领导的现实意义和策略》，载《课程・教材・教法》，2004(2)。

② 参见钟启泉：《从“行政权威”走向“专业权威”——“课程领导”的困惑与课题》，载《教育发展研究》，2006(7)；翁文艳：《校长道德领导力的提升》，载《现代教育管理》，2014(9)；鲍东明：《从“自在”到“自为”：我国校长课程领导实践进展与形态研究》，载《教育研究》，2014(7)；郑东辉：《教师课程领导的角色与任务探析》，载《课程・教材・教法》，2007(4)。

十分重要①。

三是对课程领导的整体类型进行研究。在以往的课程领导研究中，多重视的是校长(学校领导)的向度研究，因此，对课程领导的类型分析也往往从校长的领导向度入手。如萨乔万尼将校长领导分为技术领导、人性认领、教育领导、象征领导和文化领导②，香港学者郑燕祥则将之分为结构领导、人性领导、政治领导、文化领导和教育领导③。但事实上，课程领导的类型应该着眼于领导的方式方法，着眼于课程领导的具体途径与载体，而非仅是领导主体。这样的课程领导研究包括亨德森和霍索恩的"转型的课程领导"(Transformative Curriculum Leadership，又译"革新的课程领导")、兰伯特的"建构主义领导""文化—个人"课程领导等④。在此，笔者对三种于本书研究有所启发的课程领导类型做简要综述。

一是随着去中心化(de-center)成为社会发展的整体趋势，课程领导权逐渐分散而出现"分布式领导"。这种课程领导理论认为，在知识密集的组织里，课程领导应散布于各个环节，否则是难以完成复杂的教学任务的。因此，领导并非个体行为，而是在共同体内的合作中完成的集体行为。但这一点，在我国普通高中往往不易实现。如王嘉毅教授调查显示，"校长对学校课程与教学事务的关注程度不是很高"，同时，"教师在学校中参与课程与教学事务的机会相对不多，教师参与学校课程与教学事务的程度并不高"。这说明，"课程决定、课程领导、课程开发、课程实施等还没有成为

① 参见钟启泉、岳德刚：《学校层面的课程领导：内涵、权限、责任和困境》，载《全球教育展望》，2006(3)；沈成林、于泽元：《对区域整体化推进学校课程建设的理论思考》，载《中国教育学刊》，2012(11)。

② 参见徐金海、张新平：《萨乔万尼校长学的五种领导观念》，载《教育科学研究》，2010(6)。

③ 钟启泉：《"课程领导"的类型及其特征分析》，载《今日教育》，2007(2)。

④ 参见郑东辉：《中小学课程领导研究综述》，载《上海教育科研》，2005(8)；郭大伟：《国外高校主要课程领导观与课程领导模式探究》，载《党史文苑》，2011(10)；王利：《学校课程领导研究》，21～30页，北京，中央民族大学出版社，2012。

学校领导、学校教师乃至学校工作的中心之一”①。

事实上，在“分布式课程领导”理论看来，校长的首要目标是培育一种文化、梳理一种目标、发展一种能够共享的价值观，然后通过组织中各团队的“领导流”(lead flow)来实现课堂的改变②。这种课程领导理论将领导权由中心趋向边缘，使整个学校场域都处在动态的领导之中，可以有效充分地保证课程组织与实施，并发挥每一个课程参与者的主观能动性与自由精神。

二是北卡罗来纳大学格林斯波洛分校的教育学教授布鲁贝克(Dale L. Brubaker)的“情境课程领导理论”。布鲁贝克重视课程领导的情境，认为“课程领导者不只是具有领导职位的人，而且包括了情境中参与互动的每个人”，他提出具体的课程领导策略包括：强调愿景的意义、重视组织情境的历史、考虑组织情境的变化、分析并整合各种权威来源和创造组织情境的美学，其中，创造组织情境美学是其最重视的核心领导策略③。这种重视情境美学的课程领导已经脱离了具体的领导模式，而着眼于课程本身的经验和情境，带有很强的美育色彩。

三是在课程领导视野中的校本课程开发。诚如论者所言，“校本课程开发是学校课程领域中的一项重要变革，蕴含了对于学校制度、文化、组织等各方面的新的要求与挑战”④；但更关键的是，“课程领导作为一种新的管理理念，意在突破传统课程管理的局限，强调合作与交流、民主与开

---

① 王嘉毅：《课程决定中的校长与教师：基于我国中小学的调查》，载《课程·教材·教法》，2008(8)。

② 参见冯大鸣：《美、英、澳教育管理前沿图景》，74～76页，北京，教育科学出版社，2004。

③ 黄嘉雄：《课程领导研究领域内涵刍议》，转引自王利：《学校课程领导研究》，23页，北京，中央民族大学出版社，2012。学界讨论到布鲁贝克的课程领导理论时，往往重视其内在课程与外在课程的划分，但其实他也有对课程领导者个人魅力的讨论，可参见 Dale L. Brubaker，*The Charismatic Leader*：*The Presentation of Self and the Creation of Educational Settings*，Thousand Oaks，Corwin Press 2005。其中，布鲁贝克认为课程领导者应了解自己、展示自己，同时要知道如何对课程的创设加以引导。

④ 熊梅：《校本课程开发中的课程领导》，载《中国教育学刊》，2008(9)。

放，这与校本课程的理念是基本一致的”①。因此，校本课程开发往往与课程领导之间有着密切的关系，例如都强调“人际关系与合作；领导者并非校长一人；愿景与核心价值贵乎分享和共塑；要朝着一个学习共同体而努力；学校文化既有传承，更应往正面价值发展；强调家、校、社区合作；重视专业发展”等②。这些理念在上述两个课程领导理论中都有所体现。因此，本书将主要围绕校本美育课程的相关实践，讨论普通高中的美育课程体系建构；而所谓“建构”，其得以运用的课程资源也主要是在国家基础课程之外，统筹安排发展学生自主特长、体现学校办学特色的拓展课程。

基于此，本书所言的“课程体系”，是在课程领导视野中，统筹安排指向学生基本素质的形成和发展、体现国家对公民基本素质要求的基础课程，指向开发学生的潜能、促进学生个性发展和体现学校办学特色的拓展课程，指向学生自主与创新精神、研究与实践能力、合作与发展意识的综合课程，进而得出的一套有机课程编排组合。当然，目标、内容、实施、评价作为公认的课程体系构成要素，也是本书组合篇章结构的线索，但由于“美育”课程体系自身概念(尤其“美育”)的模糊性，本书尝试增加课程体系的“理论基础”与“建构资源”两章，并综合前述体系的框架，提出普通高中美育课程体系建构的愿景。其中，贯穿全书的是美育课程领导的“审美”素质。

(三)与“审美”相关的课程研究综述

鉴于本书尚未对“美育”做出明确界定，在讨论“美育课程”的相关研究之前，有必要对“与审美相关的课程”研究展开一定论述。这是因为在相当长的一段时间内，“美育”与“艺术教育”(甚至是专业艺术教育)是基本相同的两个术语，而这与本书所言的“美育”并不相同；或者说，“艺术教育”是本书所言“美育”的重要方面，但在艺术教育之外的审美教育、情感教育，

① 靳玉乐、赵永勤：《校本课程发展背景下的课程领导：理念与策略》，见《第五届两岸三地课程理论研讨会论文集》，237～243页，兰州，西北师范大学，2003。

② 杨子秋：《以校本课程领导促进学校改进之研究》，博士学位论文，华东师范大学，2007。

尤其是对其他学科课堂教学所进行的审美渗透，都应该囊括于“美育”的概念之中。而为了分类与论述方便，在切入“美育课程”的基本定义与相关梳理之前，这些内容将先行在“与审美相关的课程”这一主题之下，得到相对简略的关照与讨论。

“与审美相关的课程”自20世纪70年代以来逐渐为人们所认识，它与课程理解的概念重建运动密切相关。就课程理解的丰富度而言，多学科视角介入课程研究，必然会产生某种美学效果；或者说，课程意识的觉醒必然将走向课程的美学①。近三四十年来，“与审美相关的课程”研究大体可以分为以下两类。

其一，是在价值取向上将课程(教育)视为一种美学。如台湾学者吴靖国从教育学的视角，重新反思了维克的“诗性智慧”，认为美学、道德哲学和形而上学可以诠释课程情境②。高伟红从生命美学的角度，对课程的审美化进行了反思，认为课程应该使学生的学习生命活力得以激发和对象化，并产生愉悦之情。因此，课程应该具有整体性、体验性、理想性、个体性、学习性和愉悦性，并最终走向和谐之美。具体来说，它包括教师与学生的和谐美、教师与内容的和谐美、教师与环境的和谐美、学生与内容的和谐美、学生与环境的和谐美和内容与环境的和谐美六种共时态课程要素之间的关系③。高细媛则将教学情境视为一种审美情境，认为应该在“做”与“受”中理解师生行为，进而追求完美人性的培养④。

其二，是在教学实践中将课程践行为一种审美行为。如美国学者艾斯纳(E. W. Eisner)对艺术的教育功能进行剖析，认为艺术不但可以培养人们的想象力，还能够通过感官系统激发人体对声音、听觉、视觉、味觉的特

---

① 参见[美]奥恩斯坦等：《当代课程问题(第三版)》，60页，杭州，浙江教育出版社，2004。

② 吴靖国：《诗性智慧与非理性哲学——对维柯〈新科学〉的教育学探究》，台北，五南图书出版股份有限公司，2004。

③ 高伟红：《当代课程的和谐美新探：生命美学的观点》，硕士学位论文，华南师范大学，2003。

④ 高细媛：《审美视野下的教学理解》，武汉，华中师范大学出版社，2013。

殊感知，并进行反复体验，从而激发人们的感知辨识能力，对人们“缓慢地感知、审慎地观看、小心地品尝”，有着极为重要的作用①。另外，艾斯纳提出的“以学术为本位的艺术教育”(Discipline Based Art Education，DBAE)，同时注重了艺术创作、艺术鉴赏、艺术史与文化、美学(审美感)四个方面，而后面三点往往在我们普通高中的美育课程中被忽视——“审美教育”不仅被等同于“艺术教育”，更被片面地等同于“艺术创作”或“艺术传承”教育②。总的来说，对此观点台湾学者的反思要早于大陆，如学者桑慧芳认为，艺术教育的结果应该是产生某种美感经验(附带结构是评鉴的能力，而非艺术技能的提高或碎片化的艺术常识)，艺术创作在很大程度上是“knowing how”，也就是“会用材料，制作出模造的东西，但未必在其中产生美感经验”；黄腾则提出艺术教育让我们用新的观点来看世界，艺术教育可以形成一种再认机制③。而大陆学者对美育课程实施层面的“教学美”或“教学美学”的研究多局限于思辨和逻辑分析层面，如提出教育美的存在形态包括教学系统要素美、教学运行过程美、教学形式美、教学风格美等④。

我国普通高中美育课程体系的建构，除了这类探讨之外，更重要的是构建一种富有审美意味的美育课程领导情境，使得学习本身在教授内容之外，还能够产生美感。因此，本书所探讨的第三种与审美相关的课程研究主

---

① 参见 Eisner，*The Arts and the Creation of Mind*，New Haven，Yale University Press 2002，p. 135。

② 这一点在 20 世纪 80 年代的台湾也曾为学者所诟病，参见郭祯祥、杨须美：《以艾斯纳“学术本位的美术教育”(DBAE)为理论基础探讨现今美术教育》，载《台湾师范大学学报》，1988(33)。

③ 黄腾：《教育艺术与支配：迈向自由的国度》，转引自何茜：《美学取向课程探究》，10 页，博士学位论文，西南大学，2014。

④ 主要研究学者是南京师范大学教授李如密及其科研团队，可参见李如密：《教学美的价值及其创造》，32 页，广州，广东高等教育出版社，2007；皮武：《教师自由与教学美的创生》，载《教育学术月刊》，2011(9)；尹力：《教学美学的基本理论问题》，载《教育评论》，1997(2)；杨晓奇、李如密：《生成性教学美：意蕴、特点与创生》，载《教育理论与实践》，2013(7)。

要集中在课程认知上。如周淑卿曾提出，“美感认知是发生在个体与群体之间真挚、平等、和谐的情境中的，这个情境没有强制性，是一种愉快过程中的学习，更容易使人积极参与和交流，内心获得满足感，从而自觉的产生探究的愿望”①。但就目前而言，无论是对普通高中美育整体实施的研究，还是对美育实践环节的研究，都缺乏一种强烈的理论穿透力和事实建构力，难以在具体操作层面提供更富指导性的观点。这大概也与我国普通高中美育课程体系的建构迟迟无法实现，而仅以“艺术课程”(音乐、美术等)替代相关。

(四)美育课程研究综述

如上所述，在普通高中课程体系的建设中，美育课程往往为艺术课程所取代，因此造成了当前我国教育界美育课程的研究出现了两种不均衡的现象。

一是对美育课程的整体研究往往出现在高等教育界。如陈元贵对自媒体时代“大学美育”课程“降格为低俗文化现象之简单罗列”的批判；王毅等学者对哈佛大学美育通识类课程进行考察，指出其课程改革分类标准出现了从“学科”到“需要”的变化，从注重理论到注重审美对象的变化，认为其对打通学校与社会的关系，对从艺术教育到审美教育的跨越有清晰的认识，等等②。

二是对基础教育美育课程的研究多局限于具体某项课程的讨论，研究层次不高，如2012年陕西师范大学李竞云的硕士论文《新课程背景下语文教学中美育的实践探究》、2013年河南大学王海燕的硕士论文《新课程背景下的化学美育教学研究》、2014年广西师范大学郑刚的硕士论文《高中数学美育的教学策略研究》等。也就是说，针对普通高中美育课程的整体研究尚处于缺乏学界深刻关注的灰色地带，它既有待于多种学科视角介入，又有待

① 周淑卿：《无教学不足以成课程：美感认知理论的观点》，载《西南大学学报》(社科版)，2009(6)。

② 陈元贵：《自媒体时代“大学美育”通识课程的教材与教法》，载《中国大学教学》，2015(3)；王毅、傅晓薇：《哈佛课程体系改革考论：以美育类课程为例——哈佛通识教育(美育类)实地考察报告之二》，载《美育学刊》，2011(6)。

理论方面的拓展。

就目前已有的研究来看，我国学校美育课程研究可以分成三类：一是关于美育课程的本体研究，亦即对“美育课程”是什么、怎么样的讨论。这类研究多附加在美育的一般研究（如大学美育、中小学美育等）之中，是讨论得以展开和进行的基础。二是关于美育课程设置和教学的研究。除了上文曾指出的具体某项课程的教学美学研究之外，还有关于美育课程设置、美育课程改革的相关讨论。这类讨论多在某一理论视野或时代背景下展开，如讨论图像时代的高校美育课程设置、基于职业教育的美育课程改革等。三是关于美育课程材料、环节或活动的具体讨论，如乡土美育课程资源的开发、世界遗产的审美教育功能等。这三种不同取向的研究，由理论基础到具体材料，有明晰的递进关系。

事实上，对于美育是什么的问题，早在美育进入中国之初就有不同的观点。一百多年前，康有为、梁启超、王国维、蔡元培就认为美育的本质即情感教育。这方面，以山东大学曾繁仁教授为主要代表。他说，“美育就是借助美的形象的手段（包括自然美、社会美和艺术美）达到培养人的崇高情感的目的”；又说，“我们所说的美育，就是旨在通过美的形象的手段，培养人们具有这种对于客观现实的情感判断能力、审美的能力”①。这种观点显然受西方近代哲学家，如康德等人的影响极深，他们认同人的心理可以分成知、情、意三种功能，分别追求真、美、善的理想目标②。但这样的论述又显然是从培养人的目的出发，亦即从教育者的

---

① 参见曾繁仁：《试论美育的本质》，载《文史哲》，1985(1)。与之持相同意见的还有李莉等人，参见李莉：《试论美育的本质及特征》，载《北京第二外国语学院学报》，1997(3)。

② 这可以王国维的相关论述为典型，王国维说：“精神之中又分为三部：知力、感情与意志也。对此三者而有真美善之理想：真者，知力之理想；美者，感情之理想；善者，意志之理想也”；可参见俞玉滋、张援：《中国近现代美育论文选(1840—1949)》，10页，上海，上海教育出版社，1999。蔡元培也有相关论述，可参见高平叔：《蔡元培美育论集》，189页，长沙，湖南教育出版社，1987。

立场出发预设的美育概念构想，很难被认为符合当前课程理论的整体方向①。因此，学界对此定义方式提出了两种应对策略。

一是以“美育是一种复合教育”来界定其本体。如彭祝斌就认为美育是一种“审美情感教育”②，王樱也说“美育即审美教育和情感教育，具有形象性、转化性、非功利性、终身性等特征，是素质教育的重要组成部分”③，周扬则更早将美育界定为“审美教育、美感教育”④。这种界定在某种意义上将美育局限于“美的情感”之上，忽视了它对人生境界、个人全面发展的更高追求。

二是将美育定义为人的全面发展的教育，是对完美人格和灵魂塑造的追求。两位江苏籍美学家仇春霖、蒋冰海都持这一观点。仇春霖说：“通过美育，不仅培养人们的审美能力，其终极目的还在于完美人格的塑造，在于美化人类自身。”⑤而蒋冰海则认为，“美育的本质在于全面地培育人，这也可以说是美育的灵魂”⑥，美育的意义“在于塑造人的完善的个性，提高人的自我意识，使个体的智慧与力量，得到最充分的发展”⑦。另外，山东学者李戎也持类似观点，他说：“美育从根本上讲是一种对人的全面教育，是为实现崇高的理想，充分发挥人的潜能，实现人的全面发展的教育方式。”⑧

---

① 另外，也有学者质疑情感教育所培养的情感内涵和指向，如彭祝斌说：把美育说成是情感教育，“在相当程度上揭示了美育的本质，但是仍然显得笼统、含混——究竟是怎样的情感教育呢?”参见彭祝斌：《论美育中情感教育的审美规定性》，载《湖南大学学报》(哲学社会科学版)，1997(4)；还有学者质疑美育是情感教育的说法中，知、情、意三者无法与真、美、善一一对应，“认知活动中也有意志努力和情感体验”，“审美、道德实践活动中也有认知心理活动，追求科学真理的活动中也有情感体验和意志努力”，参见张正江：《新中国美育发展研究》，10～11页，北京，人民出版社，2014。

② 彭祝斌：《论美育中情感教育的审美规定性》，载《湖南大学学报》(哲学社会科学版)，1997(4)。

③ 王樱：《普通高校美育模式的探索》，硕士学位论文，复旦大学，2012。

④ 周扬：《重视审美教育　加强美育研究》，载《美育》，1981(3)。

⑤ 仇春霖：《大学美育》，13页，北京，高等教育出版社，1997。

⑥ 蒋冰海：《论当代中国美育》，载《汕头大学学报》(人文社会科学版)，2004(5)。

⑦ 蒋冰海：《美育学导论》(修订版)，8页，上海，上海人民出版社，2001。

⑧ 李戎：《美育概论》，423页，济南，齐鲁书社，1992。

这种对美育本质的界定，其问题在于过于泛化，究其外延，与“人的全面发展”几乎没有差别，美育的独特性未能得到足够彰显。

事实上，从美学(Aesthetics，感性学、感觉学)的本意出发，德国哲学家鲍姆嘉通(Alexander Gottlieb Baumgarten，1714—1762年，也译作鲍姆嘉滕)创设“美学”时的初衷显得极为重要。他说：“美学作为自由艺术的理论、低级认识论、美的思维的艺术和与理性类似的思维的艺术是感性认识的科学。”①也就是说，“美学是关于人的感觉的学问，它要研究人的感性、感觉、情感如何在现代人性结构中形成一种合理性”②。尽管二百多年来都是重视美感的美学占据上风，但到了20世纪末，方兴未艾的日常生活审美化却又一次把“感性的美学”推到了前台。诚如德国学者韦尔施所言：“美学必须超越艺术问题，涵盖日常生活、感知态度、传媒文化，以及审美和反审美体验的矛盾。”③因此，他说：“我尝试着努力恢复鲍姆嘉通的这一原始意图。”④由此而言，美育的“感性论”不但在其学科传统上具有“合法性”，在当前建设社会主义小康社会的时代背景下也具有相应的合理性。

综合上述考量，本书认为杭州师范大学教授杜卫的观点较为适当。他说：感性是一个贯通了肉体和精神的个体性概念，它以情感为核心，突出地表现为个体的直觉体验能力，所以美育被不少学者界定为“情感教育”。但是，严格地讲，情感只是感性的一种形式，不可能包含感性这个概念的丰富内涵，因此，还是把美育界定为感性教育更为合适。由于感性涵盖了贯通肉体与精神的广阔领域，因此，作为感性教育的美育具有丰富的内涵和外延。⑤

本书认为，美育是一种感性教育，而情感教育是感性教育的一个重要甚至核心方面，其目的是促使学生与自然、他者的沟通。由于高中生正处

---

① [德]鲍姆嘉滕：《美学》，13页，北京，文化艺术出版社，1987。

② 王一川：《新编美学教程》，13页，上海，复旦大学出版社，2007。

③ [德]沃尔夫冈·韦尔施：《重构美学》，2页，上海，上海译文出版社，2002。

④ 王卓斐：《拓展美学疆域，关注日常生活：沃尔夫冈·韦尔施教授访谈录》，载《文艺研究》，2009(10)。

⑤ 杜卫：《美育论》，72页，北京，教育科学出版社，2014。

在青少年时期，如果说美育所强调的“个体创造性发展的关键期在童年”①，那么，高中阶段的美育则是促进个体社会性发展的重要环节——这一阶段的美育应承担起促使个体的人向社会的人自然、全面且深刻地转换，为促进人与人之间的沟通提供多种可能。这正如托尔斯泰所言：“艺术的主要吸引力和性能就在于消除个人的离群和孤独之感，就在于使个人和其他的人融合在一起。”②

关于美育课程设置与教学的研究。由于直接指向普通高中的美育课程研究较少，大量研究都是针对高校美育建设和个别学科，因此，本书将对若干富有启发意义的研究进行简要分析。王樱将当前高校的美育模式概括为“1＋3”：“1”指1个核心，即“普及和深化美育理念”；“3”指3个重点，即“美育课程建设、美育基地建设和美育教学团队建设”③。这种概括应该说是相当到位，但“普及和深化美育理念”显得过于集中，并不适于普通高中的美育课程体系建设。对于处在高中阶段的学生来说，美育更多是一种情感的审美体验，是对自然环境、人文社会环境的一种心灵感知，也是对人生境界和价值观的提升感受。因此，单纯、泛化地强调“美育理念”并不合适，更重要的是以多种课程、活动为依托，使学生具有充分的审美认识能力、情感体验能力和艺术鉴赏能力。这一指向是需要将美育理念与课程建设相结合，进行课程整合和学科渗透的。因此，不同于高校美育教学，美育课程体系在普通高中的建设与实施面临诸多困难。

如学者周期所言，当前我国中小学审美教育存在着若干问题。他将之归纳为三个方面：(1)价值定位边缘化。“经济成为衡量标准，体现在社会对‘美’的价值重视不够，使得学生看待审美教育价值也出现偏差。”(2)课程设置地位弱化。“软硬件设备欠缺，地区发展不平衡，美育师资力量不够专

① 杜卫：《美育论》，99页，北京，教育科学出版社，2014。

② 转引自伍蠡甫：《西方文论选》(下)，444页，上海，上海译文出版社，1979。

③ 王樱：《普通高校美育模式的探索》，硕士学位论文，复旦大学，2012。

业化。”(3)实施过程知性化。“美育逐渐智育化，将美感教育等同于知识的教学。”①

就宏观而言，上述三个问题在我国普通高中的教育教学中都有所显现。其中，第一个方面尤为明显。但随着我国经济产业结构调整，文化创意产业的高速发展使得社会对“美”的认识有了进一步的提升——尽管这一提升仍是建立在“经济成为衡量标准”的基础之上，但日常生活审美化的导向却使“日常生活本身是可以作为批判的力量，蕴藏着诗意性的因素的”这一观念逐渐得到人们的认可②。而对于第二个方面，部分具有相应社会经济发展条件的地区，是可以在美育上为其他地区提供更好的范本意义的。如江苏省一贯具有美育研究的传统，艺术氛围浓郁，美育课程基地建设也走在全国前列。但这并不意味着社会经济的“地区发展不平衡”必然导致美育教学的落后。事实上，马克思的“艺术生产理论”早就指出了艺术作为一种特殊的社会意识形态，虽然其发展不能脱离一定的物质生产条件，但它又是一种特殊的精神生产，具有相对的独立性。艺术的繁荣与社会物质生产之间也会出现某种不平衡，如马克思列举的古希腊艺术繁荣例证③。再如 19 世纪的俄国，社会经济十分落后，甚至还存在着农奴制，但在艺术上却取得了辉煌的成就。因此，普通高中美育课程体系建构应充分注意到美育的独立性，使“美育师资力量不够专业”(多数是指艺术专业)的劣势转化为对日常生活美学的追求、对人格境界的提升。最后，“美育智育化”的问题，其实在当前我国普通高中的教育教学中并不常见。许多高中都没有开设相关的艺术史论、美育知识性的课程。相反，将美育等同于音乐、美术等具体艺术门类的美育“艺术教育化”现象却比较严重。上文曾援引教育部教材局局长田慧生给南菁高中“美育丛书”所做的序言，深刻批判了把美育等同于艺术教育、艺术技能教育的危害。也由此，高中美育课程的设置成了重要

---

① 周期：《中小学审美教育的反思及其对策研究》，硕士学位论文，辽宁师范大学，2013。

② 艾秀梅：《日常生活审美化研究》，112 页，南京，南京师范大学出版社，2010。

③ 参见《马克思恩格斯选集》，2 卷，28 页，北京，人民出版社，2008。

问题。

综上，本书所言的“美育课程体系”是建立在“大美育”意义上的课程门类及其整合，是以美育的理念和美学的精神，按照立德树人的根本任务要求，对学校的全部课程进行重构，形成内涵核心素养培育要求、促进人全面发展的课程架构，并且指向学校教育生活的全部。正如席勒所言：“我要论述的题目，同我们幸福生活的最好方面直接相关，并且同人类本性的道德高尚也相去不远。”①

从这个意义上讲，本书的“美育课程体系”概念不是指校本课程，亦非艺术教育课程，而是构成学生全部教育生活的课程体系。这一课程体系面向全体学生，指向学生的全面发展，覆盖学生学习生活的全程。它既包括传统艺术教育门类，如音乐、美术、舞蹈、戏剧、影视、设计等通常意义上的艺术课程，也包括学校的国家课程和校本课程，形成体现美育要求的本校课程，如历史、语文、数学、化学等体现美学精神的国家课程，以及学校开发的拓展课程和综合课程。这些拓展和综合课程包括围绕学科素养开展的诸如生活化学、仰望星空、国兰与文化等拓展课程，太极、茶道、书法、陶器、地方考古、戏剧、舞蹈等特色课程，以及和这些课程密切相关的社团活动和课外实践活动。

三、思路探究：在思辨与操作中建构逻辑基础

(一)研究思路

本书力求在对南菁高中的个案分析中，梳理出一套具有相当普适意义和参照价值的普通高中美育课程体系。在研究方法上，将行动研究与思辨研究相结合，先考察我国普通高中的美育现状，提出当前高中美育存在的问题，再以南菁高中的实践为例，广泛收集资料，加以分析，提出解决问题的体系性方法，即课程体系建构思路；进而考察南菁高中执行课程体系的效果及其存在的问题，再对美育课程体系加以改造，完善和修正南菁高中的既定课程体系，并在这一过程中抽象出理论概念，如大美育、生活美

① ［德］席勒：《审美教育书简》，1页，南京，译林出版社，2012。

学教育化等，并加以理论分析。

一般的行动研究始于教师个体，是教师针对自己在具体的教学实践中遇到的问题，提出研究内容，并通过问题聚焦、方案提出、方案实施与成效评价四个步骤的多次“往复”，来实现一个聚焦性问题的深入探究(参见图1.2)①。应该说，对于具体问题的研讨来说，行动研究具有较高的应用性价值。

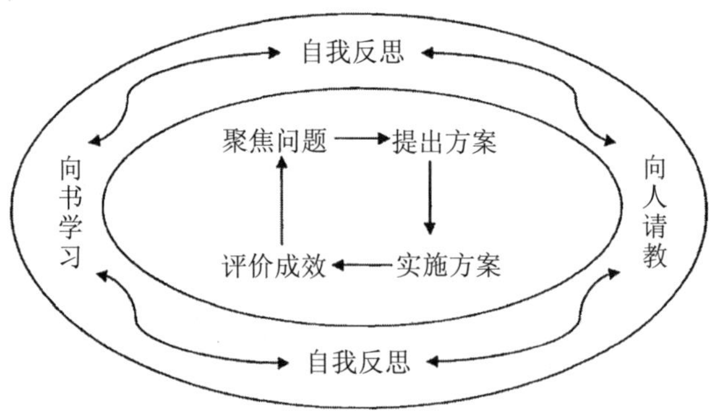

图 1.2 行动研究示意图

但与一般的行动研究不同，由于本书研究对象“美育”的特殊属性，其侧重美学的讨论更带有宏观和理论思辨性质；而同样重要的是，作为一种课程体系的建构，其难以在短期内实现“往复”。故而本书的研究在一定程度上是对南菁高中既往课改经验的总结和讨论，这在下文针对普通高中美育课程体系实施的论述中将体现得较为充分。本书的研究讨论了近六年的南菁高中美育课程体系建构的三种模式框架，每种模式框架都经过了“问题—方案—实施—评价”四个步骤的行动研究，之后又通过反思提出了新的问题与方案。但由于美育的特殊性，这三种框架主要在理论与课程设置方面凸显出逐层深入的特征。特别是理论框架与实践框架，虽然二者的提出是实践框架在先而理论框架在后，但在具体讨论时，本书将理论框架前置，而后才提出实践框架。这一点需要在此略加说明。

---

① 参见文秋芳、韩少杰：《英语教学研究方法与案例分析》，75页，上海，上海外语教育出版社，2011。

在笔者看来，通过考察南菁高中这一个案，特别是一所学校如何利用地方、校史资源，在深化课程教学改革的大背景下，通过课程建构实现对整个校园生活的重构，无论是实践叙事还是理论审视都具有重要的普遍意义。因此，本书从当前普通高中教育的困境和缺失出发，特别是从国家高度重视美育、教育回归人本这一背景出发来展开研究与实践。重点阐述了当前我国普通高中美育课程体系建构的基本方法、课程开发与整合的基本价值取向，并在具体的行动研究中，结合当前我国美育研究的理论困境与美育教学的现实障碍，具体分析其在普通高中课程建设中的表现，试图在理论与实践两个层面，将美育理论与教学(课程)研究推向深入。

为完成这一研究，笔者在对美育课程理论进行思辨梳理的同时，提出既具有南菁高中特色又带有普遍性意义的“美育”概念，并在此基础上，对南菁高中美育课程的开发和整合做进一步分析。研究内容包括但不限于南菁高中美育课程的设置、南菁高中美育环境的营造、南菁高中美育教学史的梳理、南菁高中美育成果的分析与提升。同时，还需要对当前我国普通高中普遍存在的美育课程障碍做较为全面的了解和把握，在研究细节中注重比较分析。

本书首先介绍当前我国美育研究的相关理论问题，在思辨层面提出“美育是身心一体化的感性教育”这一基本立场，并以这一立场来重新阐释“课程领导”理论，努力在思辨与操作两个层面上，为普通高中的美育课程体系建构提供逻辑基础。随后，通过对我国普通高中美育存在的普遍问题加以概括和总结，在对理论与实践进行双向反思的基础上，结合研究分析问题，提出解决思路，进而以南菁高中的美育课程整合和体系建构实践来对其加以验证。

南菁高中自 2011 年开始将美育纳入学校课程建设视野，成功申报了江苏省唯一的美育课程基地，开始了美育课程开发的研究与实践。这一实践是在一定的理论下进行的，也是从南菁长期的办学历史中获得的启示。在南菁历史上曾涌现出一批批杰出校友，其共同点都是表现出强烈的社会责任意识、全面发展的综合素养以及突出的个性化品质。通过对南菁知名校友的访谈我们发现，他们对中学时代最深的印象往往是学生社团活动，是他们在学校所接受的审美教育，如音乐、艺术以及丰富的社会实践体验，这些提升了他们的能力，丰富了他们的情感。更重要的是，学校及教师给了他们价值的引领。如顾明远和沈鹏两位校友在接受访谈时都谈到他们创办“小草文学社”的经历，丰富的校园文化活动让他们中学时代的回忆变得丰富而立体。需要说明的是，笔者作为南菁高中美育课程体系建构的实践者和研究者，在开展这一研究和实践中，非常重视美育课程体系建设的学理建构，即学校建构美育体系的逻辑起点是什么，从课程整体结构的设计到每一门具体课程内容的依据是什么。对这一问题的审视，对处于这一场域中的研究者而言尤为重要。如果不保持理性的研究立场，研究很容易成为学校课程建设的经验总结，也会受自身情感因素的左右而失去研究的客观性。因此，本研究将基于南菁高中办学经验的梳理，从深化课程教学改革、实现立德树人根本任务这一教育的总体方向出发，将南菁课程体系建构纳入人的培养这一根本性视角加以审视，使研究具有充分的“法理性”。不仅如此，本研究既是基于校本的研究，又将从南菁高中已有的基础出发，从问题解决的立场来设计研究的整体框架。按照这一思路，整体规划研究的框架，保持理论和实践的互涉。在这一思路指导下，笔者对南菁高中美育课程的建构分为课程目标(思路)、课程内容、课程实施和课程评价四个方面加以讨论。其中以南菁高中美育课程案例和细节来丰富其美育课程体系建构的内涵与外延，突出行动研究的情境性和参与性。此外，在检验这一美育课程体系教育效果的基础上，以南菁高中的个案研究为依据，进一步提出普通高中美育课程体系的完善和优化方案，并进行自我评价，从而建构出一种以人的全面发展为愿景的美育课程观。在这一过程中，美育理论和传统教育理论可以构成对话者的角色，但其研究主体仍是具体的教育行动者。

(二)研究方法

本书主要采用行动研究方法，兼采个案分析法、文献法、田野调查法等展开研究。其中，个案研究是本书研究的主体方法；而由于研究对象是与“美学”密切相关的“美育”，因此文献法主要表现为带有哲学思辨意味的理论探讨，尤其是在对美育理论进行梳理的基础上，提出基于南菁高中课程实践的“美育”界定；田野调查法和行动研究是本书展开调查的基本方法，也是课程体系建构的实证性来源。在研究的不同阶段，本研究共访谈南菁教师53人，占学校教师总数的30%；访谈南菁学生65人，分年级进行。访谈有同一学生在不同阶段重复进行的情况，目的是了解学生阶段性的变化情况。因此，可以认为本书的研究兼具实证与思辨意义。行动研究是本书的基本思路。本书先提出我国普通高中美育的现状与问题，再提出课程体系作为改进思路，将这一思路应用于南菁高中的美育课程体系建设，分析其解决效果，最后再优化这一课程体系结构，并抽离出理论问题加以概述。这种研究方法，不但可以解决现实教育问题，也可以对美育理论有所丰富。

行动研究是一种带有较强应用倾向的研究方式，始于“第二次世界大战”时期的美国，当时，由科学家(学者)与实际工作者共同合作，展开富有针对性的具体问题的研究。一方面，这种研究与美国惯有的实用主义哲学之间有着密切的关联，它倡导“没有无行动的研究，也没有无研究的行动”，在很大程度上体现为一种带有美国特色的研究；另一方面，行动研究的设计和创设效果一开始也主要在社会科学的行动领域产生意义，如最初由美国心理学界应用于少数民族问题的研究，随后又被用在工业培训领域。不过，“行动研究兴起之后不久，学术界旋即对其展开了质疑，学者们认为行动研究的学术价值不大，主要表现在科学价值与严谨性的匮乏上。因此，从20世纪50年代后期开始，行动研究的热度就逐渐下降”①。事实上，就国内教育学的研究而言，采取行动研究的也主要为硕士学位论文。这说明，行动研究对于解决具体的、聚焦性的特定环境中的特定问题是较为有效的。而就本书研究来说，诚如前文所言，一是课程体系建构的行动覆盖面较大，不易进行高频次的“往复”，二是美育自身的哲学属性也要求其具有抽象思

① Ortrun Zuberaab-Skerritt, *Action Learning and Action Research*, Sense Publishers 2009, p. 4.

辨论证的能力，因此，行动研究在本书中主要表现为一种“底色”，即通过相对较长的一段时间(2011—2016年)内南菁高中美育课程体系的建构经验与评价，来表现普通高中美育课程体系的基本理论、内容、实施与反馈机制。而就体现为论文结构的整体研究方法来看，本书更类似于一种“解剖麻雀”、以小见大的个案分析。

本书的讨论主要围绕南菁高中的美育课程整合、支撑资源、课堂实施和整体评价展开，是典型的个案研究。一方面，在对南菁高中具体美育课程进行分析、解析“个案中的个案”，力图实现“由小见大”的基础上，将个案上升为具有一定普适性的课程体系。另一方面，通过“美育”自身概念的梳理，特别是借鉴20世纪下半叶以来西方美学发展的主体思路与前沿成果，对南菁高中的美育课程体系建构提供参照性的指导思路，借此对全校课程体系的结构进行整体把握。其中借鉴“生活美学”概念而来的“重构校园生活”理念，即是南菁高中美育课程体系建构的基本思想。同时，本书还从南菁高中自身课程整合的个案分析中，提炼出带有一定理论贡献和普遍参考价值的美育观点，来丰富与完善学校课程体系的建构和思路。如“审美课堂”实践模式，就是源自学校自身教育教学经验而提出来的具有一定理论价值的新概念与新方法。

而要进行理论分析，就必须占有和掌握一定数量的文献。本书的理论分析部分主要采取文献法，即通过查阅相关文献，从不同的资料中获得大量有用的信息，同时加以整合和梳理。本书对南菁高中美育史的研究主要表现在对南菁校史美育渊源的讨论上；因为通过文献研究可以对当代前沿美育理论进行较为详尽的梳理和把握，使个案讨论建立在扎实的文献基础上，以此增强个案分析的理论穿透性，提升研究的整体水平。此外，本书还对部分兄弟高中的美育课程建设进行比较分析，以丰富本研究的视角。

在讨论过程中，本书主要使用了田野调查法。这里所谓的“田野调查”，并非人类学意义上的实证研究，而更多地是一种观察与反思相结合的思辨分析。需要指出的是，笔者作为研究者同时亦是这一研究实践的主要设计参与者，因此，田野调查的对象除了学校的教师和学生外，还包括笔者自身。换言之，我的研究过程同样也包括对自身实践的反思。而由于我是学校此项实践的主要设计者和组织者，因而获得了对这一课题整体的把握，包括学校现状的分析、研究的进程、遇到的困难、师生的变化等，这些都是本研究得以顺利进行的有利条件。

本研究既以南菁高中为对象，笔者就必须深入课堂，深入教研组，在与教师进行深入交流的过程中，展开美育课程体系的立论与行动：一是学校的环境育人、活动育人、课程育人，均需要在田野中进行观察和阐释；二是课程体系建构的效果与反馈，也需要在田野中得到呈现。因此，本书在充分的文献研究基础之上，援引校园课程建设的田野调查结果，通过以思辨为主、以实证为辅、以个案(包括具体学科课程和课堂)分析为支撑的方式，对当前我国普通高中美育课程存在的问题进行解释和说明，并提出一种基于南菁高中近年来美育课程体系建构与实践而得出的思路和经验。

第二章　理念：普通高中美育课程体系的意涵与指向

课程体系建构是一个相对宏观又具有操作性的课题，而普通高中的美育课程体系建构又需要在“课程体系”之外突出两个因素，即“普通高中”和“美育”。前者突出了本书研究对象在教育阶段上的特殊性，后者则提示了其不同于一般课程的独特属性。对普通高中美育课程体系建构的理论基础进行研究，需要在上述方面进行讨论。本章先分析普通高中在美育课程设置上的特殊属性，进而对“美育”进行进一步的概念界定，提出本书所讨论的“美育课程”意涵。这一意涵，一方面立足于江苏省南菁高中在美育课程建设实践中所涉及的课程内容，以学校教育教学为立论依据；另一方面也需要从美育和美学的理论层面加以总结、概括和提升，使其具有学理上的合法性。最后，本章对美育课程体系的价值指向做出一定的说明，在知识论和价值论上，对“美育课程”做进一步提升，从而指出本书所使用的“美育课程体系”之教育意义与理论价值。

总的来说，本章的研究综合使用美学中的“美育”与教育学中的“课程”两套理论思路，从不同视角展开对“美育课程体系”的综合研究。这是因为“美育”作为一个典型的交叉学科，脱离不开来自教育教学内容的影响，又必须符合教育的一般规律；但更重要的是，“教育的根本目标乃在于培养自由的个体”①，而现代美育创始人席勒则明白无误地指出：“只有通过美育，

① 刘铁芳：《对教育根本目标的思考》，载《学术评论》，2005(11)。

我们才能到达自由”①。可以说，美育本身就是通往教育根本目标的唯一路径，美育构成了课程体系建构的根本目标和整体语境。当然，这是针对不同教育阶段的整体“美育课程体系”建构而言的，那么，具体到普通高中，究竟需要怎样一种美育课程体系呢？

第一节　普通高中美育课程的特殊性及其在地化实践的可能

前文曾论及，中华人民共和国成立以来，我国美育研究的主导力量是美学家而非教育学家，而这两个群体之间缺乏事实上的对话。这一趋势延伸至今，造成的学术障碍与研究不足相当明显，突出表现在美学家讨论美育问题时缺乏落地的阶段性、操作性分析，而多倾向于对“美育”的本质、特征、功能进行探讨②；而教育学家的美育研究则往往过于具体，思辨性不强，甚至多有将美育完全等同于艺术教育者。就课程体系建构研究而言，前者的问题显然更加致命。因此，在对普通高中美育课程体系建构的理论基础展开分析之前，有必要先讨论一番普通高中的美育课程有何特殊性，其在地化实践又有何种可能。本节由此入手，针对普通高中美育课程的基本要求，对“美育”概念进行分层界定与解读，并在此基础上对本书所使用“美育”做进一步的理论阐释。

一、特殊性：着眼于丰富与开阔的普通高中美育课程

“高中阶段教育肩负着在九年义务教育基础上进一步提升国民素质、满足国家经济社会发展对多样化人才培养需求、培养合格公民的重要使命。”③

① Schiller F, *On the Aesthetic Education of Man*, Snell R, tran. New York, Frederick Ungar Publishing Co. p. 27.

② 如美学家杜卫对美育的研究大多是在宏观层面，而其阶段性讨论也仅分为“儿童”和“青少年”两个阶段，失之疏阔。参见杜卫：《美育论》，235～253页，北京，教育科学出版社，2014。

③ 顾明远、石中英主编：《国家中长期教育改革和发展规划纲要（2010—2020年）解读》，105页，北京，北京师范大学出版社，2010。

近年来，随着高校的扩招，这一使命在很大程度上是通过向高校输送合格人才来完成的。而这种承上启下的特殊性，决定了普通高中的课程设置与安排一方面要衔接和带动义务教育的整体课程水平，另一方面则要保证为我国的高等教育提供优秀生源。可以说，普通高中的课程设置大多具有明显的中介性、阶段性特征。而更为重要且常被忽视的是，在“义务教育—普通高中—高等教育”的国民教育三段序列中，只有普通高中的中介性与阶段性体现得最为明显。从表面来看，这是因为高考制度的存在，使普通高中需要承担前承后延的教育使命，但究其本质，却是因为高中生在其人生发展阶段中同样也处于关键时期——在从未成年到成年的三年中，他们的世界观、人生观与价值观以及人格要素都将基本形成。

需要指出的是，普通高中教育的这种阶段性特征，只是局限于课程设置和具体学科的教学目标上，并不能自然延及教育的整体指向与终极目标。因为在育人的目标上，普通高中必须始终与义务教育和高等教育保持一致，唯其如此，才能保证我国人才培养的方向与质量。因此，普通高中的课程设置与育人目标就呈现出一种双层对立的模式——这一模式由于高考制度，常常显得极具张力，也常引发社会的关注，甚至“讨伐”。但普通高中教育发展所具有的这种特征，看似负面，却与美育作为一种教育形态(而非学科)存在着某种同构关系。

与数学、化学、物理等具体科目往往具有明确的阶段性目标，前一个阶段的学习是下一阶段学习的必要条件不同，美育(包括语文、英语、艺术等人文学科教育)虽然在一定程度上也存在着分阶的属性，但它更强调的是对生命之完满、精神之自由和人格之魅力的宏观追求，以及人生意义的瞬间生成。这一说法的典型例证，就是古今中外某些少年“天才”，自幼便拥有超乎寻常的审美能力与艺术创作或欣赏水平，如 4 岁开始作曲的莫扎特。而事实上，类似现象并不罕见①。因此，就美育的这种特殊性来说，它同样应显现为课程设置与育人目标的分层对立。也就是说，在育人目标上要保

① 参见吕智红、唐淑：《神童教育的历史回顾与反思》，载《学前教育研究》，2001(5、6)。

持一致，而在审美形式与技艺的教育上则应有所分段。这从《意见》对不同阶段美育课程设置的要求也可以清晰地看出来。根据《意见》，在普通高中所处的一般教育序列中，美育可以分为以下三个阶段：

> 义务教育阶段学校美育课程要注重激发学生艺术兴趣，传授必备的基础知识与技能，发展艺术想象力和创新意识，帮助学生形成一两项艺术特长和爱好，培养学生健康向上的审美趣味、审美格调、审美理想。普通高中美育课程要满足学生不同艺术爱好和特长发展的需要，体现课程的多样性和可选择性，丰富学生的审美体验，开阔学生的人文视野……普通高校美育课程要依托本校相关学科优势和当地教育资源优势，拓展教育教学内容和形式，引导学生完善人格修养，强化学生的文化主体意识和文化创新意识，增强学生传承弘扬中华优秀文化艺术的责任感和使命感。

可见，普通高中的美育课程建设介于义务教育阶段和普通高校教育阶段之间，具有明显的承接性——它不同于义务教育阶段主要对学生审美意识进行的启蒙，只需要“帮助学生形成一两项艺术特长和爱好”，也不同于普通高校阶段要突出“相关学科优势”，并以“引导学生完善人格修养”为主要目的。普通高中的美育课程建设，需要强调的是“课程多样性”和“可选择性”，也就是“丰富性”，它要满足学生的“不同”爱好与特长，而其根本目的在于“开阔学生的人文视野”。

一句话，普通高中美育课程体系应该着眼于“丰富”和“开阔”。在审美能力与技艺训练上，它要将义务教育阶段培养出来的“一两项艺术特长和爱好”予以保持，并满足学生不同的艺术爱好与特长发展需求；在宏观的育人目标上，则要同时丰富学生的审美趣味、审美格调与审美理想，初步培养学生的文化主体意识和文化创新意识，让他们逐渐形成传承弘扬中华优秀传统文化艺术的责任感和使命感。在《意见》中，“人格修养”“文化主体意识与文化创新意识”和“传承弘扬中华优秀文化艺术的责任感与使命感”这些带有价值观教育色彩的教学任务，虽然仅出现在“高等教育”阶段，但从其措辞来看，它们都必须在普通高中阶段打下基础，才有可能在“高等教育”阶段得到进一步的“完善”“强化”与“加强”。

由此而言，普通高中美育课程建设的主要内容包括两个方面：一是在审美能力与技艺上，要体现多样、不同的特征；二是在作为育人目标的美学追求上，要着眼于学生的审美体验，开阔学生的人文视野，注意提升其人格修养，初步培养他们的文化主体意识和文化创新意识，以及传承弘扬中华优秀文化艺术的责任感和使命感。这样来看，普通高中的美育课程建设显然是“丰富”而“开阔”的。但问题是，“丰富”而“开阔”的美育课程显然也是繁重而紧张的教学任务。如何能在学理上为“丰富”而“开阔”的美育找到一条以简驭繁的道路呢?

二、在地化：普通高中美育课程的目标及其学理转型

确定美育课程的设置思路，首先要确定美育的整体目标。近代以来，“美育”在我国教育史上一直处于较为尴尬的境地。其教育目标要么被严重高估，要么遭到极端轻视。以王国维、蔡元培、闻一多、李长之为代表的近代教育家，将美育视为“救国”的手段。以1919年《曙光》杂志为中心，一大批把美育当作拯救民族危难之寄托的知识分子和思想家，发明了“救国必先救人，救人必救其心，救心必须去欲，去欲则求美育”的逻辑，并力图在全社会推广①。但20世纪中期乃至其后相当长的一段时间内，美育却遭到我国教育界和思想界的严重忽视，无论在学术研究上，还是在教学实践中，均处于相当边缘的位置。

这种忽高忽低的评价，并非美育的应有地位。即使在近代美育掀起热潮时和20世纪七八十年代的“德育美育论”阶段，虽然全社会都重视美育，但对美育功能的讨论、理解与定义却形成了一种片面“拔高”的趋势。如

① 姚全兴：《论中国现代美育思想的特点》，载《江西教育科研》，1989(4)。另可参见刘坛茹、包天花：《李长之的“美育救国”思想》，载《现代语文》(学术综合版)，2008(10)；祝帅：《从清华园到西南联大——闻一多“美育救国”思想的形成、发展与阐释》，载《装饰》，2011(10)；任亚军：《中国近代美育思想及其当代意义》，硕士学位论文，四川省社会科学院，2008。

1981年前后的“五讲四美三热爱”活动，就把美育看作“改善人与人之间的关系，维护社会安定团结，恢复和发展我国良好的社会风气，激励人们同心同德克服困难，搞好社会主义四化建设”的工具①。这与近代美育被当作“新民”手段一样，都忽略了美育本身具有的内向性一面。但毫无疑问，经过上述两次美育的“拔高”或“异化”，至少在思想界已经形成了对美育的较高期待。蔡元培所谓“凡与人同乐，舍己为群之德，属于此类，赖美育之助者也”的观念②，一定程度上已深入人心。

也就是说，我国普通高中美育课程实际面临着双重压力，一是教学任务繁重，二是社会整体期待过高。要化解后一种压力，就必须使美育恢复到其应有的常态，避免社会过高或过低的关注，安静而自然地进入学校教育生活之中，化身为受教育者濡染其间而不自知的多样化课程形态。

但要化解前一种压力，则需要对美育课程的教育教学取向有相对明确的界定，通过具有学理性的美育概念阐述与标准划分，来制定和完成可持续、可重复、可评价的美育教学任务。换言之，就是将美学（人文学科）层面的“美育”界定转化为可操作的教育学（社会科学）层面的“美育”。这种转型在学理上有两条路径，一条是从美学自黑格尔之后出现的“人生（生活）转向”。诚如论者所言：

> 1831年黑格尔逝世后，从叔本华到尼采、克罗齐开始了对认识论的纯思辨哲学美学的突破，他们将这种古典的纯理论思辨的美学探讨批判为“形而上”，并从现象学、存在主义与解释学美学的崭新角度探索美与人的生存状态的关系问题，旨在促进美学研究关注当代条件下人日渐困惑的生存问题……从而将美学与改善人类的生存状态紧密相连，也将美学从纯理论的思辨拉回现实人生。③

---

① 参见张正江：《新中国美育发展研究》，70页，北京，人民出版社，2014。

② 《蔡元培美学文选》，174页，北京，北京大学出版社，1983。

③ 曾繁仁：《走到社会与学科前沿的中国美育》，载《文艺研究》，2001(2)。

大体来说，这一转向虽然发端于19世纪初，但其蔚为大观则是在20世纪中叶，以现象学、存在主义、解释学乃至生态学等思潮的流行为代表。而美学研究的这一转型，在我国则至迟发生于20世纪80年代。它一改20世纪60年代高尔泰、蔡仪、朱光潜、李泽厚等人提出有关“美在主观”“美在客观”“美在主客观关系”以及“美在客观性与社会性的统一”等关于“美的本质”的讨论所表现出来的纯思辨哲学的性质，将脱离于人的现实生活的美学转换至人生的审美经验之中，诞生出了生命美学、实践美学、体验美学、修辞美学等一系列新的美学范畴，美学研究被赋予了强烈的现实性①。这一转型让美学带有了一定的可操作色彩，它不再仅是探求真理的路径，而成了一种可以沉淀于改善人类自身生存体验的精神体系——这显然就是“美育”的功能。而“从改善人的生存状态的角度看，在某种意义上，美育也就是美学”，“我们可以这样理解，在当代，美学作为人生美学，就是广义的美育”②。当然，对“美育”的这种理解仍偏重于思辨。

促使“美育”从美学层面转到教育学层面的另一条路径发生在与教育思想密切相关的哲学领域，时间大体与美学的“生活转向”相当，其代表人物是美国学者杜威与怀特海。杜威既是一位教育学家，同时也是一位美学家。他创造性地将艺术与教育相融相合，提出了“艺术内在地是教育，而教育同时也是艺术……为了让艺术的教育功能得以实现，就必须实施相应的、适当的教育”，这种教育不仅是艺术家、鉴赏家或批评家的专利，而且是“普通人的正当且迫切的需求”③。由此，教育开始从一种知识或技能的训练，转向生活本身。杜威说：“教育既然是一种社会过程，学校便是社会生活的一种形式。在这种社会生活的形式里，凡是最有效地培养儿童分享人类所继承下来的财富以及为了社会的目的而运用自己的能力的一切手段都被集

---

① 参见潘知常：《生命美学与实践美学的论争》，载《光明日报》，1998-11-6。

② 曾繁仁：《美育十五讲》，48页，北京，北京大学出版社，2012。

③ John Dewey, *Later Works* (1925—1953), Vol. 2, Carbondale, Southern Illinois University Press 1988, pp. 113-114.

中起来。因此，我相信教育是生活的过程，而不是将来生活的预备。"①这句被反复引用的话，凸显了杜威将教育视为人类生活或社会"过程"的观点。而这一观点在怀特海的"过程哲学"中更是得到了极大的发挥。怀特海将课程分作科学教育、技术教育和人文教育三类，"其中的每一种课程都应该包括其他两种课程的内容。我的意思是，每种形式的教育都应该向学生传授技术、科学、各种一般的知识概念以及审美鉴赏力……最直接的审美训练自然会出现在这样的技术课程中，即这种审美训练是某种艺术或具有艺术性行业的必要条件。然而，它在人文教育和科学教育中都是重要的"②。

从美学角度来理解杜威与怀特海在西方教育思想史上的转折意义，不难看出其二者都将艺术、审美视为一种教育的本质属性，课程也由此而衍生出美育的效果。这种效果直接表现为教育教学更加重视"过程"(怀特海语)或"生长"(杜威语)，而非仅是其"结果"。在这样的意义上，南菁高中提出要"办关注师生生命幸福的教育"的理念，正是要将美育视角从单一的"教育结果"(成绩)转移到复合的"教育过程"，即师生一体的中学生活之中③。

综上所述，美学的"生活转向"与教育的"过程转向"，是美育得以学理化的两条路径，或者说是现代美育得以转型的两个动力来源。而这两条路径的指向，都是人在具体日常(校园)生活中的生存状态与生命体验。根据席勒的分析，在现代劳动分工的社会中，人的生存状态与生命体验总是分裂为感性(精神/实在)与理性(物质/形式)的，因此需要美育(游戏)来将其统合④；而对于过程哲学，有学者指出在其影响下，"课程作为过程，还意

---

① 《杜威教育论著选》，4页，上海，华东师范大学出版社，1981。译文参照原文而略有改动。

② [英]怀特海：《教育的目的》，85～86页，北京，生活·读书·新知三联书店，2002。译文参照原文而略有改动。

③ 杨培明：《教育应成就生命的美好和人生的幸福：新常态教育下南菁高中的办学追求》，载《江苏教育》(教育管理版)，2015(8)。

④ [德]席勒：《美育书简》，88～91页，北京，中国文联出版公司，1984。

味着是一个在关系思维指导下培养整体的人(whole man)的过程”①。总之，美育课程的目标应该是还原人之为人的本质，使学生能够在课程中感受到自我的完整性和情感的冲动性，感受到生命力的勃然生发，感受到生命意义的瞬间生成，从而实现“全面而自由地发展”。

三、统一性：美育是身心一体化的感性教育

尽管美育在中国生根发展百余年来，对其概念的界定与讨论已有不少，但毋庸讳言的是，多数学者都将其当作偏重“心灵”“精神”与“情感”的教育。如果心灵、精神或情感的对立面是理性，那么这种观点自然有其合理性。可是，在相对漫长的西方哲学发展史上，自笛卡尔开始，身(肉体、身体)—心(灵魂、意识)二元对立的思维模式就一直被看作“主—客二分”在世结构的直接显现②。而这种思维模式在西方美学史与教育史上，自柏拉图开始，就占有绝对优势。

柏拉图说，“我们要接近知识只有一个办法，我们除非万不得已，得尽量不和肉体交往，不沾染肉体的情欲，保持自身的纯洁”，“带着肉体去探索任何事物，灵魂先是要上当的”③。在西方哲学史中，身体一直或被压制或被忽视地处于思想的潜意识中，直到马克思那里，审美才开始与身体(劳动)发生了关联：“手不仅是劳动的器官，它还是劳动的产物。只是由于劳动……人的手才达到这样高度的完善，以致像施魔法一样造就了拉斐尔的绘画、托瓦森的雕刻和帕格尼尼的音乐。”④而这种关联虽然在一定程度上开启了美育与身体的关系，但它仍没有从根本上扭转美育偏重“心灵”“精神”或“情感”的倾向。

任何偏向都意味着失衡，美育要实现对“整体的人”“全面而自由的人”的培养，就要摆脱片面的偏向。但从思想史上来看，这种摆脱并不简单，甚至在其起点上是以矫枉过正的方式来进行的。尼采率先宣告了身体的“诞

---

① 张晓瑜：《有机课程观研究》，75页，北京，中国社会科学出版社，2016。

② 参见《张世英文集》，9卷，3～8页，北京，北京大学出版社，2016。

③ [古希腊]柏拉图：《斐多篇》，15、17页，沈阳，辽宁人民出版社，2000。

④ 见《马克思恩格斯选集》，4卷，375页，北京，人民出版社，1995。

生”，他直呼：“我完完全全是身体，此外无有，灵魂不过是身体上的某物的称呼。身体是一大理智，是一多者，而只有一义……兄弟啊，你的一点小理智，所谓‘心灵’者，也是你身体的一种工具，你的大理智中一个工具、玩具。”①这种将身体抬高至决定性地位的美学思潮，对整个20世纪的西方美学和哲学都产生了巨大的影响。诸多与教育相关的观念、认知都出现了变化，“身体”开始被当作一个重要的教育(美育)对象而利用和对待，并出现了深远的美学效果和思想史意义。

如罗兰·巴特就将身体引入阅读，在他看来，“文本字里行间埋藏的不是‘意义’，而是‘快感’”。“长期以来，阅读被看作认知和‘意识’大显身手的地方，是知识的最具体的实践形式，是粗蛮的身体力所不逮之处。但是，罗兰·巴特甩掉了这个知识神话，将认知毅然决然地抛弃在脑后，阅读变成了身体行为，快感的生产行为。”②他区分了“可读的文本”与“可写的文本”，使阅读者在阅读过程中发挥的作用得到了极大的改写，而进行这一区分的依据就是身体感受③。

以身体感受作为审美体验的生发点，其实在某些艺术类型(如舞蹈)中是自然而然的产物。但长久以来，人们并不重视身体的审美意义，而只是把它看作心灵对身体的控制作用。这是中外皆然的现象。如汉代《毛诗序》中说到“舞蹈”，乃是“情动于中而行于言，言之不足，故嗟叹之；嗟叹之不足，故咏歌之；咏歌之不足，不知手之舞之，足之蹈之也”④。事实上，“手之舞之，足之蹈之”很可能是促发“情动于中”的原因，而非其结果——在舞蹈的旁观者那里，其受移情作用的影响，往往也会产生一种身体意识上的“内模仿”，就是明证⑤。

延续自尼采、海德格尔、罗兰·巴特、福柯，乃至德勒兹、巴塔耶等西方思想家的思路，将身体与心灵(情感)都纳入美育教学的考量与设计之

① [德]尼采：《苏鲁支语录》，27页，北京，商务印书馆，1997。
② 汪民安：《身体、空间和后现代性》，15页，南京，江苏人民出版社，2006。
③ 张祎星：《罗兰·巴特的文本理论》，载《浙江师范大学学报》，2006(1)。
④ 于民：《中国美学史资料选编》，105页，上海，复旦大学出版社，2008。
⑤ 参见朱光潜：《文艺心理学》，47～49页，合肥，安徽教育出版社，1996。

中，是当前普通高中美育发展的必然趋势。尽管这一理论上的趋势未必得到基础教育界显豁而自觉的认可，但从目前流行于中小学的一些美育课程上却可以明显看出来。如近年来得到不少普通高中认可的“戏剧教育”课程，就是一种突出身体意味的美育形式。从 2011 年开始，北京市十一学校的学生不用再上传统的音乐课、美术课，取而代之的是戏剧课。同学们可以根据自己的兴趣特长，在戏剧课中选择表演、舞美、配乐等不同的分工。① 在戏剧教育中，身体的审美意味，以表演最为明显，而舞美、配乐等均需要配合身体的节奏来进行。参与演出的学生通过身体演绎（审美体验），理解戏剧（文学）中蕴含的人生经验，当然是一种极为全面的美育课程；而学生在创作或改编戏剧的过程中，创意思维可以得到较为充分的发挥，这又使戏剧成了一种自由的美育课程。因此，一次好的戏剧课程必然是一堂“全面而自由的”美育课，以至于十一学校李希贵校长在谈到戏剧课时，特意指出其还有“为学生提供一个青春花季男生女生健康交往的法定的、公开的渠道”的功能，显然属于与身体（性别）意识相关的情感教育（美育）。

再如南菁高中张静慧老师开设的茶道、印染、酿酒等美育课程，都与身体有着密切的关系。以茶道课程为例，在课堂上展示采茶工、采茶舞的表演视频，就是一种带有身体意识的美育形式；而随后的识器、鉴水、闻香、冲泡、品饮等环节，一一与视觉、嗅觉、触觉、味觉等身体感知觉发生关联，无不是身体与心理（情感）的交通；在对茶道礼仪的讲解中，身姿体态、仪容仪表、轻举慢放、手势眼神，统统都是以身体为表意媒介的情感传达；正是这样，在对茶道精神的体悟中，茶道美育从表层的物质与情感，上升到了哲思与价值观的高度，从而实现了感性与理性的统一。不同的课程有不同的美学效果，其美育功能也不尽相同。但身体与心灵（情感）作为美育课程两个同等重要的指向，却受到了同样的重视。

---

① 黄颖程：《李希贵：三年间需参加一次戏剧课》，载《现代教育报》，2013-5-29。

正如梅洛·庞蒂所言，社会常规“不仅依靠主体的眼睛，而且有赖于他的期望、他的运动、他的紧握、他的肌肉和发自肺腑的情感，是整体意向性所引导的全身生命”①。学生要在美育中理解自我、理解社会，就需要充分调动其身体意识与心灵(情感)机能，平衡二者的相互作用，特别是要彰显身体的审美教育效果。因此，可以说在美育的教学实践中，情感教育与身体教育是互为主体的。虽然在不同类型的美育课程中，二者的重要性未必相同，一种艺术类型或生活形态总难免偏向身—心对立的某一方面，但在南菁高中看来，“身心一体化的感性教育”才是美育。不过，值得指出的是，此处所言的“感性”，也应以身体感知觉为基础。

以南菁高中为例，其所开设的50余门美育课程大体可以按照身体审美意识与情感审美意识分为界限并不明晰的两个序列，而其中又有核心美育课程与相对边缘的美育课程。如图2.1所列出的南菁高中目前所开设的部分代表性课程，靠近“身体审美意识”一轴的课程都以身体感知觉为主要培育对象，而靠近“情感审美意识”一轴的课程则以精神感觉为主要培育对象；越靠近中心的课程，其审美体验越明显，而构成其垂直中线的课程，就是传统意义上的几大艺术门类，包括文学、音乐、舞蹈、雕塑、绘画、戏剧、影视等，亦即“艺术教育”课程。

“身心一体化的感性教育”，是本书所言“美育”的一种概述。而虽然定义未必相同，但在部分学者对“美育”的界定中，“身心并重”也是很重要的特质。如张正江把美育看作一种“生命力”，但他同样注意到，生命力包括生理生命力和精神生命力。从体育是培养学生的生理生命力的角度来说，体育应该是美育的一部分。当前的体育对学生的生理生命力是极不重视的，仅仅停留在运动技能、技巧的训练上②。应该说，张正江对于体育从属于大美育的看法，是十分有道理的。而杜卫则更加全面地注意到了作为“感性教育”的美育所具有的复杂性，在这一复杂性中，“感性意味着人的肉体性”和

---

① Lacan, *The Four Fundamental Concepts of Psychoanalysis*, Translated by Alan Sheridan, New York, W. W. Norton & Company 1981, 71.

② 张正江：《新中国美育发展研究》，34～35页，北京，人民出版社，2014。

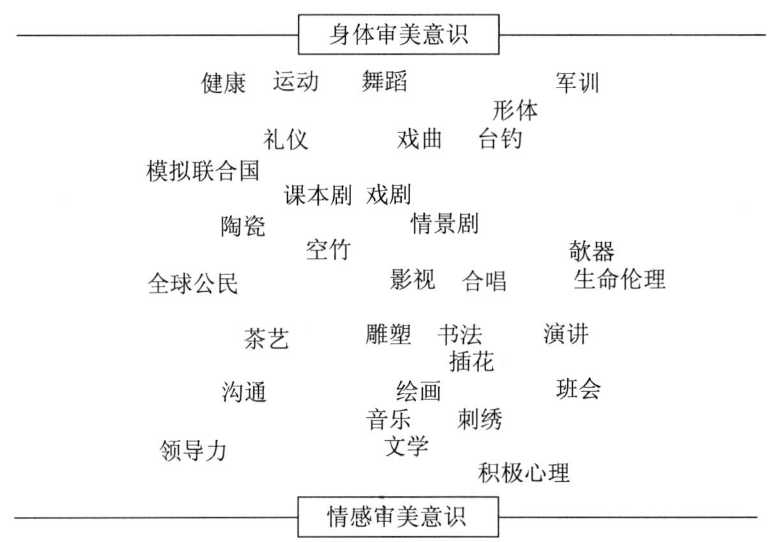

图 2.1 南菁高中身体审美、情感审美课程示意图

“感性意味着以情感为核心的心理能力”，正是本书所提出的“身心一体化的感性教育”的基本内涵①。不过本书是针对“普通高中美育课程”而言，其概念界定当以研究对象为中心。

之所以强调“普通高中美育课程”的“身心一体化”界定，除了顺应美学与美育理论的发展趋势外，其目的主要有两点：一是强调美育课程的设置与展开(即后文所言“审美课堂”)必须同时注重身、心，以此来突出“大美育”的效果，从而将体育、戏剧、舞蹈、社会活动，乃至餐饮、手工(如刺绣)、理科实验性课程均纳入普通高中美育课程的范畴之中——它们都突出或具有“身体”的面向，可以通过身心一体来实现由“身”及“心”的审美体验，因此也可以获得审美教育的功能。二是要在美育课程的价值取向上，通过身心一体，强调素养论、公民教育与人的全面发展。在公民教育的视角中，审美是一种基本的公民素养，而这种素养绝不仅仅表现为美的鉴赏与创作(艺术)能力，更重要的表现为师生之于生活细节的体认与反思，而这就涉及身、心两个方面。如在校园环境中感受自然美，必然首先诉诸身体感官，

① 参见杜卫：《美育论》，70～72 页，北京，教育科学出版社，2014。

需要师生打开自我，调动身体的感知觉能力，唤起沉浸式的审美体验。而这是以往一味强调美在于想象、美在于意象的美育思路——如讲授“自然美”只教会学生鉴赏或创作山水诗、山水画，是大不相同的。进一步讲，美育与德育的关联也需要突出“身心一体”。譬如处理校园暴力事件，传统教育主要诉诸德育（思想教育）或教育惩罚，以达到“以儆效尤”的目的；而强调“身心一体”的美育，则更突出“心”（情感）的一面，通过引导学生在审美中体会自我的身—心关联（身心一体），进而体会其自我与他者的情感关联，鼓励换位思考和移情训练，让他们由自我入手，实现彼此之间的善待、友爱。

这些美育课程展开思路的变化，都需要在理论基础层面予以新的阐释。这是本节突出“身心一体”的原因。但毋庸置疑的是，美育作为一种“兴”与“群”的教育，强调其身心一体的根本目的还在于突出“情感”，突出“情感”由审美体验而生发为人际交往，最终走向“善待他者（others）”的伦理境地①。

第二节　普通高中美育课程建构与情感教育

作为“身心一体化的感性教育”，美育进入普通高中必然需要课程化，而课程化的较高层面是形成课程体系。既然是一种体系，就必须有其核心。虽然上文以审美体验的强烈程度大致区分出了核心美育课程（艺术教育）与边缘美育课程，但这种区分方式并未找到美育进入学校教育的关键。因为

---

① “兴”意指美学抒发性情的社会作用，而“群”则指美学的社会作用中强调社交、合群的一面，其来源是孔子《论语·阳货》中对“诗”的社会功能（兴观群怨）的讨论。事实上，兴—观—群—怨的排列，在很大程度上是由偏重个体的“心”（兴）转向了身心并重的人际社交关系，也就是从美育转向了德育。同时，需要指出的是，“兴”字的词源本意就是“几个人合举一具盘状物，口里有节奏地呼叫（诗、歌、咒语、号子），身体激烈旋舞，各种器具齐鸣，如痴如醉，兴致酣畅”的“身心一体化”的行为与作用。参见王一川：《“兴”与“酒神”——中西诗原始模式比较》，载《北京师范大学学报》（社会科学版），1986(4)。

如果只着眼于审美体验，那么“审美”就成了一个相对私人化的话题，既无助于学生“与人交往”，也难以形成“公民意识”。但其实，后两者都是“中国学生发展核心素养”调研中被高度提及的指标①。而美育要能够适应当前我国社会、经济、文化和教育的发展，就应该在重视个人审美体验培育的基础上，发展出更为广泛的“合群”“爱人”之核心素养，在一定程度上要回复到传统美育的阐释与建构路径上。

以孔子的诗教观为例，《论语·阳货》篇所言：“诗可以兴，可以观，可以群，可以怨”，这正是将美育中的个人审美体验与社会作用效果相联系的一种经典表述。“兴”和“观”都是诗歌(艺术)对于个人的意义，而“群”与“怨”则是其社会功能。有学者表示，兴、观、群、怨的命题全面集中地表达了诗歌如何通过表达情志来发挥社会作用的机制……也使诗教的教育思想获得了内在深化和理论支撑②。这句话较为明晰地点出了美育社会功能的基础与核心，即表达情志。

一、实践功能：二元共生的普通高中美育课程

在“康德—席勒—王国维”的美育观演变过程中，美育等同于情感教育的观点十分普遍。在康德那里，人的心灵能力可以分为三个部分，即认识、情感与欲求，分别对应“知”“情”“意”三个部分。而王国维将其中第二部分与第三部分合并而转化为情感，提出“感情上的疾病，非以感情治之不可”③。与之相类似，蔡元培、梁启超等人，也都提出了“情感教育”的观点。梁启超更是明言：“古来大宗教家大教育家，都最注意情感的陶养。老实

---

① 根据教育部委托北京师范大学核心素养研究团队的调研报告(2013年)，在全国范围内进行调查时，“与人交往”素养领域中的“沟通与交流”“合作能力”“道德品质”等一级指标，以及“公民意识”素养领域中的“国家认同”“国际意识与多元文化”“国家认同”等一级指标的被重视程度相当之高，远远超过了“知识基础”领域中的“语言素养”“数学素养”“信息技术素养”“艺术素养”，而且“不同地区的访谈结果具有高度的一致性”。参见林崇德：《21世纪学生发展核心素养研究》，148～149页，北京，北京师范大学出版社，2016。

② 参见陈雪虎：《传统文学教育的现代启示》，51～54页，广州，广东教育出版社，2006。

③ 《王国维文集》，261页，北京，北京燕山出版社，1997。

说，是把情感教育放在第一位。情感教育的目的，不外将情感善的美的方面尽量发挥，把那恶的丑的方面渐渐压伏淘汰下去。这种功夫做得一分，便是人类一分的进步。”①由此可见，在相当多的人看来，情感教育基本就等同于美育。可是，其间却存在着一个理论的吊诡。

重视情感教育的王国维、蔡元培、梁启超等人都怀有强烈的社会干预意识，而这与其直接继承自席勒的美育观并不相同。在席勒那里，人和人性是美育关注的核心。虽然在席勒看来，撕裂人性的也是现代社会——“正是教养本身给现代人性造成了这种伤害”“致命的冲突使人性的和谐力量分裂开来”②——但他并没有将解决问题的方案放置在现实问题上，而是希望通过美育来弥合人性的分裂，从而实现对社会意识形态的重构。究其原因，当然可以说，席勒面对的社会现实语境与王、蔡、梁等人并不相同，后者的剧烈程度要远远高于前者。但无论如何，“美育”直到近代才被赋予了极强的观念改造力量。也就是说，在近代中国，美育作为“情感教育”，促使个体自由成长、创意生成的作用被其促进人际沟通、达成公众共识、凝聚社会力量的外在功能给强势地取代了。而后者在很大程度上并不适合以“情感教育”加以命名，它更像是德育的美育化。

事实上，从汉代“诗言志”与“诗缘情”的论争开始，审美的社会功能就备受关注。而随着以康德“审美无功利”命题为代表的审美自律成为一种现代观念，在现代学术研究中，西方学者开始对艺术体制进行反思③，而中国学者则将对传统儒家工具主义美学观的重视逐渐转为对老庄、佛释的审美主义美学观的关照④。同时，美育摆脱德育而争取独立的紧迫性，也开始进入学者的视野。正如有的学者所言，“认为美育是德育的一部分，是进行道德教育的一种手段和方法，这种观点实际上仍然没有超出传统的伦理主义和道德主义教育观的范围”⑤。

---

① 于民：《中国美学史资料选编》，563页，上海，复旦大学出版社，2007。

② ［德］席勒：《美育书简》，51、57页，北京，中国文联出版公司，1984。

③ 参见［德］比格尔：《先锋派理论》，9～11页，北京，商务印书馆，2002。

④ 参见李春青：《中国文论传统及其现代命运》，载《学术月刊》，2005(9)。

⑤ 徐碧辉：《美育：一种生命和情感教育》，载《哲学研究》，1996(12)。

在这样的语境当中，当美育作为教育教学课程进入学校的时候，其作用与范围就需要再度衡量，特别是在上述核心素养的社会期待视野中，美育有必要跃出其内向的一面，并尝试将社会功能与个人成长功能相互打通，形成一种二元共生的学校美育课程基础。

一方面，“审美无功利”是一种普遍性的共识，而且在实际教育教学活动中，学生通过美育课程，确实能够得到情感上的淬炼与提升，他们对审美的感知觉变得更加敏锐，对情感的认知和把握也更有分寸。例如，游戏课程可以让学生的灵活性得到提升，增强其果敢、活泼的一面；而棋类课程对培养学生的确定性有很强的作用，可以提高人的情感稳定程度，让人趋于稳重、严谨；台钓则可以培养学生情感的持久性，对其耐心、毅力的提高均有帮助；运动可以强化学生的情感强度，培养其吃苦耐劳的精神；音乐与美术可以促进学生的细腻情感；文学、戏剧等课程则可以培养学生丰富的情感层次，培养他们的生活情趣。凡此种种，都是寄托于情感教育，而且是以艺术教育为主体的非功利的教育形式。它完全符合康德、席勒一脉的“审美无功利”和“游戏说”。

另一方面，情感教育的目的又不局限于个体的自我审美体验，因为人生的意义是要在与他人交往的社会场域中来实现的。因为“人所面对的，既不是本然的存在，也非已完成的世界；以人观之，世界具有未完成的性质”①。世界的这种未完成性，有待于主体情感的投入，在此过程中，同时实现“成己”与“成物”。故《郭店简》有“知己而后知人，知人而后知礼，知礼而后知行”之语②，《毛诗序》(《诗大序》)有“发乎情，止乎礼义”之句。正是在这个意义上，学生发展核心素养需要在“文化基础”与“自主发展”之外，另设“社会参与”一项，而正如前文所指出的，这一方面在前期调研中也最受关注。

值得说明的是，“社会参与”所涉及的“责任担当”与“实践创新”两个方面，都与美育有着千丝万缕的联系(见图 2.2)。前者如学者埃森博格(Eisenberg)

---

① 杨国荣：《成己与成物：意义世界的生成》，1 页，北京，人民出版社，2010。

② 李零：《郭店楚简校读记》，159 页，北京，北京大学出版社，2002。

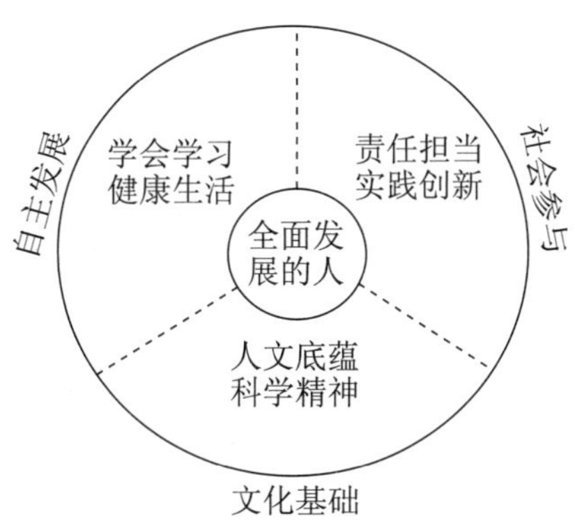

图 2.2 中国学生发展核心素养图示

所指出的，“移情、内疚、羞耻、共情、尴尬这样一些高层次的情感，被认为是驱动道德行为的，影响着个体道德行为发展和道德品格”①。而创新与创造力的实现，在很大程度上同样依赖于情感教育。马斯洛说：“几乎所有的儿童在受到鼓舞的时候，在没有规划和预先意图的情况下，都能创作一支歌、一首诗、一个舞蹈、一幅画、一种游戏或比赛。”②不过，创新意识大体应该归于情感教育的个人成长，而社会实践与责任担当则是基于个人情感教育而生发出来的美育社会功能。由此可见，基于作为美育核心部分的情感教育可以生发出美育的社会意义，也就是说，美育从情感出发实现了人际关系和群己关系的调节作用。

这种以“诗缘情”为出发点，逐渐走向“诗言志”的美育，体现在学校课程上，首先表现为一种“情”(个性发展)和“志”(社会沟通)二元共生的学科理论基础。情和志之间具有密不可分、彼此影响的传统。情感从个体(个性)出发，本身就带有一种美学属性；而当其扩展到人际交往的社会功能时，美就与善相关联。正是在这个意义上，在相当长一段时期内，美育被

---

① N. Eisenberg, Fabes R. A. et al. “The Relations of Children's Dispositional Empathy-Related Responding to Their Emotionality, Regulation and Social Functioning”. *Development Psychology*, 1996, 32 (2): 195-209. 转引自郑信军：《青少年的道德情感：结构与发展》，166～167 页，杭州，浙江大学出版社，2015。

② ［美］马斯洛：《存在心理学探索》，124 页，昆明，云南人民出版社，1987。

人们视为德育的载体和补充。如苏霍姆林斯基就曾以爱国主义为例展开过论述，他说："借助童话展现出来的故乡的美、幻想和创造，这是对祖国爱的源泉。人是逐渐理解和感受祖国的雄伟与强盛的，这种理解和感受的渊源就在于美。"①其实，问题并不在于美育是否具有道德教化的意义，因为审美之中必然含有道德的元素，人心与人情之间本无判若云泥的鸿沟。美育与德育相互纠缠的问题核心是，美育是否可以具有道德教化之外的独立意义。而上述"情""志"二分的观点，针对这一问题给出了自己的答案——美育是一种以情感教育为核心的感性教育，而情感教育必然会带来社会交往的外向功能，因此，德育是美育的一种副作用。而真正的美育仍是"以情感教育为内核，以感性教育为外延，在多数时候以艺术教育为表现形式的教育"——这一界定的着眼点在于情感教育，不过，它与上述身心一体的概念并不冲突。因为无论是身体还是心灵，其受到审美召唤的表现形式都是情感溢出。而身心一体的感性教育界定，则同时接纳了身体与心灵作为情感的载体，这样，就使传统被列为"体育"的部分课程具有了审美意义。

二、建构原则：基于学科、社会和学生的美育课程体系

促进人的全面发展是教育的根本任务，这有别于教育满足社会需要的功能定位，强调教育的本质是为了人。在教育功利化的语境中，人的全面发展往往是一个抽象的概念，它代表了教育发展的理想愿景，但现实中往往缺少具体的实践理路，属于理念层面的存在。美育课程体系整体建构要解决的问题正是通过系统化、体系化的课程设计，将人的全面发展这一教育愿景转化为学校的教育实践，这就需要确定美育在学校教育中的主要指向，找准美育研究与实践的突破口。当前，工具主义倾向的教育往往忽略人的个性发展，将人的培养等同于工业产品的生产，在统一的考试标准和教学目标下，所有人都以考试目标定位自己的存在，个性发展和个人的社会属性被极大地压抑。因此，个性发展与社会沟通，是美育的两个功能，也是普通高中学校美育课程体系建构的两点目标。学校美育课程体系应该

---

① ［苏联］苏霍姆林斯基：《教育的艺术》，158页，长沙，湖南教育出版社，1983。

围绕这两个方面展开建构和设计，使课程能够服务于它们。由此出发，可以对美育课程体系的建构原则做一点讨论。整个20世纪的课程设置或课程设计，大体都以“泰勒原理”(Tyler Rationale)为圭臬。在泰勒看来，进行课程开发时，首要的是“学校希望达到的教育目标”。而如果以个性发展与社会沟通作为美育课程(学科)的教育目标，那么，其课程建构的基本原则本身就是一种综合性的思路。

根据学者的研究，“课程的设计可以是以学科为中心的，也可以是以学生为中心或是以社会为中心的”①。前者以稍早于泰勒的美国十人委员会(Committee of Ten，1893年成立)为代表，其面向全美国推荐的中学课程包括四个标准模式：古典、拉丁文—科学、现代语言和英语②。而“以学生为中心”的课程设计，是充分考虑学生的需求，结合课堂环境来进行课程设计；“以社会为中心”的课程设计，则是严格依照社会规范，比照社会潮流和社会期待，如对照成人常用词语来开发语文课程的所谓科学化课程，这种思路流行于20世纪初的美国。

以此三者为例，可以看出美育课程体系建构的基本原则。首先，美育作为教育的重要目标或者任务，已列入国家政策。由于现有高中教育教学行为的实施仍然以学科划分为主要方式，课程体系设计坚持主要以学科为中心的建构原则，同时使美育课程实现学生生活的全过程、全领域渗透。这主要表现在那些学生基本素质的形成和发展、体现国家对公民素质的最基本要求的艺术课程(作为国家课程)进入基础教育领域，包括语文、英语、美术、音乐、体育等。其次，个性发展作为美育的教学目标之一，体现了其课程设置应有的以学生为中心的建构原则，这主要表现在那些促进学生个性的发展、体现不同学校历史与办学特色的美育课程作为校本课程和活动课程进入学校课程体系，如戏剧艺术、书法艺术、国画创作、油画欣赏、空竹表演等。再次，社会沟通或社会参与作为美育教学的另一个目标，体

---

① ［美］沃克、索尔蒂斯：《课程与目标》，62页，北京，教育科学出版社，2009。

② 参见 *Report of the Committee of Ten on Secondary School Studies*, Washington D. C., National Education Association，1986。转引同上书，31页。

现了以社会为中心的美育课程体系建构原则，这主要表现在那些学生合作与发展意识、培养其公民意识和社会参与能力的美育课程作为校本课程和活动课程进入学校课程体系，如科技伦理、全球公民、礼仪课程、社交美学、社群文化等。在理论架构和课程实践中，三者之间的关系应该是：以学生个性发展为基础，以社会需求和公民素养为中介，最后指向学生核心素养培育的基本要求。这种三级课程思路着眼于学生个人成长，又将国家基础课程作为培育学生成长为合格公民的重要保障，注重升学与育人的二维统一。在突出课程结构多样化和丰富性的同时，将特色高中视为大学(高等教育)的先修与前导；在强调学校特色化办学与个性化发展的同时，不忘升学的指标期待。

普通高中的美育课程体系建构要重视上述三条原则，贯穿三条线索，体现美育课程价值分别侧重学科、社会和学生的三个方面。如果以中国学生发展核心素养的三个方面来做比照，可以认为，文化基础的核心素养体现的是美育课程建构的学科(国家)原则，社会参与的核心素养体现的是美育学科建构的社会(社群)原则，而自主发展的核心素养则体现出美育学科建构的学生(个体)原则。值得说明的是，在学校课程的具体实施过程中，尤其是在隐性课程、活动课程中，这三者之间并无截然的界限，而是一种价值指向可以相互过渡的共生状态。因为审美情感的实现，很可能会引发共鸣，而共鸣又必然影响人际关系，进而影响社会和国家。这一点在前文对“情”“志”二元的讨论中已有说明。不过，课程的课堂教学中，教师对这一状态必须有高度的自觉和认识，才能在完成教学任务与建构审美课程之间取得平衡，甚至使二者完美融合，下文将就此话题再做讨论。

此处仅以“爱的教育”为例，做一点简单说明。“爱”是一种审美情感，一旦引发共鸣，就可以通过爱的形式传递下去。至大者，如墨家所谓“兼爱非攻”以及爱国主义等；至小者，则是个人主动给予或自觉期待的满足感和幸福感。具体到高中阶段青少年爱情观的教育，正是一种需要不同的审美课程加以引导，从而实现“爱”由学生天性自由发展到社会交往的价值期待，乃至到国家意识形态期许的公民教育。“爱”萌发于学生个人内心，教师感受到这种情感的溢出之后，首先应该以共鸣的方式对其进行确认和回应。在此基础上，教师才能对青少年之间初步产生的爱情意识与性意识进行引导，促使他们形成高尚的爱情观，以及爱与被爱的能力。苏霍姆林斯基说，“对学生的精神生活和他们的隐秘角落采取粗暴态度，最容易从男女青年的相互关系中驱逐出一切高尚的、有道德的、明快的审美情感，并把爱情的生物本能的一面推到首位，激起不健康的好奇心。”①换言之，普通高中的教师应该以感同身受的情感共鸣，去寻找和体会“男女青年的相互关系”中本即存在的“一切高尚的、有道德的、明快的审美情感”，并以非“粗暴”的态度，将这种情感导向学生关系的主流。这样，才能使基于情感教育的美育发挥出调节校园人际(性别)关系的作用。

三、情感教育是高中美育的核心

前文曾引杜卫的观点，对美育究竟是“感性教育”还是“情感教育”做了说明。简单地说，感性包括身体与精神二元的震颤，其范围要大于情感。建立在尼采美学之后的美育，必须正视身体审美价值的存在。因此，在学理表述上以“感性教育”作为界定，更加严谨，也更符合美学发展的趋向。但事实上，这种区分显然来自美学领域，而非教育学判断。因为，在当前中国的学校教学过程中，身体教育(体育)始终没有被当作普通高中教育教学的主要任务。尽管这一做法大可商榷，但从学校实际出发，这种把“情感教育”确定为普通高中美育的核心范畴更具有合理性。在此前提下，对学校的身体美育展开关照，反思艺术体操、舞台艺术等涉及身体课程的审美经验，使其成为一种情感体验，进而成为教育经验和教育手段，是身体美学的基本思路②。

---

① [苏联]苏霍姆林斯基：《爱情的教育》，15页，北京，教育科学出版社，1985。

② 继承了杜威实用主义传统的美国身体美学家舒斯特曼，也是把身体经验(体育)看作影响情感或情绪(美育)，进而影响理智(智育)的起点，如他说“一种更有规则的呼吸感觉可以让思考的过程更加平静而有规则；一种难以言表、充满活力、令人兴奋的情绪激动，可以促使人的思考超越习惯的限制”。参见 Richard Shusterman，*Practicing Philosophy*，New York，Routledge Press 1997，p. 167。

“情感教育，就是关注人的情感层面如何在教育的影响下不断产生新质、走向新的高度，也是关注作为人的生命机制之一的情绪机制如何与生理机制、思维机制一道协调发挥作用，以达到最佳的功能状态。”①显然，情感教育的关切点既包括侧重精神层面的情感，也包括侧重生理(身体)层面的情绪。综合此二者的关系，并将其贯穿在具体的教学生活情境之中，就可以使教育呈现出更为丰富的美育属性。它不但可以在专属的艺术课程之中得到贯彻，也可以体现在其他课程当中，不断使学校教育呈现为“审美课堂”，使课程在情感的关照下焕发生机而成为“审美课程”，师生关系也会由于充分的情感沟通而成为审美关系。南菁高中一位高三班主任在谈到与学生的情感交流时，有这样一段反思：

> 高三的阶段性检测成绩刚刚揭晓了，小强的成绩不尽如人意。趁着下午学生体育锻炼的间隙，我约了他在教室外面的走廊尽头谈谈。那里的视野比较开阔，正好对着学校的天鹅湖。在落日余晖中，湖面波光粼粼，余晖洒在水面上，晚春初夏的天气，虽有凉意却也温暖。说到考试成绩，他甚至不愿回应，一直低着头。但是，我不能放弃这次机会。我和他聊起了他写在一本笔记本扉页的一句话：“采菊东篱下，悠然见南山。”这句诗的意境真美，这样的生活令人神往。这句诗打开了他的话匣子，他突然抬头问我：“老师，你说人的一生最重要的是什么?”在那一刻，我一怔，不曾想到他会思考这个问题。我问他，你说呢？小强开始跟我讲他设想的未来：高考他考得一般，大学毕业多年后，他未必是一个精英、一个老板、一位业界成功人士，但是他有稳定的收入、温暖的家、温柔的妻子、可爱的孩子，过着普通人幸福的生活。……②

在这次谈话中，这位老师与学生谈了很多话题，从高考谈到人生的理

---

① 朱小蔓：《情感教育论纲》，4页，北京，人民出版社，2008。

② 方洁：《与幸福有约》，载《南菁教育》，2014(2)。

想，学生在与老师的倾心交谈中，倾诉了自己成长的困惑。这个教育场景本身是充满美感的，从校园午后落日的余晖到波光粼粼的天鹅湖美景，晚春初夏时节的南菁校园充满着浪漫的气息。这种自然的美景再加上师生情感的交流，特别是教师对学生情感状况的真实关切，不肯放弃引领学生成长的机会，这种教育情怀为校园的自然景色增添了生机。学生的成长、教师的提升，就发生在这样的真实的故事中，发生在师生的情感交融中，这样的校园生活情境无疑是唯美的，是学校美育的生动呈现。

再以课堂教学为例。即使是理科课程也是可以引入情感沟通，而富有审美色彩的。特别是通过语言、表情等教姿教态的变化，引发学生的情感共鸣，进而让整个课堂的“教学场”转化成“审美场”。如南菁高中一位物理教师所言：

> 课堂上，我尽量使自己的语言“抑扬顿挫”“富于变化”“充满表现力”……在一次万有引力的高三复习课上，我暂时放下了对知识点的罗列和习题训练，满怀激情地讲述了万有引力定律的发现过程。当时，自己也被那伟大的发现过程和科学家无私奉献、勇于探索的精神所感染……一个微笑的等待，一个鼓励的眼神，一个肯定的手势，都会让学生如沐春风，在美的体验中感受成功的愉悦。①

此外，在师生交往、学校活动、课程评价等各项具体的课程类别与课程环节中，情感教育都可以贯穿始终，而使它们成为美育的教学手段，最终使学校成为审美的特殊场所。普通高中学生正处在青少年阶段，根据美育的分阶段属性，“青春期对表现内心情感的艺术作品的热衷”正是将普通高中美育聚焦于情感教育的关键②。只有从学生的需求出发，才能找准美育的教育对象、内容与途径。

---

① 戴加成：《寻找物理课堂教学中的“第七感”》，载《江苏教育》(中学教学版)，2016(2)。

② 杜卫：《美育学概论》，117页，北京，高等教育出版社，2001。

另外，值得说明的是，以情感教育为核心的普通高中美育课程体系建构，并不追求开设校本课程或选修课程的数量，而追求在有限的数量中，通过组合和贯通来实现学生情感的蓬勃、健康、自然生发。这正如怀特海所言，“不必教太多的学科”，而要“完全地教”所教的一切，以便让主要观点“形成尽可能多的组合”①。所谓“完全地教”，除了知识点的完全授予之外，更重要的是师生“完全地”投入于课堂、课程的审美建构之中，他们在一个特定的场域(如教室、操场、实验室等)内完全地忘却自我、忘却场域之外的一切，而专注于彼此的情感和思维碰撞，专注于知识内生于自己心底的过程。因此，所谓“完全地教”，就是“审美地教”，就是为了培育全面、和谐、自由发展的“完整的人”而教；而“审美地教”，正是“美育”的核心，即情感教育。

情感教育是普泛的课程审美建构原则，自然也贯穿普通高中美育课程体系的每一环节。把情感教育作为普通高中美育的核心，在综合上文论述的基础上，可以对普通高中的“美育”做出一个新的界定：它是身心一体化的感性教育，是在情感沟通的促进下，由学生个性发展走向社会参与的二元共生教育。

第三节　普通高中美育课程的价值指向

江苏南菁高中是将美育作为学校的办学特色。虽然《国家中长期教育改革和发展规划纲要(2010—2020年)》中明确提出，“鼓励学校办出特色、办出水平”，要“推动普通高中多样化发展”，但与一般“全面＋特长”的“特色”理解不尽相同，美育具有全人教育的特色属性，是一种带有普遍意义和课程整合能力的教育形态。前者如音乐特色校、外语特色校、体育特色校等，

---

① A. N. Whitehead, *The Aims of Education*, New York, Free Press 1967, p. 2. 转引自[美]多尔：《后现代课程观》，186页，北京，教育科学出版社，2015。

往往失之“碎片化”“分散化”“割裂化”①，亦如江苏南菁高中的校友顾明远先生所言，“这些学校培养了一些有特长的学生甚至人才，学生在这些活动中也显得生动活泼，但总感到有些困惑，这样办学算不算就是办出特色?”②在顾先生例举的成都市青羊区实验小学分校中，学生通过对父母进行约束，从而重构了整个社区的文化风貌，形成了当地讲文明、讲礼貌的风尚。显然，这也是一种远远超出了“特长”意义的“特色”，它的指向在于使学校、学生一同成长，甚至影响了整个社会。

从这个角度来看，美育课程的价值指向也具有“特色”意味。这是因为它同样着眼于整体，着眼于人的全面发展，着眼于整个社会的价值观重塑。具体来说，美育课程的价值指向有三个方面，即人文素养、公民意识与全面发展。

一、人文素养：美育课程的知识指向

作为课程的美育，首先要让学生掌握一定的知识和技能。在美术、音乐、雕塑、建筑等具体艺术门类的教学中，史论部分是必不可少的基础知识；而在哲学、艺术学、美学等专业课程中，基础理论也是极其重要的组成部分。这些知识本身构成了“素养”的重要内容。一方面，“素养”一词具有双重性。在古代传统中，素养往往与德性、正义、善良等道德观念相联系，是一种敢于承担责任的美德(commit virtue)；而在工业社会以来的现代传统中，素养则带有明显的知识和能力内涵③。因此，台湾学者蔡清田认为，课程改革中的“素养”是指“个体为了健全法制，必须满足生活情境需求所不可或缺的知识(knowledge)、能力(ability)或技术能力(技能，skill)和态度(attitude)”④。另一方面，知识也具有双重指向。“知识向上通向对个人存在使命的认识，知识向外通向个人在现实中支配他人与世界的力量”，

---

① 陈如平：《学校课程体系建设之“一二三”》，载《中国民族教育》，2016(Z1)。

② 顾明远：《啥样才算“办出特色”?》，载《中国教育报》，2000-5-23。

③ 参见林崇德：《21世纪学生发展核心素养研究》，2～6页，北京，北京师范大学出版社，2016。

④ 蔡清田：《课程改革中素养与能力》，载《教育研究月刊》(台北)，2010(12)。

而“指向个体德性的知识越丰富，则个体心灵世界就越丰富，心灵自我就越发达，个体在世界中获得的自由就越深远”。因此，论者提出“重申知识即美德”，呼吁“教育必须要通过知识来呵护人的德性”①。

综合“素养”与“知识”各自的双重属性可以看出，二者之间存在着密切的关联。它们都与人的生活、态度有关，因而也与情感、情境相关。而在增加了“人文”作为定语之后，素养与知识的审美属性就得到了更多的彰显。亦如论者所言，人文素养是人通过反观、自省和自审而实现自我超越之人性与人道，进而用人所创造的价值之光去净化人的心灵的终极追求②。美育在终极追求上与人文素养是一致的，而这种一致性必须体现在美育课程的知识建构与传授过程之中。

以南菁高中开设的“沈鹏书法艺术赏析”课程为例。中国书法家协会名誉主席沈鹏是南菁高中校友，他在《遣兴》一诗中曾有“才觉钟王肩可比，顿教回祝手中催”之句。这一诗句的知识性很明显，若对“钟王”“回祝”的典故无所知，则无法理解此句的意义。而知道了“钟王”系古代著名书法家钟繇、王羲之，“回祝”则是回禄、祝融二位火神之后，整个诗句的教育意义就跃然纸上：沈鹏先生在学习书法的过程中，体会到自我成就的审美愉悦，甚至以为自己的书写接古通今，可以和钟繇、王羲之一较高下；但很快，他又对自己的创作表示不满，甚至以为可以让回禄、祝融二位火神烧了去。前者是一种美育境界，而后者则是沈鹏先生对书法创作的谨慎态度。美与德在一句诗中显现，整体反映出了“人通过反观、自省和自审而实现自我超越之人性与人道”。这当然是人文素养，但这种人文素养必须建立在知识，甚至是对典故认知基础上的，而这正是美育的知识论基础作为其价值指向的意义。

南菁高中美育课程的实践是基于对现有学校教育生活的改造，而不是推倒重来，是对国家课程的校本化、审美化实施，主体仍然是国家课程。

---

① 刘铁芳：《重申知识即美德：古典传统的回归与教养性教育的重建》，6～7 页，北京，北京师范大学出版社，2015。

② 邓志伟：《论中小学教师人文素养的内涵建构》，载《全球教育展望》，2008(11)。

这就使得学校课程建构具备了现实的基础和可能，而不至于空泛和曲高和寡。事实证明，学校课程改革必须从学校教育自身的特点出发，不同学段有不同的目标，可以运用不同的方式。只有回到教育的真实语境中，教育改革才能真正有效实施。《中国学生发展核心素养》将“科学精神”和“人文素养”作为文化基础，这种基础首先是知识的基础，但又不局限于知识本身。美育课程应该建构在知识的基础上，既不能片面强调知识，也不能片面强调技能，而是要在知识与技能相融合的前提下，通向更高的意识与追求。这种意识与追求可以分为两个层面：首先是审美体验，即前文所谓“情”；其次是社会道德，即前文所谓“志”。以孔子诗教的“兴观群怨”说来看，一者为“兴”，一者为“群”。而用沈鹏先生的这句诗做例证，则可以认为前者是指向自我的情感，而后者则是对这种情感的自我反思，但这种反思也具有深刻的社会交往指向。毕竟，在社会交往层面中，一味自视“才觉钟王肩可比”的自傲与自大是不可能获得社会层面（他者）的普遍认同的。这就可以引申出美育课程的第二个价值指向。

二、公民意识：美育课程的社会指向

“高中阶段的学生即将成为成人，处于人生观、价值观、世界观形成的关键期，也是他们成长为合格公民的重要阶段。高中阶段的教育应该使学生的智力、体力、能力、心理都能担当起一个成人的责任，能够正确享有一个公民的权利，正确履行一个公民的义务。”①尽管对于公民教育来说，德育显然更为重要，但美育内在具有的社会交往与沟通意义，也应当是其作为公民教育的价值指向之一。

例如，美学家朱光潜曾以“孝”为例证，分析过“问理的道德”（morality according to principle）和“问心的道德”（morality according to heart）之区别。他说，如果把“孝”当作对父母养育之恩的回报，那么这是一种功利的、计算的、理智分析的结果；而如果以审美的情感和“爱”来看待“孝”，则孝是

---

① 顾明远、石中英主编：《国家中长期教育改革和发展规划纲要（2010—2020年）解读》，106页，北京，北京师范大学出版社，2010。

“以心感心，以情动情，决不像做生意买卖，时时抓住算盘子，计算你给我二五，我应该报酬你一十。这种孝全是激于至诚的，是我所谓问心的道德”①。问心的道德落实在教育实践中，就是激发学生本心的教育。《论语·阳货》篇载，宰我问孝于孔子，认为服丧三年时间太长，可减少至一年，孔子回应说“汝安则为之”。这说明以诉诸情感的本性作为道德教育的基础，乃是中国传统文化的重要因素，而其意义皆出于人的本心，是一种强调本真的教育。“教育的目的在于让自己清楚当下的教育本质和自己的意志，除此之外，是找不到教育的宗旨的。因此我们常听到的一些教育口号，如学习一技之长，增进技能，扩大视野，培养气质与爱国意识、独立能力、表达能力，塑造个性，创造一个共同体文化等，都没有把握到教育的真正本质。”②发自本心的“自己的意识”，在社会交往过程中，自然具有表达自我情感、体会他者情感的诉求。这种诉求促使人们走向彼此，使人成为社会的动物、社交的动物，而非自然的动物。而教育的意义正是要让学生将这种情感诉求天然而又符合社会规范和国家意志地表现出来，这也就是在践行公民教育。

有时候，诉诸情感的美育比“讲道理”的德育更具有现代性和可行性。如《悯农》一诗，其浅层意思是要教育读者珍惜粮食，表达一种道德观念。诗人李绅先创造了一个“锄禾日当午，汗滴禾下土”的审美人物形象，再过渡至“谁知盘中餐，粒粒皆辛苦”的道德论述，是一个从“动之以情”到“晓之以理”的过程，也即从美育到德育的过程。一般人很容易据此得出“美育乃是德育的手段”的论断。但若着眼于“悯农”这一诗名，则不难发现全诗的深层意味是要让人对农人产生一种怜悯的情感冲动，也就是一种美学上的“移情”。这种移情不但是全诗的主要意蕴，也是美育不依赖德育，其本身即具有独立的社会指向的全部表现。当人产生了这种强烈的情感冲动，这种基

---

① 朱光潜：《给青年的十二封信》，载《朱光潜全集》，1卷，46页，合肥，安徽教育出版社，1987。

② ［德］雅斯贝尔斯：《什么是教育》，50页，北京，生活·读书·新知三联书店，1991。（译文略有改动）

于“人”的同情才能深刻地涤荡人的心灵、影响人的行为，也即教学的内容真正走进了学生的内心世界。美育的社会指向是沟通彼此和社会交往，是通过感同身受的审美体验和审美情感，来实现群体成员之间的相互和谐、融洽，也就是孔子诗教的“群”之本意。

“孝道”与《悯农》都是美育课程的内容，也可以是德育和一般智育（语文）课程的内容。而以何种角度看待这些课程内容，赋予这些课程内容何种视野和价值意蕴，乃是教育价值观的体现。正因为情感具有普遍性，美育也具有普遍性，所以从审美角度来理解课程、理解课程内容，可以弥补单一视野（如德育、智育）中课程价值的彰显之不足，从而实现教育意义的全面开拓及人的全面发展。

人的情感有多种存在，健康的、高尚的、消极的……美育的目标指向是培养高尚的情感，促进人的情感和谐发展，从而形成健康的审美情趣和积极的人生态度。美育是情感教育，并非单纯指人的喜怒哀乐，更应该致力于人的社会情感培育，致力于公共利益的维护，使人具有强烈的公民意识。学者金生鈜对此如是论述：

> 生活是自由的实践，这并不意味着生活是为所欲为的，或者说生活方式仅仅是个人偏好的选择。自由并不是说一个人选择什么生活方式是无关紧要的，而是说生活必须以伦理的形式实践，也就是自由意味着生活必须以伦理的形式进行价值审视，必须通过德性的追求和获得对个体生活进行治理，自由的核心就是自我治理。①

公民的美德在于对公共利益的维护，这在人类面临生态危机等全球问题时显得更加迫切。人类共同构成命运共同体，生活在经济全球化时代的每一个个体都必须维护人类的共同利益。学校教育应该对此进行积极回应，充分发挥语文、历史、政治等学科的优势，通过学科渗透，发挥学科育人

① 金生鈜：《规训与教化》，109页，北京，教育科学出版社，2004。

功能，培育学生的公民素养。

三、全面发展：美育课程的价值追求

在现代美育创始人席勒那里，美育是作为通向人的全面发展的途径而提出来的。席勒眼中的现代社会非“全面”甚至反“全面”的表现有两种：一是人性之中感性与理性的分裂。在他看来，“现在，国家与教会、法律与习俗都分裂开来，享受与劳动脱节、手段与目的脱节、努力与报酬脱节”，而解决这一问题的办法就是美育，通过美育引导人们走向人性的完整。二是人性的碎片化。现代社会，“欲求占了统治地位”“利益成了时代的伟大偶像”“哲学家的探索精神把想象力也撕成了碎片，艺术的领域在逐渐缩小，而科学的范围却在扩大”，于是，人性也“成了碎片”。因此，要追求与“智力的人的自由”不同的“第二种自由”，也就是“实在与形式的统一、偶然性与必然性的统一、受动与自动的统一”①，其方法就是美育——而德国当代哲学家哈贝马斯将其理解为“艺术”。

哈贝马斯从其倡导的主体间性哲学中理解席勒，认为艺术是一种“深入到人的主体间性关系当中的中介形式”，因此，“席勒把艺术理解成了一种交往理论，将在未来的审美王国里付诸实现”。就此而言，综合席勒本人与哈贝马斯所理解的席勒来看“美育”，它具有两种中介性意义：一是席勒本人提出美育把分裂的人导向全面发展的人，二是哈贝马斯认为美育可以介入主体间性中，“发挥交往，建立同感和团结的力量”。哈贝马斯是如此强调美育(艺术)的公共属性，甚至认为“教化过程与个体无关，涉及的是民族的集体生活语境”，而艺术的历史使命乃是“使分崩离析的现代性统一起来”，要完成这一使命，“就不应抓住个体不放，而必须对个体参与其中的生活方式加以转化”②。应当承认，哈贝马斯的论断有其深刻性，但事实上，早于席勒的马克思已将个体与社会的分离作为近代工业社会的最大弊病。

---

① [德]席勒：《美育书简》，51、37～38、87页，北京，中国文联出版公司，1984。

② [德]于尔根·哈贝马斯：《现代性的哲学话语》，52～53页，南京，译林出版社，2004。

在工业社会里，个人的能力要远低于集体（工业）的总体发展，个体的类属性被抽象化，人成了社会化大生产当中的一颗螺丝钉。专业化和社会分工使得人们牺牲了大量闲暇，从而成了片面的存在。

在马克思与恩格斯看来，人类克服了这一弊端，才能进入共产主义社会。在那里，"每个人的全面而自由的发展"乃是基本社会原则，每一个人全面而自由的发展都是另一个人全面而自由的发展的条件。因此，他们一方面肯定了人的自由发展，另一方面又提出了"只有在集体中，个人才能获得全面发展其才能的手段"①。这两点意义与上文述及的美育课程的两个功能，乃至与美育课程的前两种价值取向，都有着丝丝入扣的对应关系。事实上，审美也确实被马克思（至少是青年马克思）视作对"完善的人性"的一种确证手段，是通向本体自由的一种中介。虽然与社会实践或革命相比，美育并非是实现这一目的主要手段②。

即使在现代神经科学（脑科学）中，与艺术相关的右脑研究也说明了美育对于统合人的智力偏向的重要意义。大脑两侧的功能分工是客观存在的事实，左脑侧重对时间、概念和语言的理解，右脑则偏重于空间、视觉和形象，前者具有的是机械性功能，后者则多是情感功能。虽然"右脑的功能性质至今还不太清楚，但这个半球的存在绝不是多余的"③。这一科学论断也是对《中庸》"天之生物，必因其才而笃焉，故栽者培之，倾者覆之"的确认。可以说，美育与开发右脑之间的密切关联，也是对人的全面发展的一种现代科学意义上的肯定。

综上所述，美育的内在与外在都蕴含着对人的全面发展的价值追求。它既可以弥补个体由于工业化社会分工所导致的自我断裂、分离和缺陷，又可以在社会层面上发挥凝聚共识、团结彼此的重要意义。这一特殊的价值追求理应化入美育课程之中，成为学校的课程目标，同时也成为教师的

---

① 《马克思恩格斯选集》，1卷，82页，北京，人民出版社，1972。

② 参见潘立勇：《青年马克思美育哲学二论》，载《中共福建省委党校学报》，1993(7)。

③ 参见韩济生：《神经科学原理》，938、945页，北京，北京医科大学出版社，1999。

课程智慧和师生一体的课程自觉。唯其如此，美育才具有成为学校发展特色的意义，才能在整体视野中重构整个中学校园生活，重构普通高中课程的资源、内容与评价体系。

第三章　资源：普通高中美育课程体系建构的支撑

课程是组织教育教学活动的依据，不同的学校出于各自的文化传统、地方特色、历史资源、教师团队、生源质量、家校互动资源乃至校长的办学理念、学科背景等因素，会生发出不同的课程组织理念，也会产生不同的课程。

这是普通高中多样化发展的基础，也可以看作其课程体系建构的支撑资源。不同高中具有上述不同的文化资源，而其丰富性和多样性与人类美学自身所内在具有的“各美其美，美人之美，美美与共，天下大同”之理念有着天然的契合。根据其言说者费孝通对这句话的解释，这 16 个字或可作为我国普通高中美育课程体系建构的总则。1997 年，南菁高中校友吴文藻先生的高足、中国著名人类学家费孝通在一篇讨论中国文化自觉的文章中，这样详细而深情地说道：

> 七年前，我八十岁生日那天在东京的老朋友欢叙会上，曾瞻望人类学的前途，说了下面一句话：“各美其美，美人之美，美美与共，天下大同。”这句话我想也就是今天我提出的文化自觉历程的概括。“各美其美”就是不同文化中的不同人群对自己传统的欣赏。这是处于分散、孤立状态中的人群所必然具有的心理状态。“美人之美”就是要求我们了解别人文化的优势和美感。这是不同人群接触中要求合作共存时必须具备的对不同文化的相互态度。“美美与共”就是在“天下大

同”的世界里，不同人群在人文价值上取得共识以促使不同的人文类型和平共处。总体言之，这一文化价值的动态观念就是力图创造出一个跨越文化界限的“席明纳”，让不同文化在对话、沟通中取长补短。①

把这段本是描述人类学的话放置于教育学，尤其是美育课程论的视野中，不难发现它的深刻性与普适性。每所学校依据各自的历史文化，发展出一种美育课程体系，即“各美其美”；而不同学校、不同地域之间就美育课程体系的建构而相互学习、借鉴，即“美人之美”；这些不同特色的美育课程体系组成了当前我国普通高中美育教育教学“美美与共”的局面，而这一局面本身便蕴含着“天下大同”的教育哲学，可以让学生从中感受到人类文化共同体的丰富与精彩。而就一所中学而言，不同课程（各美）之间相互衔接、彼此支撑，共同构成一个审美的校园（教育）生活，其体系建构也是一个由“各美”走向“共美”的过程。

从本章开始，本书尝试以江苏省南菁高级中学为个案，对普通高中美育课程体系的建构资源、思路、内容与评价展开分析，从南菁高中的“各美其美”出发，寻找“美人之美”与“美美与共”的基础、路径与方法。而讨论美育课程体系的建构，需要回答三个问题：课程的资源从何而来？课程体系建构的资源为何？课程体系建构的容器或环境有何意义，对课程整体有何支撑？

---

① “席明纳”是费孝通对英文“Seminar”的音译。“Seminar”本是西方欧美国家教育中常见的一种课堂组织方式，在国外的教学大纲中一般简写作“SEM”。费孝通在《留英记》中说：“seminar 简单的可以译作讨论会，但是讨论会这个名称还传达不出它的精神。席，大家围坐一团讨论问题；明，把问题讲明白、听明白、弄明白；纳，大家都从讨论中有所收获。也就是说，这三个字分别代表了席学、明辨、纳新。”费孝通的这一创造性翻译，给传统治学之道“博学、审问、慎思、明辨”（《中庸·第二十章》）做了精彩的注解。参见费孝通：《跨文化的“席明纳”：人文价值再思考之二》，载《读书》，1997(10)。

第一节　普通高中美育课程资源的在地实践

美是一个难有边界的范畴，它具有极强的开放性。仅以文学来说，就有学者指出“人生体验的围栏有多大，文学的围栏也就有多大”①；那么，包括文学(语言艺术)在内的“美”的围栏，更是宏大。如何从一个宏大对象中找到教育教学的切入点，已属难题；若要将这些纷繁复杂的审美对象课程化，更是难上加难。然而，这却是美育课程体系建构所要回答的第一个问题——课程资源。

课程体系建构需要依托课程开发，而“课程开发，实质上就是探寻一切有可能进入课程，能够与教育教学活动联系起来的资源”。这些资源形式多样，既有来自于自然界的，也有来自社会的；既有显形的，也有隐形的；既有校内的，也有校外的；既有人力的，也有物力的；既有文字的和实物的，也有活动的和信息化的②。这些复杂多样的课程资源，如何经过筛选、开发，课程化为审美课堂，是本节要讨论的主要问题。毋庸讳言，对我国大部分县级城市、乡镇来说，普通高中往往是当地的“最高学府”，它可以最大限度地利用地方资源和校内资源，这是美育课程体系建构的基础。而这些课程资源经过开发之后，表现形式一般都是校本课程。在校本课程的范围内，强化课程领导，是课程资源开发的基本方法。而值得说明的是，正是因为有了立足于地方和学校文化的美育课程，社区与学校才能在在地实践中融为一体——社区文化为学校课程提供资源，而学校则通过课程深耕社区文化。这样，前文所引顾明远先生提出的“特色学校”之建构才有可能。

---

① 王一川：《文学理论》，15页，北京，北京大学出版社，2011。

② 徐继存、车丽娜：《课程与教学论问题的时代澄明》，53页，济南，山东教育出版社，2008。

一、资源开发："实践—体验式"与"情境—陶冶式"

课程资源是开放的，这一特性与审美体验的来源有着相互契合的关系。在理想状态下，一切可以引发人们情感冲动的物质、事件，都可以作为美育课程开发的资源。但在具体实践中，不少人认为美育课程资源是很有限的。之所以存在这种现象，很大程度上在于人们对"美育"这一学科的认识局限。在对美育课程的普遍认识中，将其等同于艺术课程的观点极为常见。尽管国务院办公厅《关于全面加强和改进学校美育工作的意见》明确提出，"学校美育课程建设要以艺术课程为主体"，但是对于相当多的普通高中而言，着力开发艺术课程既缺乏必要的师资和硬件，也无法对学校的升学效应产生直接作用，故其课程开发缺乏动力。因此，对大量普通高中来说，无论校内还是校外，美育课程资源都很受限。

事实上，正如上文所言，美的围栏极大，因此美育课程资源的来源也应极为广泛。但许多人却对既存的美育课程资源"视而不见"，颇有"一叶蔽目"之弊。只要将"美育"从其主体（艺术教育）中移开，拓展美育自身所具有的外延意义，那么其课程资源也就不再局限于艺术领域，而可以将多样的世界纳入视野之中。正因为美育课程资源丰富而多样，所以我们不得不对其进行必要的分类（见表 3.1）。按照学者的归纳，一般课程资源开发，从不同视角可以有不同的分类方式。以其分类为基础，课程开发可以"按图索骥"，也可以进行类比联想，从而发现更多的美育资源①。

表 3.1 课程资源的分类

视角	类型		表现
功能	素材性资源	外在物化形态	学科、课标、教材、习题、声像等
		内在生命形态	经验、感受、问题、创意、交流等
	条件性资源	有形条件	师生、设备、设施、场地、载体等
		无形条件	时间、时机、氛围、环境等

① 吴刚平等：《课程资源论》，31～32 页，北京，北京师范大学出版社，2014。

续表

视角	类型		表现
空间	校内资源	物质条件	师资、设备、设施、场所等
		学习素材	图书、资料、教学案、教辅、习题等
	校外资源	物质基础	人力、财力、设备、设施、场所等
		学习素材	生活、历史、人文、自然、科技等
状态	社会资源	人工物质基础	家庭、社区、机构、聚落、行业等
		人工学习素材	人文、生活、历史、传统、科技等
	自然资源	自然物质基础	景观、环境、物种、物产等
		自然学习素材	自然现象、规律、法则、原理等

从情感教育的角度来看，上述类型几乎都可以作为美育课程体系建构的有效资源。就美育的主体(艺术教育)来说，音乐、美术等学科，在地化的文化馆、美术馆、博物馆、电影院、公园等场地设施和文联、作协、方志办等机构，相关图书、资料，学校所在社区或城市的艺术家(书法家、画家、作家、诗人、楹联家、民俗专家等)，以及社区或城市的历史、山水、物产、物种，乃至特殊的天象、地质构造，等等，都可以成为美育课程的资源；而就美育的外延来看，素材性资源中的“经验”“感受”“创意”“交流”和校内资源中的“师资”，以及校外资源和社会资源中的“生活”“人文”“社区”“聚落”“行业”等，则是可供开发的主要资源。只要换一种眼光看待这些与审美、艺术看似无关的素材，其美育效果就会得到彰显。而所谓“换一种眼光”，就是要以情感交往的审美体验来看待它们。

这就引申出美育课程资源开发和利用的两种基本方式。其一是“实践—体验式”，这种教育教学方式在于将课程资源的聚焦点从其主体——教材上移开，把课程开发放置于更广阔的社会实践中去，让学生在实践中体验知识的生成。这一课程开发的理论基础来源于美国实用主义教育观，即杜威—陶行知的“在做中学”。随着学校美育教学资源的开发，南菁高中学生的学习不再局限于有限的教室，而是走出教室、走出校园、走向社会，在博物馆、实验室和工厂车间深刻研究和理解教学内容，实现书本知识与社会实践的深度融合。例如，为了解江阴乡土历史特别是江阴要塞起义等光荣的历史，培养学生爱国情感和道德情操，南菁的历史老师将课堂放在了要塞起义旧址；美术课也改变了原本在教室临摹或者以多媒体投影的上课方式，将课堂移到了艺术馆和校园，学生在阳光下、绿草中、湖水畔，感受自然之美，或者近距离感受齐白石、关山月等大家的艺术作品，通过鉴赏、创作，艺术的种子在学生的心中开始萌芽，审美情趣不断提升。南菁的美育教学资源超越了传统的空间场域，走向了更广阔的自然和艺术空间，拓展了课堂的边界，丰富了学生的审美体验。师生的活动存在于开放的系统里，教学突破了传统课堂教学时空的限制，在智能化的学习平台上师生互动、生生互动，教学的内容更加多元开放，教学场域扩展到无限的空间。南菁高中2014级高一(9)班学生蒋敏飞参加校本课程“生活中的化学”，第一课就是在教师的带领进入学校食堂做豆腐。在课程报告中她写道：豆浆加入葡萄糖酸内酯之后，“神奇的事情发生了，豆浆开始凝结”，它“渐渐地由液态转变为絮状物体，最后凝结成了块状”“一整块白嫩的豆腐就这样出现在了我们面前，我们不禁都显露出惊讶的表情”。最后，大家一起品尝劳动成果，她又说道：“虽然豆腐没有味道，但是我们都很满足。”在蒋敏飞笔下，视觉上的“神奇”、对造物的天工的“惊讶”，乃至对劳动快感的“满足”，无不是学生情感的涌动，从而带有强烈的审美意味，因而也足以说明美育课程资源之广。

其二是“情境—陶冶式”。诚如论者所言，“人的素质是认知性素质和情感性素质的共同体验，而局限于课堂和教材的教育教学活动常常导致学生认知因素的片面发展，割裂了认知与情感的内在联系”①。因此，创设具体情境，使学生设身处地地深入其中，感受人生与社会境遇的变化所带来的情感触动，也是美育课程资源开发的一种有效手段。同样选修了“生活中的化学”的张铭江，记录的课题是“化学与生活用水”，而其所进入的具体情境是参观萧山自来水厂。在课程的总结报告中，他写道：“要得到清澈的自来水，在将水从河里泵上来之后，首先要经过混凝反应处理。”针对“混凝反

① 参见徐继存、车丽娜：《课程与教学论问题的时代澄明》，57～58页，济南，山东教育出版社，2008。

应”，他不但写出了其化学反应方程式和电机物理反应过程，更仔细地说明了自己的所见所闻——一边是清澈的自来水的生产，另一边则是“处理过后残留的污水”，污水“缓慢地流向出口区，水中的颗粒沉于池底”。这种两相对比的情境，给他带来了相当大的视觉与情感冲击。他说：“清澈与污浊，中间间隔着的是人工与科技的精巧”“我体会到了水的来之不易”。这种源于实际社会生产情境之中的知识生成与情感体验，显然带有美育特征，也可以被视为是一种美育课程资源的开发。而这门校本课程还包括酿酒、从海带中提取碘、制作耐火材料等多种情境创设与社会实践，紧密地将化学与生活之美结合起来。这些都可以看作对美育课程资源的创造性开发。

二、立足文化：美育课程中的传统文化与现代文化

尽管情感教育可以贯彻至各类学科之中，如上述对化学课程的生活实践也可以使美育课程得到一定程度的拓展，但美育课程的核心毕竟是人文，其主体也毕竟是艺术。对于普通高中的美育课程体系建构来说，立足于地方文化，系统性地将地方文化中的历史、传统、民俗、自然景观、人文遗存等纳入学校课程开发资源之中，是“各美其美”的重要内容。在校内资源有限的情况下，探索学校所在地(社区、城市)的历史文化，从中挖掘可资利用的课程元素，不但可以丰富学校美育课程体系，还可以充分发挥普通高中作为地方文化传承与知识生产机构的“知识溢出”和“创新扩散”效益，使学校与地方更为紧密地联结成一体①。

南菁高中坐落于江苏省江阴市，这是一座有着悠久历史与丰厚文化积淀的县级城市，自古为泰伯化育之邦、季子躬耕之邑、英才荟萃之地。自宋代至清代，江阴有进士 415 名；近代以来，更诞生了近 200 位大学校长、40 多位共和国将军和 60 余位两院院士。就其历史文化遗存而言，江阴有祁头山遗址、佘城遗址、高城墩良渚文化遗址等多处遗址，还有徐霞客故居、刘氏三兄弟故居、柳宝诒故居、吴文藻故居、巨赞法师故居等名人故居，

---

① 参见李敏：《创新扩散理论框架下的精品课程共建与共享》，载《现代教育管理》，2011(8)。

以及军事文化博物馆、丰硕紫檀博物馆等多个博物馆。从非物质文化遗产来看，江阴曾获得故事、民乐、戏剧(月城镇)3项“中国民间文化艺术之乡”称号，有江南丝竹、九狮舞、渔篮虾鼓舞、打莲湘等80多项文化遗产列入市级名录；历史上，王维、杜牧、辛弃疾、苏轼、王安石、梅尧臣、汤显祖、顾炎武等著名诗人咏叹江阴的诗词作品有近百首；江阴还是第19届金鸡百花电影节和第11届中国国际儿童电影节的举办地，还有华西村、海澜国际马术俱乐部等知名地域文化符号。

依托这些地方文化，这里的学校可以开发出诸多美育校本课程，并形成一定的体系和规模。大体来说，可以从传统与现代两个层面对在地文化进行美育课程的资源开发。其中传统文化列入高中美育课程，以南菁高中黄敏老师的“江阴考古与文物”校本课程为例。这一课程作为历史选修课而开设，依托江阴考古所、江阴历史博物馆等资源，通过课堂讲授、实地考察和专家讲座等一系列丰富的课程活动，在传播考古基础知识的同时，激发学生对历史和考古专业的兴趣，以及对家乡文化的乡土情感。这是一种典型的、具有一定文化意味的现代“乡愁”。

就“情境—陶冶式”的课程资源开发类别而言，“江阴考古与文物”课程会带领学生参观江阴徐霞客故居等地，使学生对徐霞客以步履丈量祖国山河、多次遇险而不改初心的精神产生地缘亲近性及移情与情感共鸣；就“实践—体验式”的课程资源开发来说，课程动员学生结合江阴旅游资源的开发现状，利用现有的城市文化资源设计出一条特色旅游路线，并进行推广，使学生了解将审美体验转化为文化产业的方法，体会商业与审美之间的紧张与共生关系①。

而将现代江阴文化的地理资源列入学校美育课程，南菁高中有叶先进、徐海龙老师开设的地理校本课程“家乡的农业园区”。该课程立足江阴现代农业园，研究生态农业发展的区位、特点，剖析农业园区的发展状态。该课程共有三点审美资源可供挖掘：其一，通过学习江阴生态农业园区的发

① 参见杨培明：《美育：从理念到行动》，49～51页，北京，红旗出版社，2014。

展状况以及对其进行考察，学生可以对地方物种、民众生活有深入认识，从而对家乡人地和谐的自然生活之美和风土人情等社会生产之美有一定的了解，特别是江阴现代农业园开发的“畜(禽)—沼—棚—瓜(果、花、木)”等多位一体综合利用模式，更是生产与生活相结合的环境审美范例。其二，通过具体的劳作实践，学生可以体会美学之于农业生产的根本意义。南菁高中建校之初，即在学校边缘预留空地，经改造而成为校内农场。学生可以在其中体验家禽饲养、种植农作物等，而校本课程的教师又将校内农场的空白图制作成了电子版，让学生练习场地规划，布置土地、棚舍、引渠和废弃物处理等具体内容，学生不但可以体会到农业的劳动之美，还可以感受到农场规划与设计的思维之美。其三，学生通过这门校本课程的学习，对城市与农业的发展有了更深的思考，提出了在构建新型城镇化背景下发展现代城市农业生态园的建议。这些建议通过学校渠道递交给了有关主管部门，得到了他们的积极反馈，而学生也从中感受到了被认可的愉悦和满足。这也是一种来自具体生活实践的美育。

另外，南菁高中校内也有着丰富的美育资源。其中，由校友书法家沈鹏先生、邢秀华先生分别捐建的沈鹏艺术馆和邢秀华艺术馆，以及由教育家顾明远先生捐建的明远书屋，极负盛名。沈鹏艺术馆总建筑面积3000多平方米，于2011年4月开馆，收藏沈鹏先生所藏与所作的书法、帛画、陶器、瓷器、文房四宝等数百件，包括齐白石的芋叶图、康有为的海慧寺、启功的草书作品等；而明远书屋内有顾明远先生的藏书及其收藏的艺术品，如古砚台19方(包括周建人先生使用过的砚台2方)、古瓷和善本图书等。学校依托这些校内美育资源，由贾晨宵老师开设出“沈鹏书法艺术赏析”、蒋毅老师开设出英文课程“中国传统艺术鉴赏及美感研究”，培养学生成为沈鹏艺术馆的志愿讲解员，也对来访的美国、德国等友好学校的学生开设短期的中国传统书法课程，取得了相当好的教学效果。此外，学校也考虑充分利用明远书屋，引导师生进行美育教育教学的学术研究。

第二节　作为美育课程体系建构基础的校本课程

除了以“文化”作为课程内容的支撑资源之外，就“课程体系”而言，其建构的基础资源就是“课程”。如果把课程体系看作一座高楼，那么，校本课程就是构成这座高楼的一块块具体的“砖瓦”——以国家三级课程体系来比喻，“国家课程”是这座高楼的框架结构，“地方课程”是其门、窗，而唯独校本课程以其数量、规模和设置的灵活性，成为这座高楼的砖、瓦。迄今为止，南菁高中已经开设出了近百门与美育相关的校本课程，正是在此基础上，学校的美育课程体系才得以建构完成。而事实上，任何普通高中的特色课程体系都必然要依托“校本课程”才能完成，它是普通高中特色办学的基本工具与“武器”。

所谓“校本课程”(school-based curriculum)，是“以学校为本位的课程”的简称，它是由实施课程的学校自主决策、自行设计、自我完善的课程。具体来说，就是“某一类学校或某一级学校的个别教师、部分教师或全体教师，根据国家制定的教育目的，在分析本校外部环境和内部环境的基础上，针对本校、本年级或本班级的学生群体，编制、实施和评价的课程”①。从这一定义可以看出，校本课程的开发主体是学校，其“学校本位”表现在以学校为基地、为基础、为整体，特别是要“以促进学校自身的发展为宗旨”“举全校之力，涵养学校文化，彰显学校特色，提升学校教育质量”②。南菁高中以美育为特色，其构建美育课程体系首重校本课程的开发。事实上，对于一般普通高中来说，特色课程体系的建构必然是在以国家课程为基、校本课程为主的框架中进行的。校本课程及其教材开发是构建学校课程体系的主要“武器”，也是普通高中特色化发展的重要载体和显现。

---

① 王斌华：《校本课程论》，1页，上海，上海教育出版社，2000。

② 靳玉乐：《校本课程开发的理念与策略》，7页，成都，四川教育出版社，2006。

一、理论澄明：校本课程应着眼于实现办学特色、重构师生生活

20 世纪 70 年代，欧美经过了学生运动之后，旨在强化学术课程的新课程运动开始出现。这一运动重视学科，以国家开发课程的模式，试图解决学校教育质量下降的问题。它严格了考试制度，取消了大量选修课，使学校教育专注于读、写、算的基本技能培训。美国教育学家多尔将其称为“3R 训练”。他说，“乍一看，无法看出泰勒原理与 3R 之间的联系，但是预定性的功能主义是二者的基础。”①也就是说，3R 训练与泰勒原理都是着眼于教育目标的教育理论，缺乏对学生需求的深刻关照。而进入 20 世纪 80 年代后，随着教育民主运动的深入，越来越多的学校开始立足校情，开发校本课程，以此作为对国家课程的补充。

可以说，校本课程的出现在一定意义上就是倾向以自由、丰富、多元的审美意识纠正课程开发过于单一、片面和集权的政治意识的结果。校本课程的开发模式在我国于 2000 年前后新一轮基础课程改革中正式得到明确。2001 年教育部印发的《基础教育课程改革纲要(试行)》指出，要“改变课程管理过于集中的状况，实行国家、地方、学校三级课程管理，增强课程对地方、学校及学生的适应性”。但这一本应更加从容、自信的课程开发模式，进入我国部分普通高中之后，却往往被等同于选修课程或活动课程，从而丧失了其内在的在地属性与生成张力。

尽管讨论校本课程的论著已有不少，但对于美育课程体系建构来说，普通高中的校本课程建设仍有三点需在理论上做进一步的澄明。

其一，校本课程开发的着眼点虽与选修课程、活动课程在概念的外延上有重合之处，但三者的内涵是迥异的。校本课程作为体系性的开发和建构，应该着眼于学校自身的整体发展，这与选修课程或活动课程着眼于课程本身的内容属性是大不相同的。一般的选修课程与活动课程，如果不是从学校形成整体办学特色的角度来开发和开设的话，就不能简单归入校本课程体系之中。换言之，校本课程应该呈现有机的体系化开发，其目的不

---

① ［美］多尔：《后现代课程观》，181 页，北京，教育科学出版社，2015。

仅是对国家课程的补充，更是为学校“办出特色”提供抓手。前者是选修课程或活动课程都可以承担的，但后者则非体系化的校本课程不可。因此，有学者指出，校本课程的开发，是“不断澄清学校教育哲学的过程”①。

其二，校本课程开发是学校拓展办学思路、实现办学特色的契机，应该着眼于对整个学校生活的重构，包括对教师生活的重构和对学生生活的重构。通过校本课程体系的开发与建构，让教师能够专注投入于其所擅长的课程领域，使学生能够选择自己感兴趣的课程，甚至可以根据学生意愿而开发专属课程，这就使得原本只是为了完成国家规定的教育教学任务而展开的学校生活成了“为己”的课程实践场域，师生都能在校本课程中找到自我、拓展兴趣、实现价值、体验审美。不过，值得指出的是，校本课程对于教师和学生来说，其意义指向是不同的。对已有固定学科背景的教师来讲，校本课程多集中在某一特定领域；而对学生来说，校本课程则是丰富的，是校外世界多样性的一种课程化显现。教师可以在校本课程的开发中得到更精深的专业锻炼，包括课程的决策、设计与改造；而学生则可以在校本课程中得到更广阔的视野，包括培养对乡土的情感和对世界的认知。

其三，对某一特定学校来说，体系化的校本课程集中体现了学校“要培养什么样的人”的问题。国家开发的必修课程是个体学习的社会化指向之基础，要求学生的价值观与行为符合特定的社会期待和国家意识。但对于一所中学来说，其所培养的学生还应该具有强烈的个性化特征，这其中就包括学校独特的办学理念。如南菁高中提出要涵养学生的“南菁气质”，即“有思想，会表达；有责任，敢担当；有爱心，能宽容”②。这三组特征分别指向美育具有的修辞、正义和情感三个维度，既是南菁高中对“培养什么样的人”这一问题的回答，也是校本课程体系建构的总原则。以“会表达”为例，南菁高中校本课程体系中的“生活与写作”“动感英语”“微电影制作”“德语选

---

① 范蔚、李宝庆：《校本课程论：发展与创新》，16页，北京，人民教育出版社，2011。

② 杨培明：《美育：从理念到行动》，2页，北京，红旗出版社，2015。

修”“法语选修”“传统文学的美学解读”“优秀网络文学赏析”“数字媒体与生活插画”“数字媒体国画”“中学历史剧的创作与表演”等多门课程，都是对不同艺术语言和符号的修辞训练，都是为了培养学生在杂语喧哗或称“众神狂欢”的网络时代①，能够以不同的语言形式来进行自我言说，从而实现情感疏导、人际沟通和社会参与的教育教学手段。

二、立足点：校情校况、课程领导、师生需求

“校本课程体系开发”与“校本课程”开发不同。虽然两者都要在国家课程标准的要求下进行适合本校教育教学情境的课程开发，但“体系”要着眼于整个学校的发展。因为校本课程独立于国家决策机制，所以其体系化的开发就必须分析校情校况，在学校内部形成课程领导，并体现师生的教育需求，促进他们的个性成长。此三者分别重视校园所处的社会环境和校内之“人”，包括课程领导者与师生群体，是校本课程体系建构的三个立足点。就美育课程体系而言，这三个立足点应该突出与审美相关联的属性，使其可以整合而成“大美育”范畴。

就分析校情而言，校本课程在具体操作实践中是针对本校、本年级或本班级某些特定的学生群体的，但校本课程体系则是针对整所学校的。要让小范围的美育校本课程与大范围的美育校本课程体系之间实现无缝连接，就应该着力分析学校的内外情境，甚至创设出促使二者相互关联的具体条件。如在外部情境中，教育行政主管部门、社会各界对学校发展美育校本课程存在疑虑，就需要学校加以解释；在内部情境中，个别教师对美育校本课程开发持消极态度，也需要课程领导者进行沟通。通过学校的顶层设计和具体实践，以美的事实、美的成绩来说服人、引导人、安定人，使整个学校及其所在社区都处于和谐一致的氛围中②。而要让学校的内外情境在美育课程体系的建构上实现充分沟通、基本磨合，最终达到相对一致的整

---

① 参见孟繁华：《众神狂欢：世纪之交的中国文化现象》，5 页，北京，中国人民大学出版社，2009。

② 参见杨平、周广强：《谁来决定我们学校的课程：谈校本课程的开发》，43～47 页，北京，北京大学出版社，2002。

体情境，就需要着重考量学校的课程领导力和师生需求。

课程领导者是学校美育课程体系的顶层设计者。普通高中美育校本课程体系要体现出课程设置的愿景性(visionary)、课程安排的民主性(democratic)和课程开发的合作性(collaborative)。这三者都与审美有着密切的关系。在美育校本课程的体系化建构过程中，其领导者(校长、课程主任、备课组组长等)需要提供一个相对长远的教育理想作为愿景。所谓愿景，"简单来说就是一幅关于未来的图画，部分是分析性的，部分是情绪化的"，而"愿景的陈述必须是生动的、难以忘怀的、鼓舞的、富有意义且简短的"①。换句话说，课程的愿景应该是富有美学情感意义的，是能唤起情感共鸣的。而在课程安排上体现的民主，着眼点在于给予教师更多的自由，要尽可能多地让教师参与课程决策，为他们量身打造课程。这种成就他者的意愿显然也是美学的必然指向之一。至于课程开发，要高度重视教师间的合作，"领导者必须鼓舞人们参与到改革中来，而不是强迫他们"②。这既是一种团队意识，也是一种重视学校领导、教师乃至学生之间相互情感沟通的交往模式，带有明显的情感互动和价值观交换的美学特征。

参与课程体系开发与建构的教师和学生需求是课程体系得以成立的基础③。就学生需求来说，美育校本课程体系的开发需要考虑学生的基本状况。"在西方，许多学者在进行教育教学的实证研究时，都会收集学生家庭的社会经济状况，将其作为分析的变量"，而"对学生所处的生活环境和家庭背景

---

① N. Thornberry, " A View about 'vision'", in Rosenbach and Taylor (eds.), *Contemporary Issues in Leadership*, Boulder, Westview Press 2001. 转引自黄显华等：《课程领导与校本课程发展》，52页，北京，教育科学出版社，2005。

② 同上书，53页。

③ 2008年王嘉毅先生对772名校长和教师进行调查，认为当时的学校课程决定，"教师、学生的参与不够，学校也还未形成合理而科学的课程决定的参与机制。更为重要的是，目前的课程决定的参与还主要是围绕升学、考试而进行，还没有转变为为了课程、为了学生发展、为了教师专业发展而进行课程决定"。而南菁高中的美育课程体系建构正以改变这一状况为努力方向。参见王嘉毅：《课程决定中的校长与教师：基于我国中小学的调查》，载《课程・教材・教法》，2008(8)。

有所了解，可以帮助教师更好地设计和进行教学”。教师在进行校本课程开发时，也应该从学生需求与自我兴趣相结合的角度出发，还要考虑学生的学习风格及已有知识与经验。而就教师需求来说，美育校本课程的开发首先要求其建立课程意识，“问一问：为什么教？教什么？怎样教？为什么要这样教？在哪门课上教？对促进学生的发展有什么结果和实效?”，避免将课程等同于教材、将课程改革等同于教学方法的改变，甚至简化为是否在课堂上采取合作学习①——这种自反性的特征，是批判美学所具有的必然属性，而通过课程意识可以让教师建立这一富有现代意味的美学观念。但对教师来说，更深层次的要求是需要在美育校本课程体系开发和执行过程中建立起个性化的课程智慧，要在课程中充分虑及合作、关爱，特别是课程所具有的感召力，才能对课程和教学问题做出具有更高智慧的决策与判断②。

综上所述，学校的美育课程体系开发需要分别注重学校内外的环境、学校内的课程领导者以及师生，这是一般校本课程体系的优化框架，也是美育课程体系建构与开发的特殊要求，因为对后者而言，人与人的情感才是课程得以建构的核心。这三个立足点分别突出环境与人，把审美对象摆放在了课程开发的基础领域。

第三节　作为美育课程资源的学校环境再认识

在讨论完了课程资源与课程体系建构资源后，有必要对作为美育课程的载体、容器的校园环境展开一番讨论，它也是普通高中美育课程体系建构的重要组成部分。这并非南菁高中的创见，事实上，在一般论述中，学校环境往往被视为校园文化的最好体现，也被认定为具有极为重要的美育

---

① 参见王嘉毅：《课程与教学设计》，53～56页，北京，高等教育出版社，2007。

② 参见[美]亨德森、凯森：《课程智慧：民主社会中的教育决策》，30～36页，北京，中国轻工业出版社，2010。

立人功能。走进××中学校园，“仿佛能感到学校的一草一木，一墙一砖都在说话。校园内，大路宽敞整洁，路旁芳草如茵，教学楼、办公楼的走廊上，悬挂着世界名画和先哲、伟人、科学家的语录”；校标上的“五根线分别象征‘德、智、体、美、劳’五方面全面发展，也寓意着中学时代是年轻人重要的人生起跑线……”如是形容学校校园环境的话语，在当前我国普通高中的介绍与说明中可以说是司空见惯。但值得教育者与研究者深思的是，校园美化与绿化、悬挂语录与先贤画像之类的做法，几乎是每所学校都具有的共性，它能发挥出环境育人的“特色”吗？再如校徽、校标和“一训三风”(校风、教风、学风和校训)，虽然各校或有不同，但基本是当前我国普通高中的“标配”，而其带有隐喻性的抽象理念对学生的影响究竟又有多大呢？

以校训为例，中国青年报社会调查中心 2014 年曾对 12626 人进行调查，53.4％的受访者说自己已记不全母校校训，54.4％的受访者直言校训对自己没有任何影响，还有 26.9％的受访者认为有一些影响或影响较小①。此外，还有论者对中小学校训进行综合研究后指出，“很多研究者都提到当前中小学校训存在以下两个问题：1. 校训的内容和表达方式雷同，缺乏个性；2. 校训仅作为口号，导致其价值缺失，形同虚设”。而针对上海的调查表明，150 所学校中“教职工能准确说出本校校训的不足 3％”②。这或可说明，程式化、同质化的学校育人环境，在成为美育课程体系建构的组成部分和课程资源时，应该注入新的美学元素。

在新的美学认识下，释放校园环境作为美育课程及其体系化建构的支撑资源之审美意义，是有可能在相关美学理论与教育实践活动中得到应用与借鉴的。另外，还值得指出的是，除了物质的“硬环境”外，以教师为主

① 《调查：53.4％受访者坦言记不全母校校训》，载《中国青年报》，2014-05-06。

② 参见黄巧玲：《关于中小学校训的研究综述》，载《西北成人教育学报》，2012(5)；冯丽娜：《中小学校训认同度调查研究：基于北京市 34 位教师的问卷调查及访谈》，载《中国教师》，2014(20)；冯丽娜、王玉玲：《北京市中小学校训调查研究》，226 页，北京教育科学研究院学术年会，2014；石性刚、任伟：《提升理念　炼达校训》，载《中小学管理》，2005(2)。

体的学校“软环境”也具有相当重要的课程资源属性。特别是对于美育课程来说，不同的教师意味着不同的课堂与课程，而这些不同的“微环境”之审美效果也是大不相同的。

一、美学再认：人文与生态环境的育人价值

在校园环境作为美育课程资源而参与课程体系建构的过程中，审美情感和体验并不会自然产生。人类学家的研究表明，在18世纪的英国，即使是“如画风景”也需要有情感的介入：“由于汤姆逊的《四季》广为传播，本土文学在提供情感联想方面变得日益重要”，而“始于如画风景的美学有待于湖畔诗人赋予更多的民族情感”①。而当前我国普通高中的校园环境，一方面是同质化现象极为严重，窗明几净、绿树白墙，红色的塑胶跑道与偶见的庭院建筑，极难凸显出地方特色；另一方面，学生久困于单调乏味的课业之中，对校园环境之“美”所产生的情感未必是眷恋。如果没有足够的情感介入，校园环境、一训三风、校歌校服等教育者自认为是美育的手段，甚至可能成为学生厌倦校园生活的理由。

那么，应该如何让情感介入校园环境，从而使其由“冰冷死寂而古板僵持的无机性”，转化而成为“一种有机生成的、充满蓬勃生命力的活性思维”呢？② 显然，情感最为充沛的场所是“家”。那么，也可以换一个常见的标语作为问句：怎样才能让师生都能内在地生成一种“爱校如家”的真实情感体验？对此，可以借以讨论的概念是现象学家海德格尔在1943年为纪念诗人荷尔德林去世一百周年而发表的演讲《返乡：致亲人》中提出的“家园意识”。海德格尔说：

> “家园”意指这样一个空间，它赋予人一个处所，人唯在其中才能有“在家”之感，因而才能在其命运的本己要素中存在。这一空间

---

① ［美］温迪·达比：《风景与认同：英国民族与阶级地理》，89～90页，南京，凤凰出版传媒集团，译林出版社，2011。

② 曾繁仁：《美育十五讲》，144页，北京，北京大学出版社，2012。以下关于“家园意识”的讨论，也受曾繁仁相关论述的启发。

> 乃由完好无损的大地所赠予。大地为民众设置了他们的历史空间。大地朗照着“家园”。如此这般朗照着的大地，乃是第一个“家园天使”。
>
> “年岁”为我们称之为季节的时间设置空间。在季节所允诺的火热的光滑与寒冷的黑暗的“混合”游戏中，万物欣荣开放又幽闭含藏。在明朗者的交替变化中，“年岁”的季节赠予人以片刻之时，那是人在“家园”的历史性居留所分得的片刻之时。“年岁”在光明的游戏中致以它的问候。这种朗照着的光明就是第一个“年岁天使”。

海德格尔用诗意的话语，把“家园意识”拆分为“家园天使”和“年岁天使”。他说，“这两者都被称为‘守护神’，因为它们作为问候者使明朗者闪耀，而万物和人类的本性就完好地保存在明朗者之明澈中了。依然完好地保存下来的东西，在其本质中就是‘家乡的’。”①。在校园环境之中，“家园意识”的生成同样需要“家园天使”和“年岁天使”，前者是一种人与环境的和谐，是人对“完好无损的大地”的感激；后者则是时间的积淀，是环境在历史沧桑中经过“万物欣荣开放又幽闭含藏”之后留存至今的“片刻之时”。如果校园环境的建构能够充分考虑这横纵两个维度的情感积累与传递，就可以营造出更富审美意味的时空，亦即创造出海德格尔所谓的“家乡”“明朗者”或“家园”“在家之感”。

南菁高中创办于1882年，是一所历史悠久、底蕴深厚的百年名校。其前身是江苏学政兼兵部左侍郎黄体芳于光绪八年在军机大臣、两江总督左宗棠的协助下创办的“南菁书院”。清末，这所书院是江苏全省的最高学府和教育中心。这样的历史积淀，本可以作为“年岁天使”，让师生身处其中心有触动。但南菁校名几经更改，校址数次搬迁，于2009年迁至现址。这一占地308亩的南菁新校区已经距离原址甚远，现代化的学校风貌本该使“年岁天使”难觅其踪。但学校在美育环境的建构中，创造性地挪移保留了

① ［德］海德格尔：《荷尔德林诗的阐释》，15～16页，北京，商务印书馆，2000。

大量书院时期的建筑遗存。从讲学碑刻到课生名录，从书院楹联到旧式校门，特别是整座新校区的规划采用历史传统（中式建筑）与现代建筑相交织的轴线形式，不但保留了旧有的南菁校园历史风貌，还存有了历史的沧桑之感。显现出南菁高中几经跌宕起伏，“火热的光滑与寒冷的黑暗的混合游戏”，最终呈现出今天的面貌。从江苏学政王先谦到近代教育家黄炎培，从创始人黄体芳、奠基人左宗棠到当代教育家顾明远，一代又一代南菁人的痕迹均可以在今天的校园中找到。柳池两侧 18 块石碑将学校“欣荣开放又幽闭含藏”的历史一一镌刻。它们分列水池南北两廊内，南面的 9 块为历史文字碑，北面的 9 块为人物图像碑。文字碑中的前 6 块为高仿复制而成（原物保存在南菁校区碑廊内），由西而东依次为：1. 南菁书院碑记（南汇张文虎撰、吴县洪钧书）；2. 南菁书院碑记（瑞安黄体芳撰书）；3. 南菁书院讲学记（黄以周撰、何荫相书）；4. 南菁沙田记（王先谦撰、沙从心书）；5. 南菁书院头门告示碑（勒石书）；6. 创建南菁书院款项收支晓示碑。后面三块为：7. 南菁书院崇祀汉高密郑氏宋新安朱子栗主碑记（上海张卫东书）；8. 南菁书院讲堂识语碑（上海张卫东书）；9. 南菁书院创造奏章（江阴李敬伟书）。① 上述碑刻（第 6 块除外）反映了南菁书院创建时的风雨沧桑。作为晚清时期的书院，南菁书院以“忠恕勤俭”为校训，致力于培养经世致用之才，闻名大江南北。“创建南菁书院款项收支晓示碑”记载了南菁书院创建时在左宗棠的带领下，各省各级官吏捐俸助学的事迹。这些内容，不仅是南菁校史的重要记载，也构成了南菁这所学校的文化基因，具有丰富的美学内涵，彰显出了校园人文环境的育人价值。

学校池塘（为纪念左宗棠，池塘名曰“柳池”）北岸有一面园墙，墙的南侧镶嵌着的大理石屏上刻有《南菁百龄颂》，由校友谢鸿轩撰文：

古邑澄江　置于萧梁　汉属毗陵　晋曰暨阳　君山耸峙　扬子汪洋　安边遗寨　浮远开堂　锡爵封疆　左侯文襄　捐廉兴学　黄公体

① 过建春：《见证新南菁》，23 页，北京，红旗出版社，2012。

芳　满门桃李　万仞宫墙　菁莪作育　南方之强　元同先生　希代席珍　远怀近悦　易俗化民　文章载道　学问知真　实事求是　莫作调人　王氏益吾　督学三吴　纂刊巨籍　延揽硕儒　西园翰墨　东壁图书　规模鹿洞　师法鹅湖　教泽式隆　校训攸宗　克勤克俭　惟恕惟忠　成己成物　立德立功　谨循礼运　天下为公　景仰前修　百龄已周　重恢学府　再建神州　衣冠萃集　起喜赓讴　卿云复旦　江水长流①

《南菁百龄颂》最核心的内容当属南菁先贤文化品格的展现，“克勤克俭、惟恕惟忠”正是这所学校百年立校、生机勃发的精神信仰，这种规训和操守也是中华传统文化精神的集中体现。人唯有保持勤勉的态度和朴素的生活作风、自治自持，忠于国家、民族和社会，才可以成为真正意义上的社会公民，对己、对人、对自然、对社会都是如此。这里所蕴含的不仅是伦理道德层面的生活美学追求，亦包含了构成人生存方式的生态美学价值。

学校中轴线上有一座亭阁，名曰“正学亭”，亭名源于南菁先贤、江苏学政王先谦联语“由正学生正识、以实心行实事”，此联及亭名由中国教育学会名誉会长、南菁1948届校友顾明远题写。亭阁北面悬挂着左宗棠所书的对联——“辅世长民莫如德，经天纬地之谓文”。上方的匾额为“修本末应”，语出苏东坡名句。这些对联讲述着南菁这所百年老校的教育追求，潜移默化地影响着师生的行为。

学校人文校园建设体现在四个方面：1. 移植老校建筑元素、复制南菁书院牌刻、移建沈鹏艺术馆。2. 建筑风格以“中式”为好。3. 复制建造老校门。4. 建筑功能相接近的馆室尽量在同一栋建筑物内，以方便使用。老校区的建筑命名(南、北楼)，也都在新校区一一沿用，漱兰池、文德楼、正学亭、书味亭、学政厅、书院大道之名都来自南菁的历史符号。现代与传统的关联由是而得存，“年岁天使”所“赠予人以片刻之时”的历史情

① 《南菁百龄颂》为南菁校友谢鸿轩撰文，是为南菁校庆100周年而作，全面介绍了南菁的创建及发展历程，对南菁这所百年名校的文化进行了深刻的提炼，新时期学校建设人文校园，将此内容镌刻于墙上，作为学校的重要文化景观。

感，在师生偶驻于校园一角间，当有所体会。一位学生在接受访谈时这样说道：

> 学校的水池里有校友送来的6只黑天鹅，还有很多小鸭子和鹅，这让学校充满了自然的气息。我总是在下课的时候站在阳台上，看着楼下水池里嬉戏的小动物们：看天鹅很优雅地把头埋在身体里小憩；看鸭子摇摆着身躯爬上岸，傻傻的样子；并很幸运地看到了小天鹅的出生，灰色的毛茸茸的小家伙害怕地躲在天鹅妈妈的翅膀下。每每看着它们，我的心就变得特别平静，不再紧张，也不再烦躁。

就“家园天使”而言，南菁高中也以多种形式留存校园环境的情感。除了前文所谈到的沈鹏、顾明远、邢秀华三位校友名家捐建的艺术馆（书屋），以其人格魅力和艺术风范，“成为南菁师生心中的一座座人格丰碑，引领着南菁学子探寻人生的意义，领悟生命的价值，塑造高尚的情怀，从而走向真善美的人生境界”之外①，在校园生态中，南菁高中还于亭台楼阁、小桥流水的校园中喂养了黑天鹅、公鸡、孔雀数只，其用意与宋儒“周子窗前草不除”、二程“观游鱼”“观鸡雏”之意相近，即让万物生生不息的生态美学观介入校园环境，使人与自然的“共生关系”能够通过校园得以呈现。另外，学校中心的巍巍钟楼，收藏有每位在校学生于成年礼上写给自己的书信，待其毕业20年返校之际，再行开拆，这就为学校承载学生情感和记忆提供了想象的空间。再如，学校的上下课音乐铃声都变自校歌，上课铃声强且快、自信而豪迈，下课铃声弱兼慢、从容温馨，且时长都为30秒，为的是提醒师生做好上下课准备，尤其提醒教师不要拖堂。凡此种种，无不是希望通过情感的保留而建构出南菁的“家园天使”，使师生在其中有“在家”之感。

家园与年岁，分别是校园环境的现实与历史，是饱含深情的物质与非

---

① 杨培明：《美育：从理念到行动》，166～167页，北京，红旗出版社，2014。

物质遗存，也是学校美育课程体系的重要资源。海德格尔说，“使者们从明朗者而来致以问候，明朗者使一切都成为家乡的”①。此处所言的“明朗者”，乃是家园与年岁的“闪耀”和“朗照”。师生与校园环境之间的情感交往、留存、交换、保留正是“明朗者”借以显现的方式。只有这样的环境，才能成为学校美育课程体系建构的有效资源，才不致被师生视为冰冷死寂的处所。

二、人力资源：以“美的教师”塑造“美的学生”

美育校本课程体系的资源，除了校内外的设施设备等有形资源之外，还有相当大的部分是“人力资源”，其中最为明显的是教师。与一般主要教授知识或技能的智育、体育课程不同，美育课程（尤其是艺术课程）高度依赖师资。没有相应的师资，即使拥有大量设备设施，也不易开出美育课程。教师不仅仅是一项技术性的工作，其职业能力在于职业道德、人格和知识的整体魅力，只有“美的教师”才可能塑造出“美的学生”。“美的教师”是“教育者”和“普通人”两种角色的完美结合体：既追求专业发展，也关注自身的“生命成长”，两方面互相促进、协调发展。通过不断的学习、思考、探索、创造，提升自己的智慧、能力、人格魅力及专业水平，在“育人”的同时也不忘“育己”，让自己的职业生涯在独特的创造学生和创造自己的过程中，展现出无限的可能性、绽放出别样的生命光华，从而获得饱满、幸福的人生体验。因为“设备仅仅提供了促进儿童发展的可能性，而教师则是将可能性转化为现实性的关键”②。这可以南菁高中开设的校本课程《国兰与文化》为例，其创始者、语文教研组组长宋龙福老师作为江阴市兰花协会会长、兰花爱好者，将个人雅好与教学相结合，充分利用自身承载的文化内容作为课程素材性资源的优势，同时联合他在地方相关文化群体中的影响力，调动各方力量作为课程的条件性资源，开设出兰花养殖与兰花诗词赏析等校本美育课程，充分发挥了教师作为课程主导的动态力量。教师上课充满自信与兴奋点，从而使课程成为一个活泼的情境化教学。

---

① ［德］海德格尔：《荷尔德林诗的阐释》，15～16页，北京，商务印书馆，2000。

② 庞丽娟：《教师与儿童发展》，13页，北京，北京师范大学出版社，2003。

宋龙福老师毕竟是教师的特例，学校美育课程体系建构，特别是将学校的顶层设计转化为学生学习的行为，需要所有教师共同努力。一所学校在课程整体构建初期，校长的课程领导力和专家的引领自然都非常重要，但课程构建的真正动力则来自教师的课程自觉。这涉及两方面的内容：一方面可以从美学视角来认识，即教师的职业操守——对教育、对学生是否有深厚的情感，在精神层面是否有一种强烈的育人意识，这总体上可以概括为教师动力的情感因素；另一方面则必须从教师自身的专业素养出发，教师必须对自己的学科专业有深刻的理解，在此基础上能将美学、课程与教学进行整合吸收，提升自身的专业素养和美学素养，这无疑是非常高的要求。就南菁高中来说，学校长期以来形成了“重实、求严、图新”的教师文化，教师整体上具有强烈的责任心，专业素养较高，但对照美育课程建构的要求还有很大的距离。如何唤起教师的专业自觉，提升教师的美育素养，让教师能够走到学校美育课程建构的场域中来，是一所学校进行课程变革的关键所在。

相反，如果不依托教师资源，唤起教师的动力，而以指派性、任务式的所谓“课程领导”来建构美育课程体系，那么其他条件性课程资源“即使在客观上再丰富多彩，也仅仅是一种静态的、被动的存在，不会主动进入师生的课堂教学活动”①。这是因为教师在课堂上、在学生面前并非一个传递客观知识与技能的冰冷机器，而是融合了自己全部学科背景、人生经历、情感结构、兴趣爱好、人格魅力、文化积淀，乃至其所处时代、地域在自己身上烙下的不可磨灭的印迹而成的、活生生的、有血有肉的生命综合体。在课堂上，教师与学生将结合成一个“以教师为主导，以学生为主体”的情感共同体，教师的一举一动、一言一行、一颦一笑都可以给学生带来特殊的情感触动。因此，教师乃是美育校本课程体系至为重要的素材性资源。事实上，教师的情感属性也是互联网教育至今难以取代传统课堂教育的原因。南菁高中的全国优秀教师马老师在接受访谈时讲述了一段她说给学生

① 吴刚平等：《课程资源论》，156 页，北京，北京师范大学出版社，2014。

的话：

> 我也很佩服自己的。学校并没有硬性规定(班主任每天早上和晚自修前到教室，了解班级学生的情况)，但我还是坚持下来了，我只是想用自己的行动向学生表明“你们很辛苦，我看到了，我一定会在你们的身边分担你们的辛苦”。晚自修的每个节点我也会去教室，在每个同学身边停留一下，以此表达我的支持和赞许。看到教室哪个地方卫生有问题，我从不训斥学生，总是弯下腰轻轻捡起。课间操尤其是冬天跑步的时候，我总是跑在第一个。我始终认为，学生美好习惯的养成一定要有榜样，一定要有督促、陪伴、鼓励。比如很多有读书习惯的孩子，大半是受家庭氛围的影响，父母爱读书，言传身教，督促、陪伴、鼓励，他自然而然就养成了看书的习惯。

显然，教师具备了这样的教育情怀，美育会自然地发生在她为学生营造的教育生活中。通过马老师的叙述我们可以看出，她强调陪伴的重要性，强调身教重于言教，这也正是中国传统教育文化的精髓所在。教师的教育其实就是为学生营造一种充满伦理的教育空间，这个空间中弥漫着爱和鼓励，榜样的力量激励着每一个学生积极向上，形成了自然和谐的彰显美学精神的学生成长的氛围，学生身处其中，相互影响。师生之间真诚交流，生生之间互为榜样，从而形成了学校教育中具有美学意义的学生成长空间。

马老师对自己教育理念的叙述使得我们对其日常的教育行为有了更深刻的理解，并非每个教师所拥有的专业素养或者美学素养都可以达到马老师这样的水平，学校需要思考的是如何改变教师，这当然不仅仅是一般的教师培训和行政式的任务要求所能达到的。教师的成长有其自身的因素，甚至需要经历一些关键的事件，如师生之间那些足以触动心灵的故事，在情感上会影响教师在职业的某个阶段出现“顿悟”。对于学校来说，则要持续营造一种审美的教育管理文化，引导教师走上专业的生活方式，为教师的成长提供必要的支持，对教师进行价值引领，让教师获得在学校发展中的存在感。学校在课程体系建构中必须给教师提供必要的支持，当教师得到学校支持、发挥自身优势从事课程开发时，教师才能成为学校美育的资源，学校对课程的整体建构才具有了实施的可能。

我们仍以前面所谈到的宋龙福老师为例。为了帮助宋龙福老师开设相关课程，拓展课程资源，将美育深入生活的情趣教育功能发挥充分，南菁高中特意开辟了大面积的玻璃房，建立“兰苑”（兰花养殖基地），作为“国兰”校本课程的课程实践基地，让师生在其中养殖兰花。经过多年的教学实践，南菁高中“兰苑”现有各品种兰花上百盆，成为学校参与社会兰花品鉴相关专业活动、吸引相关文化艺术社群、搭建区域文化活动平台的重要载体。宋龙福老师及其“兰花”为学校其他美育课程提供了可拓展的核心，充分体现了教师作为美育校本课程资源的必要性与可能性。在“国兰”课程创建和开展的过程中，学校其他美育课程教师纷纷参与，共同拓展其审美空间。目前，“国兰”课程已经走向“国兰与文化”的美育课程群，下设兰花养殖（生物）、兰花诗词鉴赏（文学）、兰花描摹与创作（书法、美术、舞蹈、雕塑等）等多项美育课程门类，形成课程群体的合力，为审美素养“由此及彼，由表及里”的特殊功能提供了很好的实践，成为一门颇有社会影响力的校本课程。通过将“兰桂齐芳”延伸至文学、书法、绘画，乃至舞蹈、雕塑等具体艺术部门，课程群的学生对中国优秀传统文化中“兰生幽谷，不以无人而不芳”的君子品格及其譬喻修辞传统、隐逸文化的高远精神追求也有了更深刻的体会。

南菁高中对教师课程自觉和美育素养的培育典型不仅仅是宋龙福老师，事实上，学校围绕课程体系建构所开展的教师队伍建设是一个系统工程。这一工程包含三个相互联结的单元，具体表现为促进教师发展的三个机制，即教师文化精神培育机制、教师课程开发支持机制、教师绩效评价机制。教师文化精神培育机制主要是从精神层面引领教师进行教育职业的价值体认，通过南菁文化熏陶、杰出校友的事迹、书院教育文化的弘扬等措施，激发广大教师坚定职业信念、明确职业价值、树立职业理想。教师课程开发支持机制主要体现在学校对教师课程开发的一整套支持措施之中。如，给教师充分的课程开发自主权；鼓励教师跨学科进行课程整合开发；提供场所、资金，建立教师个人工作室，让教师进行研究和实践。再如，学校为教师开展学科实践活动提供一切必要的支持，对教师外出考察、外出学习提升、带领学生外出实践提供帮助。教师绩效评价机制为适应教师课程开发而对原有的学校教师考核评价制度进行整体优化，将课程开发纳入教师评价体系，提高权重。学校开展年度优秀美育课程评选，支持教师个人开展课题研究和出版个人课程研究专著。上述措施是基于学校把教师视为课程资源，把教师之间的关系(collegiality)看作一种可以进行课程融合的有机生发关联，也是日本学者佐藤学"学习共同体"思想的重要组成部分①。在这一过程中，课堂成了一个生动的情境生成体，教师从职业化、专业化走向了学生成长的参与者，他们通过具体的审美教育参与学生在人格培育过程中不可避免的精神、情趣、道德、情感，乃至情绪问题，为审美课堂或情境化课堂的创建提供一种新的师生交往关系。

---

① [日]佐藤学：《学习共同体：构想与实践》，4页，台北，天下杂志股份有限公司，2013。

第四章　逻辑：普通高中美育课程体系如何建构

课程体系的建构需要设置目标，而其研究则需要在此目标的基础上展开结构性分析。诉诸情感的美育，尤其需要以特定的体系化思路予以实施，才可能在教育教学理论上有所探索和突破，同时在具体的课程学习实践中取得可供阐释的经验。脱离行动而笼统泛化地谈论“美育”，极可能走入形而上的玄思，缺乏落地的实践。这正是当前我国美育研究的主要困境所在：研究美育者多为隶属哲学领域的美学专业学者，而重视实践的教育学者对美育则往往不及多论。因此，以兼具思维逻辑性与叙述张力的方式来构建和实施美育课程体系，无论在基础教育的具体课程设置中，还是在学理讨论上，都具有相当重要的意义。

对此，南菁高中的美育课程体系建构可以提供已有较为充分的实践经验参照。如前文所述，南菁高中的美育课程体系是“以学生个性发展为基础，以社会需求和公民素养为中介，最后指向国家课程的基本要求”，而这种原则性的论述要在学理与实践上得到论证与实施，就必须有更为细致的思路。它不但要立足于学生的情感发展、人格完善，更重要的是必须与当前社会主义核心价值观教育相吻合，使德育与美育具有共融、对话，乃至一体的关系。本章从南菁高中美育课程体系的建构思路入手，在对南菁美育传统展开梳理之后，提出其课程体系的基本目标，进而通过模式构造来讨论美育课程体系的框架与意涵，并分析其实施办法。

第一节　南菁高中美育课程体系的建构思路

普通高中的课程体系建构是改变“千校一面”的有效方式。《国家中长期教育改革和发展规划纲要(2010—2020年)》明确提出，要“推动普通高中多样化发展”，这正是教育适应当前我国社会经济发展要求，注重发扬地方优秀传统文化、发挥学校办学特色、发展学生个性特长的重要显现。因此，在办学体制多样化、普通高中办学自主权适度增长的基础上，实现优质教育资源的扩大，必然要求课程的成体系建设。而这种建设又必须立足学校办学传统，符合教育的基本规律。

南菁高中以美育课程体系建设为抓手，深入推进培养模式多样化，探索发现和培养创新人才的新路径，既是对中央《关于全面加强和改进学校美育工作的意见》的贯彻实施，更是在对学校办学历史、地方特色和生源优势进行全面梳理之后的必然选择。以美育为核心，增加课程的可选择性，克服普通高中人才培养的同质化现象，满足不同潜质的学生的发展需求，是南菁高中在相当长一段时期内的基本办学思路。

一、三个传统：南菁美育课程体系建构的校史渊源

南菁高中源自1882年的南菁书院，命名取朱熹名言“南方之学，得其菁华”之意。这一“菁华”，在系指精英的基础上，更与美学作为自由之学的基本意义做了勾连。“我们平常有一句广泛意义的说法：‘人天生都是诗人’”，这种与人之本质密切相关的审美体验与感受能力，正是人之“菁华”与学之“菁华”的核心——因为，“任何一个人的意识发展过程都必须经历这样一个作为‘诗和艺术的立场’的‘中间状态’的阶段”①。而根据黑格尔的论述，这一阶段在人从混沌未开的童蒙时期过渡至能够区分主客体的成熟时期之“中

① 张世英：《美在自由：中欧美学思想比较研究》，28页，北京，北京大学出版社，2016。

间状态”。在这一状态中，人“对于对象性世界”所持有的是“散文式的看法”①。这一说法在中国传统美学中也可以以明代李贽的“童心说”以及泰州学派中王艮提出的“真”、王襞的“乐”和颜钧的“醉”等与江苏一带密切相关的审美范畴为代表②。

尽管朱熹未必有意设置“菁华”与美育的关联，但在南菁百年的发展史上，这种“自由”的办学思想却是贯穿于始终的。诚如论者所言，“南菁书院被终身服膺自由主义思想理念的胡适置为清朝四书院之首应该是有充分理由的”。如光绪二十一年(1895 年)入南菁书院的蒋维乔回忆，“院中重自由研究，规则极宽。亦有在外处馆，并不住院，但按月应考领膏火者，山长不过问也。”另外，光绪二十四年(1898 年)入南菁书院的钱崇威(清代最后一位翰林)回忆③：

> 书院课生，平时博览群书，勤于自学。自学时做笔记写心得。课卷(即作文)每月一次(据赵统考证，当为每月两次，系钱晚年记忆有误——引者注)，由山长命题，三天内完卷，每个作文题都有指导，促使课生到藏书楼钻研参考书籍，畅思路，助写作。课卷经讲席批，山长定名出榜，优秀者有奖金，并有酒吃，当时以喝到优秀酒为荣，喝不到优秀酒为耻。

姑不论江苏泰州学派颜钧之“醉”与南菁书院“吃优秀酒”之间是否有着某种明暗两通的关联，南菁书院创始人黄体芳重视营造宽松和自主的学习氛围，在整体书院的教学风格中重视自由，学习理念以自主为特点，倡导学术创新的事实却是再明显不过的。但需要指出的是，南菁书院的办学理念在自由之美育外，更有极为明显的社会与家国指向。这一方面是由于其

① 参见黑格尔：《美学》，2 卷，24～25 页，北京，商务印书馆，1982。

② 参见姚文放：《泰州学派美学思想史》，19、140～142、160 页，北京，社会科学文献出版社，2008。

③ 以上引文均参见赵统：《南菁书院志》，176、191～192 页，上海，上海书店出版社，2015。

创办时期，正值晚清变局，社会人才需求极为迫切。特别是南菁书院"晚期课生则因受甲午战败、戊戌流血的刺激，经世致用思潮的涌动，愈现激烈"①。其创始人黄体芳就曾谓，"若务以事功为不足重，则国家安赖此臣子?"②另一方面，则是因为情感的审美自由，需要有社会责任与道德为其界限，以免肆溢无涯。所以，南菁学子往往"既以文学驰名，而干济之才，亦为素具……充是才也，可以任繁剧、奏循良，参军国之谋，膺交涉之务"③。而这也可以早年求学南菁的吴稚晖为例。吴稚晖虽然被胡适认为是"中国近三百年来四大反理学的思想家之一"，但其在南菁读书时期的札记中却有如下话语：④

> (闰五月)二十日，清晨，仍至江阴。
>
> 主敬须格物，格物者，非有元理高论，使人不可持循也，不过曰：博学之，审问之，慎思之，明辨之而已，此外更无所谓格物之方也。学、问、思、辨，不过曰：恻隐、羞恶、辞让、是非而已。笃行即是主敬，信者笃行也，二而一也。笃行即是主敬，不达其意者，玩之似有语病，而吾意盖曰：欲主敬，非学、问、思、辨不可，欲不失为主敬，非笃行不可。又恻隐四者，亦非以分配学、问、思、辨也，所以语似未明。今申之曰：意云所学，学是四者；所问，问是四者；思、辨，亦各如是而已。

关注恻隐、羞恶、辞让、是非的主敬、笃行都是宋学以降的德育关键。显而易见的是，吴稚晖这种强调社会责任的道德治世传统与其后向往自由的审美传统之间，存在着某种价值观的张力，而这种张力必然也是促使其成为一代学界巨人的关键。不过，同样重要的是，从吴稚晖的上述札记中，

---

① 赵统：《南菁书院志》，247 页，上海，上海书店出版社，2015。

② 同上书，11 页。

③ 同上书，247 页。

④ 同上书，225 页。

还可以引申出南菁高中校史渊源的另一个课程传统，即以学为本、重视学问，也就是吴稚晖反复强调的格物，即“博学、审问、慎思、明辨”，简称“学、问、思、辨”四者。

南菁书院奠基人左宗棠与创始人黄体芳在上书光绪皇帝请求拨款的奏折中，开篇即谓“江阴创建经古书院，名曰南菁，仿诂经精舍之例，专课通省经古”①。可见，“经古”乃是南菁书院立院之本。这种重视学术的传统，在南菁校史上有两种表现：一为“尤重郑(汉)学”与“不薄宋学”。如论者所言，“不少南菁院生撰写了有关郑注研究的书，如研究丧礼的张锡恭，有名著《丧服郑氏学》《丧礼郑氏学》存世。比张晚进南菁近十年的通州白作霖……也写有《三礼郑注释例》两卷，可见南菁书院师生研究经学，尤其是三礼之学，十分看重郑注”。另一种表现是在与美育相关的礼仪上，黄体芳倡导“使来学者不忘其初，而袷祀汉儒郑公及朱子于后堂，使后学其所近，而不限于以一先生之言”；而其私淑弟子汪之昌“每岁七月初五日，汉高密郑公诞辰，必瓣香行礼，记以诗文，则先生私淑之微旨也”。事实上，这种强调客观、讲求事实的学问传统与上述治世传统是相连相通的。实事求是既可以是学问法则，也可以是社会规范②。直至今日，南菁高中仍以创校时期的主讲黄以周所提倡的“实事求是，莫作调人”为学校管理理念，而这一思想正是当代江南礼学的发端，与吴稚晖所传承的学术、社会思想之间也有着密切的关系，此后影响还延续至胡适、王元化等社会思想家与学术名人③。

由此可见，南菁高中的校史渊源为南菁高中的办学提供了三个传统：经古的知识传统、自由的审美传统与治世的道德传统，分别指向智育、美育和德育(社会责任)。对这三个传统进行深入的梳理和剖析，乃是今天南菁高中办学理念与构建美育课程体系的基本历史脉络和丰富的精神遗产。

---

① 参见赵统：《南菁书院志》，14页，上海，上海书店出版社，2015。

② 高文新、张春静：《实事求是哲学论析》，载《吉林大学社会科学学报》，2013(3)。

③ 参见程继红：《黄式三、黄以周与浙东学派的关系及其传衍》，载《浙江社会科学》，2010(11)。

也正是在此基础上，南菁高中至今仍以“忠、恕、勤、俭”为校训，在办学理念方面注重博学、包容，推崇南菁书院强调的质疑、反思和互动、辩难，不仅探讨经史子集，也十分关注社会实际问题的学风；在课程内容上，主张德识并重、涉猎广泛；在教学方式上，提倡研讨和辩论，从思维方式、行为准则和科学精神等方面全面继承南菁书院崇尚勤读、提倡朴学、知行并重、关注社会的独特文化品格，力图体现出南菁书院黄体芳、王先谦、黄以周等一大批有影响的学者大家之当代流衍。南菁高中充分认识到，深厚的文化底蕴，特别是南菁文化所蕴含的教育理念和价值追求，是学校发展的精神财富，也是创建审美校园的基础。

在对南菁文化的挖掘、传承和创新中，南菁高中形成了这样的共识——挖掘、传承和借鉴南菁书院时期的教育文化遗产，将优秀传统文化精髓和办学理念精华融入现代教育发展之中，积极致力于课程文化建设，以对美的追求进行课程开发。一方面，梳理校史渊源，继承校史传统，将美育与德育、学术教育相互打通；另一方面，创新教育愿景，以当代人文关怀和价值追求倡导“办关注师生生命幸福的教育”，让学生不断摆脱自我的束缚，走向更宽广的精神高地。而在自由与责任、传统与创新、素养与知识、个性发展与社会需求等二元张力中，南菁高中提出学校的课程文化同样要体现出和谐、包容的特质，“不限于以一先生之言”。

这就充分回应了南菁传统治学自由与“美在自由”(张世英语)之间的关联，使南菁高中的课程体系建构自然延伸至讲求“处处给人以愉悦的美感，陶冶着师生的性情，孕育出师生心灵深处对美的无限追求”的美育课程之上①。2011年，南菁高中被江苏省教育厅命名为“江苏省首批美育课程基地”。随着美育课程体系建设步伐的加快，学校教学方式发生了深刻的转变，教学生态也发生了明显变化。

这一过程可以分为两个阶段，“一期课改”主要表现为师生对“审美”产生

---

① 杨培明：《以美育促进学生科学精神与人文素养协调发展——江苏省南菁高级中学美育课程体系建设的价值追求》，载《创新人才教育》，2015(1)。

浓厚兴趣，美育课程的数量不断增加，相关活动也频繁出现。可是，诚如美国教育家施瓦布在1969年发表的《实践，一种课程的语言》中所言，传统课程领域已步入穷途，现行方法与原则已难以继续，其无以增进教育进展。而如今，需要的是能够解决问题的新原则、新观点和新方法①。而多尔在对施瓦布的回应中，提出以丰富性、回归性、关联性和严密性的所谓"新4R原则"来"构建一种课程模型(matrix)"②，正说明了课程体系建构之必要。南菁高中美育课程的二、三期课程改革同样力求着眼于丰富、回归、关联与严密，对美育课程体系进行整体规划和设计，从而深度建构学校美育的价值实践路径。

二、两种模式：南菁美育课程体系建构的框架逻辑

在梳理校史的三个传统的基础上，南菁高中的美育课程体系建构还需要遵循一定的逻辑框架。这一框架既要立足教育乃是"培养完整的人"的思路——而事实上，这一思路本身就具有明显的席勒意义上的"美育"特色；同时，更需要在审美诉求的价值观上，实现学生个性发展与上述社会责任意识、学术求真规范这两个传统之间的关联，这就必须深入整合学科与课程，让美学素养渗透至不同学科的课程之中，在校园、课堂，教师、学生之间形成一种情感互动的美学关联。课程变革是一个"复杂的系统"，也是一个"非线性的发展过程"③，这一过程应该具有阶段性和反阶段性。所谓"阶段性"，是就一般性的课程变革而言，任何体系的建立都需要分阶段进行，逐步实现；而所谓"反阶段性"，则是说课程体系建设需要动态调整，不断进行由上到下与由下到上的重复，将学校课程领导与师生课程创新相结合，融合不同科层的智慧，实现课程体系建设的更新与再造。

在这里，特别需要指出的是，"美育课程"有其特殊性。在学校美育课程体系建设中，需要强调顶层设计的宏观指向，突出美育与社会主义核心

---

① 参见JJ Schwab，"The Practical：A Language for Curriculum"，*American Journal of Education* 1969 Volume 78：591-621. 译文可参考[美]多尔：《后现代课程观》，166页，北京，教育科学出版社，2015。

② 同上书，166～167页。

③ 于泽元：《课程变革与学校课程领导》，3～5页，重庆，重庆大学出版社，2006。

价值观教育的融合，避免在教学过程中出现过于重视技艺而忽视价值观塑造、过于强调审美自由而忽视核心价值观的凝聚力这两种不同方向的误导。毋庸讳言，这两种错误的发展方向，分别在基础教育和高等教育的美育(或艺术教育)领域中不同程度地存在。而这也是中央《关于全面加强和改进学校美育工作的意见》在“总体要求”的“指导思想”中明确提出“把培育和践行社会主义核心价值观融入学校美育全过程”“引领学生树立正确的审美观念、陶冶高尚的道德情操、培育深厚的民族情感”“培养造就德智体美全面发展的社会主义建设者和接班人”的重要原因——正是由于美育存在实践的误区的可能，才尤其需要课程体系建设。

就南菁高中的美育课程体系建设而言，其“一期课改”和“二期课改”主要是完成“阶段性”目标。在“一期课改”中，学校主要按照顶层设计推进的设计思路，强调学校课程领导，“重视领导者的智慧、思考和专业判断”“依靠课程领导者的法定权力和自身的个人权威，以后者为主”①。在这样的课程变革模式中，学校初步进行了学科与课程整合的实践，实现了课程整体数量与质量的大幅提升。目前，南菁高中共开设美育相关课程 50 多门，基本实现了美育以学生可以理解和接受的方式进入课堂、激活课堂和重构课堂。

而在“二期课改”中，南菁高中则在中国教育科学研究院和教育部中学校长培训中心专家团队的指导下，改变了顶层设计推进的课程设计思路，充分发挥师生在设计中的作用，开始实践美育课程体系建设的“反阶段性”。经过方案征集、多次讨论，目前，南菁高中已经形成了一种富于实践意义的“大美育课程体系”。概括来说，即“两轴、三级、五域”的美育课程总体结构②(见图 4.1)。

---

① 参见靳玉乐、赵永勤：《校本课程发展背景下的课程领导：理念与策略》，见《第五届两岸三地课程理论研讨会论文集》，237～243 页，兰州，西北师范大学，2003。

② 大体来说，南菁高中美育课程的变革符合“从添加模式到融合模式”这一“当前我国基础教育课程改革的主要特点和基本趋势”，正如王嘉毅先生所言，这一趋势“符合课程改革的方向，并有利于学生的发展，我们应坚持这一方向，积极、稳步地推进课程的综合化。”参见王嘉毅：《从添加模式到融合模式：我国基础教育课程改革的新趋势》，载《学科教育》，2002(2)。

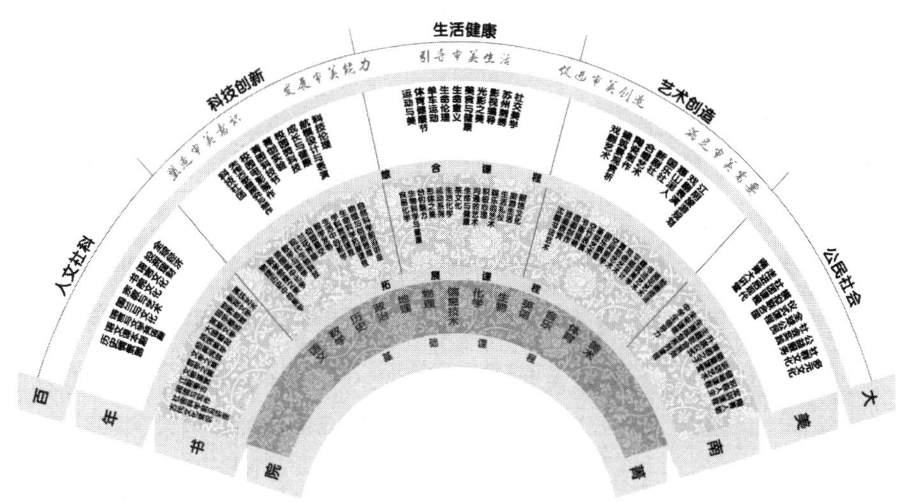

图 4.1　南菁“两轴、三级、五域”课程结构图

这一结构将人文社科、科学创新、公民社会、艺术创造、生活健康等领域的课程内容，按一定的层次和结构关联性加以整合，形成了学校“培养完整的人”的课程设计愿景。按照学校自身的阐释，这一“大美育”课程体系的模型是两轴扇面结构，双轴内扇面纵向划分为三个层次，分别代表基础课程、拓展课程和综合实践课程；而横向则划分为五个区域，代表学生发展重要的素养或目标。

具体来说，“两轴”（两个扇柄）化自学校校园环境的空间意涵，即学校建筑群排布中的两条核心轴线——历史轴和现代轴，分别代表南菁书院的历史和未来。同时，双轴也象征着“钟”的时针和分针，寓意从“百年书院”走向“大美南菁”，将南菁教育传承历史、跨越时空、面向未来的悠久历史做了符号学的表征。

“三级”则是指学校课程的构架均按三个层次排列，分别指向：学生基本素质的形成和发展、体现国家对公民素质的最基本要求的基础课程；开发学生的潜能、促进学生个性发展和体现学校办学特色的拓展课程；培养学生自主与创新精神、研究与实践能力、合作与发展意识的综合课程。在意义指向上，突出以国家课程的校本化实施为基础，作为南菁高中美育课程实施的主体，同时以拓展课程和综合课程作为有益的补充，来彰显学校特色和个性化的教育追求。

而“五域”是指课程架构的五大领域，分别是人文社科、科技创新、生活健康、艺术创造、公民社会。在教学实践中，学校认为，这基本包括了学生核心素养的全部领域，可以构成学校育人指标的完整课程图谱。

应该说，作为一种实践模式，南菁高中在课改中逐渐形成与提炼的“大美育课程体系”，是富有创新和较高教育智慧的教育学成果。在具体实践中，这一课程体系也发挥了重要作用，获得了社会各界的认可。但在“美育”的理论化视阈中，特别是就突出美育课程体系建设的普遍性来说，这一“南菁特色”实践模式未必具有充分的思辨性和理论生成张力。这主要是指“两轴、三级、五域”的构想未能充分展示“审美”或“美”之为“学”、为“育”的特性。一方面，中国近代以来将美育作为情感教育的社会整体指向，即美育以“立德树人”为根本任务，要在美育课程体系建构中有主导意义的体现，且这种体现需富有学理性。

> 人人都有感情，而并非都有伟大而高尚的行为，这由于感情推动力的薄弱。要转弱而为强，转薄而为厚，有待于陶养。陶养的工具，为美的对象；陶养的作用，叫作美育。①

蔡元培的这段话说明，美育的作用在于培养学生的“情感推动力”，进而产生“伟大而高尚的行为”。也就是说，美育有“情感”和“道德”两个根本指向，这是“美”之为“育”的根本意义，也是美育“立德树人”的价值体现。

另一方面，世界美学近50年来所突出的“感性”意义，特别是身心一体化的美育价值指向，也需要在进入学校的课程化体系中有所表达。以“身体”为例，不但可以有费瑟斯通意义上的现代消费社会身体审美训练与批判

---

① 《蔡元培美学文选》，220页，北京，北京大学出版社，1983。

指向，还可以有伊格尔顿意义上的感性肉体审美解放指向，甚至可以有福柯意义上基于身体的“生存美学”。总之，通过身体的规训与反抗，教育同样可以“重建个体和总体之间的关系，在风俗、情感和同情的基础上调整各种社会关系”。正是在这个意义上，伊格尔顿指出：“肉体的感情绝不是纯粹的主观幻想，而是秩序良好的国家的关键。”①当然，这更多是一种学术上的讨论，在落实于课程体系建构之中时，尽管未必能尽然课程化，但体系仍要为美学的进展，如近年来出现的“气氛美学”“超逾美学”“显现美学”等新美学思潮、观念，提供生长和介入的空间②。

因此，本书尝试在南菁高中美育课程体系的“大美育”实践模式的基础上，提出一种理论模式，努力将社会主义核心价值观与学理化的美学思路纳入其中，以中华美学精神为枢纽，突出“美育”兼具美学和教育学意义的相异与相融，以求对当前我国普通高中美育课程体系建构具有更为普遍的概括性。

运用图示，这一理论模式可以表述为图 4.2。这一模式，可以称为“手电筒式”或“Y 型模式”。大体来说，这一模式以“学生个性”为中心，将美育课程依照不同类型，分为上下两层。其中，上层为一般通识课程，需要进行审美渗透；下层则为专业艺术类课程，天然具有审美素质。

三、三种育人观：南菁美育课程体系建构的比较阐释

就目前我国普通高中“特色校”的发展与建构来看，一般都以语文、足球、英语、多民族等单一学科或领域为其特长与优势。事实上，在相当长的一段时间内，所谓“特色校”也类似于学校办学理念，美国也不例外③：

---

① ［美］伊格尔顿：《审美意识形态》，10、17 页，桂林，广西师范大学出版社，2006。

② 参见刘悦笛：《从当地艺术、环境美学到生活美学：从第 18 届世界美学大会观东西方美学新主潮》，载《艺术百家》，2010(9)；刘悦笛：《气氛美学、超逾美学与显现美学：当今德国的“生活美学”取向》，载《山东社会科学》，2015(10)。

③ 傅飞跃：《特色校：校园文化的风景线》，载《中国教育报》，2000-08-29。

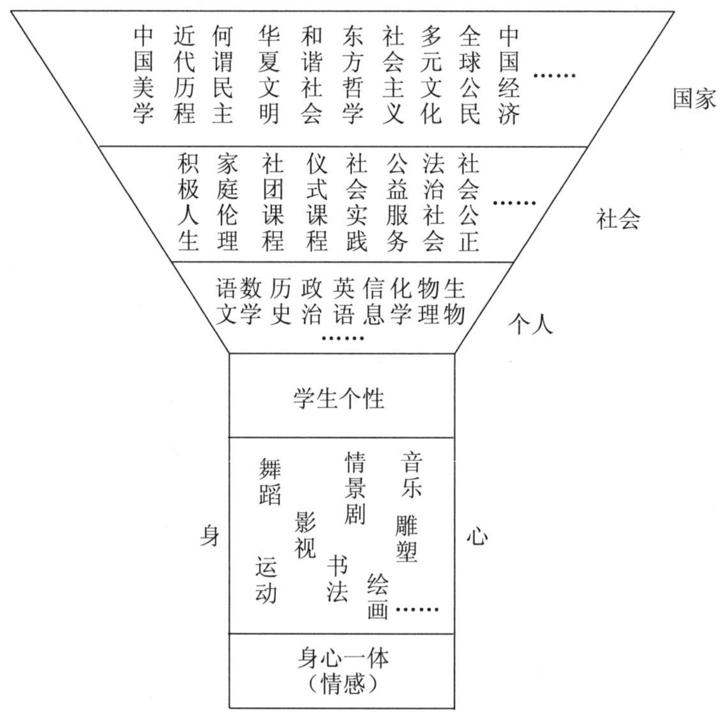

图 4.2　南菁高中美育课程理论框架图

至今已培养出55位诺贝尔奖获得者、坐落在被认为世界上最复杂的“人种实验室”——纽约市哈莱姆区的哥伦比亚大学，学生花费大部分精力投身改善社会的各种事务；麻省理工学院有39个校体育运动队参加对外比赛，而校内非竞争性体育活动更为丰富多彩；爱因斯坦度过最后20年、杨振宁曾在那里埋头研究高能物理的普林斯顿大学，学生社交生活重要的一部分就是大学中有名的113个充满贵族气息的饮食俱乐部……

这种人才培养，就其观念而言，是一种“T型模式”，其横轴代表通识教育，即国家课程的基本教学；而纵轴则表示专精，也就是学校特色的体现。但其纵轴只有一条，也就是说，全校的“特色”仅为其一，或足球，或语文，或社会事务，或体育活动。而随着“全人教育”教育理念的深入，全面发展、全体发展，“不让一个学生掉队”的多元智能教育思路已经成为一种较为普遍的共识。在这种共识下，学校办学之“特色”理应尽可能地满足不同学生的智能优势与成长需求。

由此，出现了一种新的育人方式——“A 型模式”，其特征是以学生特长为中心，尽可能多地开设校本课程，以应对不同学生类型。“A”的顶点是学生需求，而其拓展越来越宽，以求开设越来越多的相关课程与活动。南菁高中“一期课改”的基本思路，也是如此——不过，与之不同的是，南菁课改始终围绕“美育”进行。这种思路存在一个显而易见的问题：学生永远比老师多，而在强调“每个学生都是独一无二”的观念中，受限于师资，完全围绕学生兴趣而开设“一对一课程”是不现实的。因此，“A 型模式”的人才培养观念与校本课程建构，不但会遭遇师资困境，最终导致围绕教师特长开设课程的“反客为主”局面，同时也会面临“一师一特色，学校无特色”的特色淡化状况。另外，无论“T 型模式”还是“A 型模式”都缺乏与社会主义核心价值观教育相契合的空间与视野，而在美育方面，两种育人观的模式都没有能够找到根源于以人为本、以人的情感为本的教育表述形式。换句话说，“公民教育”和“情感教育”都不在“T 型模式”与“A 型模式”的视野之中。

诚如论者所言，教育要“面向人性的整全”和“面向他者”，就需要“走向哲学”与“走向政治”①。而“美学”是“哲学”的当然面向。本书提出的“Y 型模式”，恰从上与下两个方向突出了“政治(道德)”与“哲学(美学)”的指向。模式上方的梯形，其两轴分别代表“国家”与“社会”，它框定出的界限，是在特定阶段学校教育所可能容纳的所有美育课程形式。根据不同价值取向，其可以分为个人、社会、国家三个层次。

首先，就个人而言，国家课程是其需要完成的基本要求。它一方面代表了“坚定的社会主义意识形态特征”“历史发展潮流的时代特征”与“中华民

---

① 参见刘铁芳：《重申知识即美德：古典传统的回归与教养性教育的重建》，180～190 页，北京，北京师范大学出版社，2015。

族精神、气派和品格的民族特征”①，包括爱国主义、民族气节、诚信为本、与人为善等知识化了的意识形态内容；另一方面，也是国家为学生成长划定的基本知识储备标准，是学校教育教学的主要任务。

在针对学生个性发展的课程体系设计中，前者的面向是内在的、潜层的，无需明言，但后者的意义却比较容易被忽视。课程设计者们往往认为，满足学生个性发展的课程应该是小众的、特殊的。其实，学生个性发展的立基乃是社会意义上的“成人”与知识层面的“完备”，这都需要国家课程作为起码标准。在此基础上，才可能突出学生面向他者、社会和国家所体现出来的“个性”以及不同个性之间的交流与沟通。而针对学生个体的“个性”，在美育范畴中，“Y 型模式”则将其归纳为“身心一体化的感性教育”，主要体现在“Y”形向下的纵深轴上。

其次，就社会层面而言，美育的基本意义在于“走向他者”。列维纳斯曾深刻讨论过“走向他者”所具有的、与情感情绪密切相关的美学意义。在列维纳斯看来，人类生活共同体中“对邻人的责任、对其他人的责任、对陌生人的责任”与情绪的关系乃是相互作用的，人为外物所感动，同时也“为了自己而陶醉，为了自己而伤悲”，二者具有互相塑造的意义②。更进一步而言，“走向他者”是人作为主体参与生活的实现方式，这种实现方式需要在学校教育得到锻炼和提升。人生的意义是要在与他者相交接的“内在性场域”中得到实现的，因为“人所面对的，既不是本然的存在，也非已完成的世界；以人观之，世界具有未完成的性质”③。而其完成，则有待于教育的参与。具体到美育课程体系建构中，促使人走向他者、完成世界的课程则可以归纳为社会课程。这些课程的目的在于通过锻炼学生的情感表达、内敛与沉淀、促发，来实现人际关系、群己关系的和谐。

最后，就国家层面来说，美育课程要突出三种指向：一是“中国”作为

---

① 参见王德如：《课程文化自觉论》，208～209 页，北京，人民出版社，2007。

② ［法］列维纳斯：《伦理学作为第一哲学》，载《世界哲学》，2008(1)。需作说明的是，尽管列维纳斯指出“为他人的担忧并不返回到为了我的死亡的畏惧”，但海德格尔的分析仍然为从唯我论走向他者性提供了一条极好的情绪双重意向性的解释。

③ 杨国荣：《成己与成物：意义世界的生成》，1 页，北京，人民出版社，2010。

教育的本位与立足点，不同课程中都应努力凸显数千年华夏文明积淀至今而形成的中国特色、中国风格、中国气派，彰显当代中国特色社会主义的道路自信、理论自信、制度自信和文化自信。二是在国际视野上，当代普通高中的美育课程要有意识地突出经济全球化时代的跨文化与多元文化共存的特质。“如果说，20 年前的美学还是艺术哲学和美的哲学，那么今天，美学已经被转化为一种平行的理论话语共存的广阔领域”“在不久前，美学的统治形式或许成为一种来源于欧洲、至少是欧洲传统的东西，那么今天，美学则伴随着逐渐浮现的地域(如日本、中国、意大利、俄罗斯和非洲等)的传统而出现”①。因此，诸如美国文化、欧洲艺术，尤其不同文化之间的沟通与传播等课程，也应该成为美育校本课程在国家层面的重要内容。三是构建人类命运共同体。这一方面源于中国传统儒学中的“民胞物与”观念，另一方面则源于中国崛起背景下的大国使命。习近平总书记 2017 年在联合国总部发表的演讲中指出，“中国方案是：构建人类命运共同体，实现共赢共享……只要怀有真诚愿望，秉持足够善意，展现政治智慧，再大的冲突都能化解，再厚的坚冰都能打破……真正做到‘无偏无党，王道荡荡’”②。而这种扎根于中华传统、又面向世界前景的新观念，同样需要对“真诚”“善意”和“智慧”等人类情感进行引导、教育和训练。

国家、社会和个人，这三个层次的美育课程体系恰与富强、民主、文明、和谐、自由、平等、公正、法治、爱国、敬业、诚信、友善的社会主义核心价值观，构成一种对应关系。核心价值观教育介入美育，至少可以在体系构型上得到理解和实际操作的可能。另外，同样重要的是，在上述两条轴线构成的三层课程外，“Y 型模式”作为围绕学生个性成长的美育课程体系，还特别强调其纵深的竖轴一面。这一面延伸了课程之于学生个人成长的全程作用，将性情塑造与价值引导关联起来，从身、心两个方面对

---

① ［斯洛文尼亚］阿莱斯·艾尔雅维茨：《全球化的美学与艺术》，25～26 页，成都，四川人民出版社，2010。

② 习近平：《共同构建人类革命共同体——在联合国日内瓦总部的演讲》，载《人民日报》，2017-01-20。

学生的感性认识加以训练。其课程内容以艺术教育为主，同时注重对身体与心灵的培养，将学生个人兴趣同其情感淬炼相结合，力图超越一般艺术教育片面重视技艺的弊端，努力将“艺”与“术”统合起来。

而这一统合的关键与枢纽，则在于“学生个性”这一中枢层面。儒家传统有所谓“絜矩之道”，即以己为中心，“所恶于上，毋以使下；所恶于下，毋以事上；所恶于前，毋以先后；所恶于后，毋以从前；所恶于右，毋以交于左；所恶于左，毋以交于右”(《大学》)。通过对自己情感的控制与调整，度己以绳，认识到“己乃身心统一之己……人己间表现为身心十字打开的复杂关系”①，从而能够真正把向下纵深一轴的个人情感、意愿、特长与向上延展两轴的社会和国家价值取向相结合，实现美育作为“情操教育和心灵教育，不仅能提升人的审美素养，还能潜移默化地影响人的情感、趣味、气质、胸襟，激励人的精神，温润人的心灵”的作用。换言之，所有美育课程的立足点与出发点，都不在于所谓价值引导或技艺训练，而在于“学生个性”这一中心环节，在于这一环节向上与向下的不同方向的延伸。做到了这一点，美育课程体系的建构才算真正做到了“以人为本”。

“Y 型模式”是一种宽口径、纵深式的课程体系构建模式，也是普通高中美育富有传承意识与国际视野的育人观。南菁高中的美育课程体系建构在实践上以“大美育”的“两轴、三级、五域”为模式，而在理论层面上正是以力图实现“Y 型模式”的“身心一体化的感性教育”为追求。前者具有较强的可操作性，而后者则主要呈现为南菁高中美育课程变革运动的理论思考，二者相辅相成，共同构成了百年来南菁美育办学思路的当代诠释与育人实践。南菁高中坚持认为，理想的教育应以促进身心的和谐发展为指向，是历史传承与创新意识、科学精神和人文品质平衡发展的教育，是凝练真、善、美意境的教育，是追求人生幸福的教育。

概论而言，南菁高中美育课程体系建构的基本思路是立足南菁书院的知识、经世与自由传统，将其统合于“美育”范畴之中，通过“两轴、三级、

① 龚建平、宁新昌：《儒家哲学中“知己”与“絜矩之道”的方法论意义》，载《孔子研究》，2010(2)。

五域”的课程体系，展开“Y 型人才”的培养——它回答了“培养什么样的人才”这一作为课程体系建构基本目的的重要问题。但一种课程体系的建构，其目的绝不仅在于培养人才，它应该立足于人才培养，进而提出更富有普适性的课程（课堂）与校园（学校）建设目标，使“学生—课程—学校”三者得以有机地统一起来。

第二节　南菁高中美育课程开发的路径选择

美育功能的实现，不是靠抽象的思想灌输，也不是靠理性的认同与接受，而是靠主体的自觉参与、认同与选择，是在主体的感性体验和情感评价过程中实现的。南菁高中遵循美育的规律，充分发挥学校文化艺术资源的育人功能，构建综合性的美育课程体系，形成了学科全面渗透、课程综合整合、教育全过程覆盖的课程开发思路。

一、以学校文化涵育师生的精神气质

品位高雅的学校文化总是体现出和谐、包容的特质，处处给人以愉悦的美感，陶冶着师生的性情，孕育出师生心灵深处对美的无限追求。理想美育的途径，就是由优美到崇高，达到人性的高尚。

潘光旦认为，教育就是“让学生像小鱼那样在池塘中快乐游弋”。如何才能达到这种状态呢？孔子说“知之者不如好之者，好之者不如乐之者”，程颢、程颐则说“学至于乐则成矣”。但“让教育成为一件快乐的事”这一愿望却始终未能真正实现，学生在学习中的主动性和自由精神长期被压抑。我们的教育，特别是高中教育，始终走不出应试教育的樊篱，以考试评价代替学业评价、分数至上的教育思维背离了教育的本质。如此，出现“绿领巾”“吊瓶班”等教育怪象也就不足为奇了。教育，特别是美育，要坚持更高的教育追求，以师生富有个性的全面发展为旨归，着重培养师生的文化情怀和精神气质。我们将南菁气质的内容概括为：有思想会表达，有爱心能宽容，有责任敢担当。南菁气质的凝练，

充分体现了教育培养人高贵品质和高贵精神的价值追求，指引着师生最终走向真善美的人生境界。

学校教育应为师生营造愉悦的环境，引领师生进行崇高的价值追求。学校要树立以人为本的管理理念，引领师生过一种浪漫的校园生活——学生乐学好学，教师乐教善导。学校的建筑、一草一木都应该具有文化寓意，体现出学校的办学追求，让人陶醉其中并受其浸润。雕塑、雕像、体现学校办学追求的楹联字画、文化景观，甚至上课的铃声、场所的命名、道路指示牌，都可以作为文化的符号，讲述学校对美的追求。师生面貌是一所学校最显性的标志，朴素大方、温文尔雅、文明守序、尊重包容、相互关爱、互相悦纳应是校园师生面貌的特质。营造尊重、包容、理解、激励的文化氛围，让校园洋溢着人自由创造的精神和蓬勃的创造力，讲述着唯美的校园故事。

二、以学科全面渗透传递教育对美的追求

美育虽然对于一个人的全面发展的意义非常重要，但在中学生课业负担本来就非常繁重的情况下，美育不能再依靠增加内容、占用学生更多的学习时间和空间来实现。因此，南菁高中确定将学科渗透作为学校美育的重要路径，将美育的要求与学科教学相融合，赋予课堂教学更丰富的审美价值追求。钱钟书说："理之在诗，如水中盐，蜜中花，无痕有味，体匿性存。"①这句对诗的描述也同样适用于美的特点。高中学科所呈现的无非是自然科学或人文社会科学，体现的是人类对客观世界和主观世界的认识，美蕴含其中，无痕无味。在实践中，主要通过充分挖掘学科中蕴含的美的元素，在基础学科教育中进行美育渗透，让学生喜欢并享受学习。任何课堂教学都承载着育人价值，其功能不仅在于知识的学习和技能的提高，更包含情感的丰富和精神的培育。因此，美育内容的渗透并非对教学额外要求，而是对课堂教学价值的深层建构，如语文学科的语言之美、数学学科的思维之美、外语学科的异域之美、物理学科的简约之美、化学学科的变

① 钱钟书：《谈艺录》，660页，北京，生活·读书·新知三联书店，2001。

幻之美、生物学科的生命之美、历史学科的智慧之美、地理学科的自然之美、政治学科的辩证之美、音乐学科的赏心之美、美术学科的悦目之美、体育学科的健康之美等。学科各美其美、美美与共，为师生进行课程开发，以个性化的方式从事学习创造了前提，也为教学方式变革提供了可能。

在教学实践中，南菁要求教师将美育渗透与课堂教学改革结合起来，通过理想课堂的建设，让课堂的育人价值得以充分发挥，构建充满美学意蕴的课堂生态，师生互动、情感交融、合作探究，从而改变课堂枯燥无味的局面。因为尊重学生，教师开始更多地在教学中与学生进行平等的对话；因为追求教学形式之美，挖掘教学内涵之美，教师的教学设计变得丰富多彩，受到学生的喜欢，激发了学生学习的欲望，学习变得更加高效。席勒说过，“所有其他训练都能给人一种特殊的技巧，由此也给人设置了一种特殊的界限。只有审美的训练可以导向无限。”①当课堂充满了对美的追求，学生的学习生活不再是枯燥的训练和考试，而是生命的自由成长。审美的教学唤起了学生对价值的无限的追求、对学习的热切向往，真正的学习由此发生。如在数学教学中，教师的教学因唤起学生学习数学的美感，从灵魂深处激荡起学生对数学的热爱，学生的学习状态也随之发生积极的变化。法国数学家彭家勒谈道：“数学的美感、数和形的和谐感、几何学的雅致感，这是一切数学家都知道的审美感，它的确属于情感。能唤起美感的数学实体，它们的元素和谐地配置，以致精神能够毫不费力地包容他们的整体，同时也能认清细节。”可见，美育学科渗透的价值是双重的，它让学生感受到了学习的快乐，发现了蕴藏在学科中的美的意蕴，同时也激发了学生学习学科知识的兴趣。

注重美育在学科教育中的全面渗透，这是培养青少年科学美感、丰富年青一代精神世界、培育青年高尚的价值追求、为实现现代物质文明的创造发挥动力作用的一条有效途径。

三、以课程整合构建学校美育的理想平台

课程整合与学科渗透是学校美育的有效载体。现有中国教育的课程体

---

① 杜卫：《美育学概论》，59页，北京，高等教育出版社，2001。

系和评价体系设计围绕学科结构进行，分科教学支离和遮蔽了教育的本质，特别是忽视了审美能力和求知精神的培养，学生在学习中处于被动接受的状态，审美和创造的欲望没有得到应有的激发，逐渐丧失了生命的活力和求知的动力。

首先，在美育实施途径上，确保开齐开足艺术课程，并突出艺术学科与其他相关学科的有机融合。其次，课程整合强调超越课堂教学迈向更加全面的综合教育课程改革的新模式，更加强调人的全面发展的课程价值取向、科学与人文相结合的课程文化观。正如教育部教材局局长田慧生所说："把握好全科育人与德育、语文、历史、体育、艺术等学科统筹的关系。这些学科与其他各个学科在育人的目标、价值、意义上是高度一致的，也是各有优势的。在落实立德树人根本任务过程中，既要推进这些学科统筹，更要重视全科育人、全程育人、全员育人，充分发挥各学科的综合育人功能。重点加强这些学科统筹，一方面是因为德育、语文、历史等学科在帮助学生形成正确的人生观、世界观、价值观，培育和践行社会主义核心价值观方面具有特殊意义。另一方面长期以来，重智育，轻德育、体育、艺术教育的现象没有得到根本改变，必须切实扭转。"①最后，将美育与综合社会实践结合起来，让学生走向广阔的社会舞台，去感受社会美丑，在丰富的审美体验和多彩的社会实践活动中提升审美素养。在美育的视野下，课程改革不再仅仅局限于课堂中的教学改革，而是超越课堂教学迈向更加全面的综合教育课程改革的新模式。

南菁高中以学生全面发展为价值追求，根据学生的审美需要进行课程整合，这是一个师生合作的课程开发过程，也是教学方式转变的过程。在课程整合中，学生有选择学习内容的权利，学校充分尊重学生的选择，按照学生的需要，构建综合的课程体系。立足独特的自然资源、历史文化资源、丰富的艺术馆资源和多年积淀下来的优势学科及具体的学科优势，南菁加快了学校特色美育课程的建设，逐渐开设了"兰花种植与欣赏""假山的

---

① 《教育部：全面深化课程改革　落实立德树人根本任务》，载《中国教育报》，2014-04-25。

布置与审美”“南菁的景观水系及绿化”等实用课程以及“书院文化研究”“南菁碑刻研读”等与学校历史、文化息息相关的美育校本课程。在课程开发与实施中，学生的学习从理论上升到实践，关注现实，走进生活，合作研究成为常态的学习方式。如历史组开发的中国陶瓷艺术鉴赏与审美课程，依托沈鹏艺术馆独特的艺术资源，师生合作开发，研究中国陶瓷艺术及其美学价值。这一课程根据学生兴趣和鉴赏、研究的能力，整合了历史、化学、物理、艺术、数学等学科知识，从不同的角度加深学生对学科知识和艺术的理解。

在中国古典美学的表述中，“所谓美是动态生成的，是审美活动结果，而不是一个客观静态的对象”。① 南菁高中的美育课程整合过程，正是师生以美为追求、对文本知识进行再创造的过程。整合是一种选择，更是一种创造，在整合的过程中，教师的教和学生的学都发生了根本的变化。教师在课程整合中丰富了教学内容，学生在课程整合的学习和实践中学会了建立知识的联系，增强了自主学习和主动探究的意识。教学不再是单向度的知识传授或单纯的知识学习，而是师生、生生以及生本之间的文化融合以及意义再生的交往和碰撞。在包容开放的学习环境中，学生敢于提出问题，敢于挑战权威，大胆地批判和质疑，在探究的学习中获得对学习内容的深刻认识。

南菁美育课程整合的主导思想强调全人发展的课程价值取向、科学与人文相结合的课程文化观、回归生活的课程生态观、均衡化的课程设计观、动态生成取向的课程实施观、民主化的课程政策观，等等。必须强调的是，无论何种形式的美育实践，美育目标的实现，都不是靠抽象的思想灌输，也不是靠理性的认同与接受，而必须调动学生的学习热情，引导学生去发现、去体验课程中所蕴含的美，靠学生的自觉参与、认同与选择。学校层面需要将审美素养和审美能力的提升纳入常态化教学视野，打造活动型课程模式、创造交互型美育课程群，促进同学们向“求真”“求善”“求美”的多元方向发展。

① 朱志荣：《再论审美意象的创构——答韩伟先生》，载《学术月刊》，2015(6)。

第三节　南菁高中美育课程体系的目标

特定学校的课程体系建构，除了完善教育教学手段、实现国家教育“立德树人”的根本任务之外，往往还存在着基于学校自身发展规划与特色的“目标”，它是学校特色办学的体现。南菁高中的美育课程体系，首先着眼于学生个性发展，在此基础上，还着眼于学校课程完善，更着眼于整体办学理念的更新和迭代。

自2011年建设“中国传统艺术与审美”美育课程基地开始，南菁高中在美育课程体系建构方面的认识和思考不断深化，先后提出了“审美课堂”“让师生过一种幸福的教育生活”“以美育重构校园生活”等命题和主张。它们分为学生(师生)、课程(课堂)和校园(学校)三个层面，由“美育”为其统领而加以整合。其中，“学生”是立足点和出发点，“学生成长”是课程建构的目的，也是完善课程、重构校园的基本方向与路径。本节尝试围绕“人”(师、生)来展开对南菁高中美育课程体系的目标描述，为美育落地提供一种学校层面的愿景指向。

一、学生发展：全面而自由的人生境界

普遍意义上的教育，尤其是美育，其意义乃是促发“人的全面发展”。诚如论者所言，“纵观人类思想史与教育实践，美育总是同各种关于人的全面发展的理想息息相关，紧密相连的”①。而在“全面”之后加上“自由”，这一论断来自马克思和恩格斯的《资本论》。在《资本论》中，马克思和恩格斯明确提出了“共产主义”的一种界定——所谓共产主义，就是“每个人全面而自由的发展为基本原则的社会形式”②。显然，直到今天，人的全面而自由发展仍是一个未完成的目标。换句话说，在人“全面而自由的发

---

① 杜卫：《美育论》，6页，北京，教育科学出版社，2014。

② 《马克思恩格斯全集》，23卷，649页，北京，人民出版社，1972。

展”这一美育目标的作用之下，无论教师还是学生，都是审美教育视阈中的“学生”。

在一所以美育为特色、以美育重构校园生活为理想的普通高中里，创造师生一体化的、丰富的“感性生活”是教育的根本诉求。而也正是在“教育即生活”和“教育即生长”的意义上，杜威所言“教育就是不问年龄大小，提供保证生长或充分生活的条件的事业”①，才显现出一种得以重新理解校园生活的视角和意味。由此来理解美育课程体系建构之于学生或师生(以下统称为“学生”)发展的意义，大体可以分为三个方面：

其一，是学生人格的成长与丰富。近代以来，中国美育思想的主流始终着眼于学生人格的培养。无论梁启超的“新民说”，还是鲁迅的“改造国民性”，都体现出艺术为人生的目的。例如，“鲁迅认为，文学有巨大的教育作用。文学能‘涵养人之神思’，培育人们的理想。文学对于人的教育意义又非同一般……它能启发人们自觉地勇往直前，奋发图强”②。

而如果说近代美育诞生语境中梁启超、蔡元培、王国维、鲁迅等美育倡导者是在面临“启蒙与救亡的双重变奏”中提出“美育”，并以其为文化改造的重要手段，乃至“扔弃传统(以儒学为代表的旧文化旧道德)、打碎偶像(孔子)、全盘西化、民主启蒙，都仍然是为了使中国富强起来，使中国进步起来，使中国不再受欺侮受压迫，使广大人民生活得好一些”的话③，那么，今天在中国崛起的背景下重新倡导学校美育，有着另外的考量。这一考量，乃是立基在消费主义社会与互联网时代出现之后，人的全面成长日益为物质和技术所分裂的语境之中。

前者如“扶老人”事件成为社会的重要议题、电视相亲节目《非诚勿扰》中女嘉宾“我宁愿坐在宝马车里哭，也不愿坐在自行车后笑”等话语成为一时名言，后者如低头族、鼠标手、键盘党等成为大量青年的天然“标签”。

① 转引自中央教育科学研究所比较教育研究室：《简明国际教育百科全书：人的发展》，60页，北京，教育科学出版社，1989。

② 顾明远等：《鲁迅的教育思想和实践》，172页，北京，人民教育出版社，2001。

③ 李泽厚：《中国现代思想史论》，6页，天津，天津社会科学院出版社，2004。

凡此种种，都说明当前社会在经历了20世纪90年代至新世纪的道德滑坡现象之后①，其成员的人格异化与分裂仍未得到较为明显的改善。这种分裂，同样可以《非诚勿扰》节目主持人孟非的坦率表达为代表。他说："全世界找不到另外一个国家的人，全民性地对金钱和物质的渴求与贪婪超过今天的中国人，但是我们在任何场合下都还挺正经的，所以当女孩子说她想要宝马、想要房子的时候，我们就觉得受不了。"②这种人格上的分裂，需要美育的参与，为学生构建出一个更为全面、更充满情感的生活世界——这一世界可能是现实生活的重构，也可能是艺术世界的再现。

其二，可以锻炼学生的叙事和表达能力。审美与艺术密切相关，而艺术是需要表情达意的。就其功用的一面而言，在商业社会和信息化时代中，"有思想"+"会表达"（这是"南菁气质"的重要组成部分）已经成为学生能力的"高配"③，而这正是作为传统艺术来源的修辞学和雄辩术之内涵。就其形而上的一面来说，听与说故事是人类的天性，"我们对故事的欲望反映了人类对捕捉生活模式的深层需求，这不仅仅是一种纯粹的知识实践，而是一种非常个人化和情感化的体验"④。从某种意义上讲，这种体验乃是人之为人的本质。而更进一步说，正是对叙事及其艺术（包括口头讲述、音乐、文字以及影像、雕塑、舞蹈等艺术造型手段）的信任，才构成了人类整体社会的存在。正像历史学家所说的那样："人类和黑猩猩之间真正不同的地方就在于那些虚构的故事，它像胶水一样把千千万万的个人、家庭和群体结合在一起。这种胶水，让我们成了万物的主宰。"⑤通过美育的技艺训练和情感追求，可以使学生一方面对内在的个人体验有更加深入的把

---

① 参见孙立平：《"道德滑坡"的社会学分析》，载《中国青年政治学院学报》，2001(5)。

② 陈方：《好女孩会上〈非诚勿扰〉征婚吗?》，载《中国青年报》，2010-06-22。

③ 南菁气质具体包括"有思想会表达、有责任敢担当、有爱心能宽容"三个方面，参见杨培明：《南菁高中：以学校文化培育学生精神气质》，载《人民教育》，2014(9)。

④ [美]罗伯特·麦基：《故事：材质·结构·风格和银幕剧作的原理》，5页，天津，天津人民出版社，2016。

⑤ [以色列]尤瓦尔·赫拉利：《人类简史：从动物到上帝》，38页，北京，中信出版社，2014。

握和认识，另一方面则在社会交往中持续走向他者，实现人际情感的无碍交流。

其三，是在前两者的基础上，通过美育调节群己关系的作用，来实现学生的“有责任，敢担当”和“有爱心，能宽容”。自孟子提出“性善论”的道德情感培育理念之后，中国传统美育的价值观念就大半围绕人生修养而进行。从颜氏家训到宋代理学，“以诚为本”和“涵养用敬”的观念一直是中华礼乐文明的主流，也是中华美学精神的重要精髓之一。如果说人格与情感的淬炼还只是着眼于学生内向的、自我的一面(包括价值观和表达能力)，那么美育之于学生道德责任意识的促发作用，则是其对学生成长的外向的、社会的一面的关注。二者结合，才可能促进学生审美能力的全面成长，实现人的全面而自由的发展。

具体到课程体系中，“有思想会表达、有责任敢担当、有爱心能宽容”的南菁气质都可以找到相对应的课程，而这些课程主要以“社会层面”作为中介，贯通学生的个性发展与国家意识。这是无论南菁高中“大美育”课程的实践体系之“A 型模式”，还是其理论构造之“Y 型模式”，都以“社会”为中间层，将课程划分为三个层次的根本原因。因为美育自身就具有同时指向主体内心与指向主体间性的两个方面。而统合这两个方面来看，美育课程体系促进学生发展的目标正可以归纳为上述的“南菁气质”，也就是要形成“美的学生”，有知性、有德性、有灵性，形成“独一无二的自己”。而以联合国教科文组织《学会生存》的论述来说，即“人类发展的目的在于使人日臻完善；使他的人格丰富多彩，表达方式复杂多样；使他作为一个人，作为一个家庭和社会的成员，作为一个公民和生产者、技术发明者和有创造性的理想家，来承担各种不同的责任”①。

二、课程完善：校本课程体系与美育课程体系

除了课程融合之外，南菁高中的美育课程体系实践主要依靠的是校本

① 联合国教科文组织国际教育发展委员会：《学会生存：教育世界的今天和明天》，华东师范大学比较教育研究所译，2 页，北京，教育科学出版社，1996。

课程。1999年的第三次全国教育工作会议使得“国家课程、地方课程和学校课程”的三级课程管理体制逐步确立。而这一管理体制本身就带有较为明显的美学意义——我国幅员辽阔、人口众多，不同地区之间的社会经济文化发展存在较大的差异，从地域文化角度来说，这是一种丰富的多元文化共存的审美图景。而这一图景，无法用单一的、自上而下的国家课程开发模式来片面突出共性而忽视个性。

也就是说，在当代中国教育发展史上，校本课程的出现是一个肯定个性创造、鼓励多样发展的“美学事件”。而这一“美学事件”，与美育课程体系建设之间有着本质和精神上的相通之处：它们都重视师生个性发展，重视学校办学特色，努力满足地方和学校的需求，满足学生差异化的学习和成长需求。在这个意义上，校本课程体系与美育课程体系分别是对国家课程“偏重全局层面”和“偏重知识层面”这两点不足的完善和补充。而这种补充，主要体现为两个方面：一是学生发展，这一点较为明显，上文已加以详细的讨论；二是课程本身，多样性的校本课程与审美取向的美育课程之结合，要以实现“美的课程”为目标。这就要求在传承学校文化、体现当前学校教育教学实践形态的基础上，将人文、科学、道德、艺术和生活的文化成果(科目)按一定的层次和结构关联性加以整合，形成课程的横向、纵向脉络，体现学校独特的审美课程特色，努力达成“人的全面而自由发展”的课程设计愿景。

另外，在讨论美育课程体系建构之于“课程完善”这一目标的意义时，还有两个需做深入说明的群体：

一是教师。美育课程的不断完善，有助于教师的专业发展。一方面，校本课程开发给教师提供了更多的课程自主权，教师可以根据学生需求、个人意愿和学校特色来相对自由地选择课程，同时在整体课程设计、实施和评价的过程中，得到较为全面的锻炼；另一方面，校本课程的开发是一个有多方面人士参加、合作和探究的过程①，在这一过程中，教师与其他专

① 范蔚、李宝庆：《校本课程论：发展与创新》，67页，北京，人民教育出版社，2011。

业人士(专家、同行，甚至学生、家长代表)进行协商、讨论，这本身就是一种美育意义上的情感交往训练，是教师迈出"教室"的师生交往这一相对狭隘的人际空间，进入更为广阔、专业的人际交往领域的探索和尝试。再者，在教师开发校本课程的过程中，还可以形成校本教研制度，鼓励教师参与教育行动研究①。

概括来说，美育课程体系建构要淬炼出"美的教师"，就是教育者和普通人两种角色相对完美的结合——他既是老师，也是学生，既追求专业发展，也关注自身的"生命成长"，两方面互相促进、协调发展；他通过不断的学习、思考、探索、创造，提升自己的智慧、能力、人格魅力及专业水平，在"育人"的同时也不忘"育己"，让自己的职业生涯在独特的创造学生和创造自己的过程中，展现出无限的可能性、绽放出别样的生命光华，从而获得饱满、幸福的人生体验。

二是学校领导。在课程体系的建构中，学校领导的主要意义当然体现为课程领导。但是，诚如论者所言，当前我国关于校长的课程领导研究，往往都是"实践体验论或规范论的性质""缺乏校长职务行为的动力机制、职务行为与组织效果之间关联的探究"等②。而这也并非中国特有的问题，美国学者格拉索恩(Glatthorn)也曾指出，美国"尽管似乎有数以百计的文章和书籍讨论教学领导，但是最近在 ERIC 资料库上搜寻校长课程领导角色的文献，却仅发现极少量的文献资源"③。不过，随着校长课程领导实践的增多，这一现象已有所好转。

根据靳玉乐等人的研究，校长课程领导的意义表现为："建立学校课程开发组织""开发教师人力资源，促进教师的专业发展""建立协作的团队文化""塑造学习型学校文化""与上级教育行政部门、家长与社区进行沟通和

① 参见刘方：《校本教研的理念及特征简析》，载《教育理论与实践》，2004(2)。

② 钟启泉：《从"行政权威"走向"专业权威"——"课程领导"的困惑与课题》，载《教育发展研究》，2006(7)。

③ 参见余进利：《课程领导研究》，3 页，上海，上海教育出版社，2009。

协调”①。而钟启泉则将校长在课程领导上的“核心任务”归纳为“唤醒课程意识”“形成合作组织”“积累实践智慧”“提升对话能力”②。无论何种表述，校长课程领导的意义都主要在于协调人际工作，而这同样也是美育作为情感交往的重要意义。

另外，需要指出的是，无论校本课程体系还是美育课程体系，其构建过程中都有可能顺带实现一个新的目标，即学校课程组织结构的扁平化。也就是说，以校本课程开发为项目形成的学校课程组织，在校长课程领导下，可以较为有效地减少学校决策层与操作层之间的间隔，实现更有弹性、更加灵活的学校组织结构。而从美育的角度来看，扁平化的组织结构正体现了民主和自由这两者作为美学题中之意的效果和作用。校本课程开发是一种“自下而上”的课程管理形式，它以教师和学生为课程的生长点，是课程决策权力下放和课程民众参与能力提升的双向进行。而通过多期课改和对课程的不断打磨，使得这一双向过程快速来临，正是南菁高中美育课程体系建构的目标之一。

三、校园再造：重构中学校园生活

作为校本课程，南菁高中的美育课程体系建构之重要意义是形成学校的办学特色。但是，正如上文所引顾明远先生的论述，学校“办出特色”并不仅是某些科目具有比较优势，能够提升学生的某些技能，而是要在学校、乃至学校所在社区的文化风尚和生活环境中营造出一种新的氛围，实现一种情境的创生。

陶行知先生曾指出，“天然环境和人格陶冶，很有密切关系”③。这一点前文在讨论学校环境的美育价值时，曾对南菁高中的校园展开过“美学再认”的理论与现实分析。不过，校园却又不全然是“天然环境”，其作为校园

---

① 靳玉乐：《学校课程领导论：理论研究与实践探索》，199页，北京，人民教育出版社，2011。

② 钟启泉：《从“行政权威”走向“专业权威”——“课程领导”的困惑与课题》，载《教育发展研究》，2006(7)。

③ 华中师范学院教育科学研究室主编：《陶行知全集》，1卷，78页，长沙，湖南教育出版社，1984。

生活，在更大意义上是一种生活情境。而生活情境无法脱离开人的情感而存在，也就始终都有美的教育功能。苏霍姆林斯基曾述说过这样一个故事：由于战争，他的一名学生舒拉“离开了学校，去拖拉机生产队工作。花了一个星期的时间学会了驾驶拖拉机。我们的学生成了拖拉机手”；而作为教师，“我们几乎每天都要去找他的母亲，询问舒拉为什么不来上学”，可是，“母亲哭了，她让我们到地里去，与她的儿子谈谈”。就这样，苏霍姆林斯基与教务主任一起到了舒拉工作的田间——

> 我们看到，拖拉机在犁沟旁，发动机还在轰鸣，而拖拉机手和看管拖车的人却不在。我们在森林边的一块空地上找到了他们。两个15岁的孩子兴趣正浓地在玩：他们在一个小洞里往外掏蜘蛛，一会儿放下、一会儿举起系在一根线上的蜡球。我至今还记得，当时舒拉停止自己的游戏后望着我的目光。此后，每当我看到被某人或某事剥夺了儿童的乐趣的人时，我就会想起他。战争夺走了舒拉的这种欢乐。①

显然，在苏霍姆林斯基的论述中，舒拉的游戏原本应在校园中进行，但“战争夺走了舒拉的这种欢乐”。而事实上，大量的校园环境并非是如此充满游戏意味和情感意味的“生活环境”，而更多是一种“学习环境”，它往往将校园（尤其是教室）与日常生活场所、将学习与日常交往割裂开来。在日本学者佐藤学的论述中，这被称为“主体性神话”。他注意到，课堂教学中，“在欧美小学里，学生是从小声的不甚清楚的发言开始起步的，进入初中、高中后，越往上走越能活泼地、明确地发表意见或表现自己”，而“日本的小学里闹哄哄的发言过剩的学生到了初中、高中后就会表情麻木、拒绝发言、沉默不语”②。虽然佐藤学讨论的是日本，但这一现象在中国学校

---

① [苏联]苏霍姆林斯基：《关于人的思考》，1～2页，石家庄，河北人民出版社，2003。

② 参见[日]佐藤学：《静悄悄的革命：课堂改变，学校就会改变》，12～17页，北京，教育科学出版社，2014。

里也不罕见。究其原因，正是校园作为生活环境——而不仅是学习环境——这一看似不言自明的观念遭到了异化和扭曲。

正如论者所言，“同样一段中学校园生活，某些学生可以学得畅快自如，在课堂上下总是从容自在，与人友善，另一些学生则可能学得颇为吃力，生怕在成绩或其他评比中落人一步，搞得人际关系紧张。除了学习能力之外，这不得不说是美育的熏陶有所差别。”①一种审美的校园生活环境之构建，首先要在增加情境或境遇色彩上下功夫，通过种种课程活动，来促进师生交往、生生交往和师师交往，使得校园中的每一处细节、每一节课，都洋溢着情感的流动，让整个校园结合而成为一个有效的、丰富的美育课程体系建构场域。如前文所述，南菁高中校园中心屹立的钟楼，学校将其改造为储备学生“校园记忆”的场所：每年毕业的学生都可以写一封给自己的信，封藏于钟楼内，待 20 年后校庆日再重启，让学生们阅读和找寻往日的情感与记忆。仅仅这一封信（物）的存留，就让许多毕业离校的学生对学校“魂牵梦绕”，而有了现实与实现的依托和可能。

当然，重构校园生活是一个相当大的课题，它需要在以课程为代表的校园生活中进行不断的尝试。2015 年，南菁高中在北京师范大学出版社出版了《创思八讲》《审美八讲》和《涵养八讲》校本教材，这也是一种带有创新意味的重构学习生活的探索。这套教材的语言一改严肃、刻板的论述，而尽可能以活泼又不失学术的方式，以南菁高中为论述对象，从美育的视角重新阐释了创造性思维和德育等基本教学内容。目前，南菁高中基于校本实践开发的教材已经有 22 册，这套教材也已经在江苏、天津、山东、甘肃、山西等地的几十所学校推广使用。南菁高中的美育课程体系建设已经产生了较大影响，专家学者对其评价颇高。国家督学成尚荣先生曾评价道：

---

① 林玮：《美育：重构中学校园生活的核心命题》，载《江苏教育》（中学教学版），2015(4)。

江阴南菁中学，有着审美教育的优秀传统，有着深厚的积淀，审美成了南菁中学的文化基因。随着时代的发展和课改的深入，他们建构大美育的概念，彰显了文化的意义，用审美教育抵制应试教育。大美育的课程化是有难度的，而这一成果正是在探索中，建立了较为完整的合理的体系，用大美育来优化和统领学校课程，培植美学精神，尤其是中华美学品质，具有崇高的境界。又将重点聚焦于重构校园生活，促进校园生活的审美化，体现了审美教育的世界走向，无疑这是具有前瞻性和创新性的。可贵的，还在于，该成果具有较强的操作性，可以推广。

但无论如何，重构校园生活作为美育课程体系建构的核心目标，是一项永远处于未完成状态的任务。因为弥合知识的固化与审美体验的灵动之间的裂隙，殊非易事，而这一裂隙的出现和人们对其予以弥合的尝试，正是人之向善(上)、一路努力的显现，也是人之为人的本质所在。

第四节　南菁高中美育课程体系的实施方法

通过对上述南菁高中美育课程体系建构的基本思路、目标的论述，学校的课程愿景已有所显现。但问题在于，如何通过课程开发与衔接，形成一种体系化的课程群，使上述思路与目标得以落地，即要探求课程体系建构的具体实施方法。通过特定课程的开发与既有课程的优化重组，让美育能够形成一种体系化的课程群，进入课堂、进入课本，最后成为学校育人机制的重要组成部分，是一大难题。

而这一问题与课程研究密切相关，特别是与课程组织(Curriculum organization)有着重要的关联。课程体系建构的实施方法，主要回答的是“泰勒四问”中的第三个问题：“怎样才能有效地组织经验”。不过，值得指出的是，在泰勒原理诞生半个多世纪之后的今天，所谓“课程经验”的来源已经有了较大的更改。原本，经验以现成知识的形式化身为教科书，可以直接有效地通过课程予以传递；而今，新的人类知识经验正在以超乎常人接受水平的速度不断涌现，尤其与互联网技术相关的新生代知识(如社交媒体的创新应用)，学生知道得比教师多，已是一种较为普遍的现象。这就需要课程组织在传统体系课程之外，架构新的综合性课程，发挥师生“双重主体”的作用，真正实现教学相长。另外，还应该指出的是，美育作为与智育、体育相异的教育形态，其经验(审美体验)往往难以被知识化，而需要师生在教学过程中亲身参与其间，感受、感悟审美的“卡塔西斯”作用。

基于这两点，本节提出美育课程体系的落实有课程融合、课程整合和课程综合三种方法。这三种方法并非迥然无关的三个独立操作方式。前两者之间存在着一种递进关系，但其理论视角都主要建立在杜威实用主义教育学的立场之上，重视教育对生活的模拟和回归；而课程综合则力图通过对课程群的架构和活动课程的开发，来实现教师与学生共同沉浸其间的“情境式课堂”，亦即审美课堂。

一、课程融合：经验改造的若干层面

“课程融合”是美育课程体系实施最简单、也最便捷的方式。与创新课程或重组课程不同，课程融合是在原有课程的基础上融入审美元素，挖掘课程对象的美感，从而把散见于日常生活之中的物质、人和事件之美通过课程呈现出来。表面上，这种方式是在既有课程之上“做加法”，但在实践过程中也包含了对课程本身理解视角的偏移，以及这种偏移所带来的视野变化。从某种意义上说，这也是一种课程创新，教师需要为美育介入课程做出新的构想和设计，通过在课程设计之中运用审美的“澄明之眼”来使知识焕然一新。

同时，在教育转向生活的理论视野中，课程融合的理论意义还在于让日常生活本身从习以为常变为新的、陌生化的知识效果，让学生在课程中感受到生活之美与生活的意义。杜威在提出“教育即生活”与“教育即经验的改造”两个命题时，也指出，“任何一个阶段的生活的主要任务，就是使生活过得有助于丰富生活自身可以感觉到的意义”——事实上，对日常生活的漠视常常使人们失却对生活意义的感知，而教育就是要使人们通过“对于所从事的种种活动相互关系和连续性的认识的提高”，来“增加经验的意义”，提高“指导后来经验进程的能力”①。对生活重新认识，提出新的经验改造，正是课程融合的效果。

通过课程融合，南菁高中开发了基于学科素养培育的系列学科美育课程，在不同学科课程教学中渗透审美文化价值，改变单一灌输式的传统教学，力图构建互动交融、简约唯美的课堂教学样态。南菁高中历史学科开发的总体指向学生史学素养培育和历史教学文化生态的重构的系列美育课程，是课程融合的生动实践。例如，探究品鉴类课程突出历史研究的科学意识，从事实的厘定出发，让学生通过实地考古和文物鉴赏，掌握历史研究的基本方法，并能从历史遗迹，器物的形状、造型、功用理解不同时代的历史文化。又如，审美创造类课程是基于历史研究进入文化理解的阶段任务决定的。从文化的视角出发，历史研究者是基于何种立场、抱有何种目的，这会带来不同的历史理解和历史解释。“人们能够认识过去，这是历史学得以成立的前提。然而，人们要求于历史学家的，并不是简单地从史料中挖掘出历史事实，而是要帮助人们达到对于过往的某个层面或某个片段的理解。”②从人类历史发展趋势看，人类逐渐由蒙昧走向文明、从落后走向进步，这一进程实质上是人逐渐走向自我解放的审美历程。按照马克思主义唯物史观的基本原理，伴随着物质生产方式的进步，人类相对于自然拥有了更多的自由空间，在此基础上，人们才可以拥有更多的精神自由。历史教学审美需要从特定的时代去理解人类的审美意识。历史剧创作与表演，旨在创设历史研究情境，让学生在情节化的活动中学习历史，通过亲身体验甚至是对历史人物的再造，更充分地把握历史情势和历史意义。

“民国服饰与文化”这门课程是通过对服饰的研究来理解民国时期中国历史文化的演变，感受时代生活的变迁。在课程实施过程中，教师提出了

---

① ［美］杜威：《民主主义与教育》，82 页，北京，人民教育出版社，1990。

② 彭刚：《叙事的转向——当代西方史学理论的考察》，151 页，北京，北京大学出版社，2009。

如下主题供学生选择：

1. 旗袍——成为永恒经典的花样年华；2. 中山装——三民主义与五族共和；3. 学生装——白衫黑裙引领时尚潮流；4. 军人装——北洋军阀、红军、国民政府军、人民解放军；5. 服饰史话（中国服饰的演变及特点）；6. 从民国服饰变迁看妇女解放（“大半旗装改汉装，宫袍裁作短衣裳”）；7. 民国服饰演变折射出的政治变迁；8. 民国服饰演变反映的习俗和观念的演变；9. 民国服饰中体现的审美观念（或民国服饰对当今服装设计的借鉴意义）……

上述选题体现了课程融合的理念，将历史学知识、时代文化背景和审美观念融合在课程活动中。同学们分组任选一个主题，进行相关历史文化背景的研究和服饰的鉴赏、设计、制作、体验。这一课程以民国服饰为载体，学生们围绕服饰去了解民国时期的社会转型和审美文化，加深了对民国时期历史文化的理解。在这样的过程中，学生收获了丰富的审美体验。据旗袍图案设计者之一——林木洋子同学介绍：

“我的设计图考虑到以下几个因素：1. 将古典旗袍艺术与时尚气息相融合，故下摆设计为不对称式，充分体现了当今的摩登元素。2. 领口本应为传统式样，然设计者自身较欣赏汉服，因此，在立领上又镶上一道宽边，象征着各民族的统一。3. 流苏是中华服饰艺术中的一种特殊装饰，将其特有的轻灵飘逸与旗袍的稳重肃静结合，取得了意想不到的效果。然，经过以上种种变动，旗袍的特有风味降色不少，实为一大憾事。”

我们不妨再以“化学”美育课程的建构为例，加以说明。南菁高中高二年级开有校本课程“陶瓷之美与化学”。这门课程的教学理念是突出陶瓷作为土与火的结晶之美的象征意义。而土与火的共生共融，与化学有着密切的关系。

因为化学因素的影响，不仅造就了陶瓷这一物质材料本身，还造就了它的形态美、品质美、色彩美，随着时间的流逝、化学工艺的发展，它还为陶瓷蒙上了一层文化美、社会美——如古玩市场上的“做旧”，即是一个审美问题，也是一个社会问题。将这些元素融入化学知识的讲授、实验与传递之中，以陶土、陶瓷实物、图片作为情景素材，创设问题情境，鼓励引导学生独立思考、合作研究，特别是引导学生通过研究陶瓷的分类、生产与销售、收藏过程，在对化学知识充分掌握的基础上，提升对“陶瓷”的全面认识。

一方面，陶瓷是师生日常生活中的常见物品，平凡至极，但真正能理解“陶”与“瓷”的关联与区别者寥寥无几，这容易形成知识的陌生化效果，让知识本身显现出一种富于审美的吸引力；另一方面，由于中国是陶瓷的故乡，陶瓷在中国古代每个历史阶段都扮演着重要的角色，对陶瓷发展史的纵向梳理本身是在将中国优秀传统文化融入课程之中，在培养学生鉴别能力的同时，能够使之更深入地体会陶瓷艺术风格代际交替背后的历史哲学意蕴。另外，在当前物质文化研究与消费文化兴起的背景下，陶瓷作为礼物或工艺品，具有相当高的市场价值。这一价值与其使用价值的比较分析，也是批判美学的重要内容。总之，陶瓷作为一种中华特有的物质符号，能在中国历史与世界交往史上一次次反复出现、存活和延续在中国人的血脉中，是相当值得学习与讨论的，而化学课就是重要的融入点。

“陶瓷之美与化学”课程在教学时会从中国陶瓷发展史简介入手，首先带领学生参观江阴博物馆和南菁高中的沈鹏艺术馆馆藏陶瓷珍品，进而了解陶瓷的制作工艺，学习古代陶瓷的鉴定方法，尤其专题学习与江南一带地域文化相关的青瓷与宜兴紫砂壶的鉴赏和鉴定方式；在课堂上，学习陶瓷的主要化学成分、烧制温度，以及釉上彩和釉下彩等基础知识，探讨陶瓷釉色变化的化学原因以及介绍碳十四测年技术；在实际工坊学习过程中，则让学生深入了解陶瓷的生产流程，掌握泥条成型法等基本造型方法，并鼓励学生亲手烧制陶瓷、亲自鉴定陶瓷。这样，通过三种课堂场域(博物馆、工坊和教室)，对学生之于陶瓷的日常生活经验进行三个层面的改造：审美(动心)层面、操作(动手)层面和知识(动脑)层面。这种简单的审美课堂构造，不仅能提高学生的审美情趣，培养学生的鉴别能力，而且实现了相关化学知识的传递；更重要的是，激发了学生对以陶瓷为代表的看似平淡无味的日常生活兴趣，培养了他们对平时熟视无睹的家乡之美的深厚情感，激发了他们学习的主动性，使之辩证综合地看待自然科学之于人类社会的实用价值与审美价值，训练科学思维的生活来源，进而形成正确的知识观与情感态度。

此外，南菁高中高一化学课还有关于酿酒、豆花制作、野生海带中碘的提取、水的净化及供应、耐火材料制作与工艺等多门类似的美育渗透课程，都紧扣学校地处的江南独特地域风貌和日常生活中常见的物质细节，突出中华优秀传统文化在当代的传承与实践。而这仅是南菁高中美育课程融合的一点例证。仅以物质文化为例，研究物质的化学、物理、生物等学科，看似与审美无关，但“物”之中蕴含的文化意义一旦得到开拓，便可能有新的美育价值。“当我们说到‘物质文化’的时候，不是在说一种由物的排列构成的对象世界，而是在说一种与精神文明有别的样态，在其中每一个原先被理解为对象物的东西，都被人的整体性谋划所介入和逮住，或者扭曲。”①人对“物”的介入、逮住或者扭曲，往往是无心或受集体意识的裹挟。而现象学意义上的审美教育，作为“人之澄明”，正是要推出、放开和矫正“物”的本源。这一努力，不仅需要依靠传统语文、音乐、美术等艺术课程的教师，更重要的是发动其他学科教师的力量，让师生均能体会到平淡中的“神奇”，这样才能在美育观念与审美价值上实现对校园生活的整体重构。

二、课程整合：氛围美学的课堂实践

“课程整合”这一概念来源于“统整课程”(Integrated curriculum)，即要围绕共同主题来联系不同的科目，形成一门独特的美育课程。学者在讨论“统整课程”这一术语时，往往追溯到1895年赫尔巴特(Herbart)提出的“统觉论”(Doctrine of apperception)。“赫尔巴特认为心灵是一个统一体，首先

---

① 徐亮：《物的文化性与物质文化的归路》，载《文艺理论研究》，2016(3)。

讨论到统整的概念”。[①] 事实上，正如前文所指出的那样，早在 19 世纪初期，德国美学家席勒就已经提出以美育来使人类分裂的心灵重新回复到统一的状态之中。而与美育课程整合关系更大的依然是杜威，他在 20 世纪 30 年代进步主义盛行的语境中，大力推动了课程整合的发展，主张将日常生活经验作为课程设置的依据[②]：

> 已经归了类的各门科目，是许多年代的科学的产物，而不是儿童经验的产物。儿童的生活是一个整体，他们从一种活动转到另一种活动，从未意识到有什么转变和中断，而是结合在一起的。儿童一到学校，多种多样的学科便把他们的世界加以割裂和肢解了。

正是在这一理念的指导下，美国教育的课程设置在 20 世纪 30—40 年代发生了较大变化。“阅读、写作、语法被统整为语文(language atrs)；历史与地理被统整为社会；物理、化学等则统整为科学。”[③]而进入 21 世纪之后，由于知识本身的大发展，课程整合已经很难做到“合并同类项”了。尤其是多元智能理论诞生之后，助推学生个性发展成为教育的主要目的，围绕某个具体内容而生发出的课程介入与课程组合，成了课程整合的主要形式。如围绕“媒体”，可以有信息技术类的课程介入，有新闻伦理类的社会课程介入，有媒体发展史的历史课程介入，有大众价值观与流行文化的思想课程介入，有平面设计与审美的艺术课程介入，有语言传播和修辞的语文(英语)课程介入……这些课程介入方式，有效地拓宽了课程的边界，使不同课程之间具有了情感和氛围的“黏合剂”。这可以香港学者周淑卿用“社会的媒

---

① 林智中、陈健生、张爽：《课程组织》，101 页，北京，教育科学出版社，2006。

② 《杜威教育论著选》，116～117 页，上海，华东师范大学出版社，1981。

③ Taba, *Curriculum Development: Theory and Practice*, New York, Harcourt, Brace and World, 1962. 转引自林智中、陈健生、张爽：《课程组织》，102 页，北京，教育科学出版社，2005。

体"来分析各学科之间课程的架构为例①(参见图4.3)：

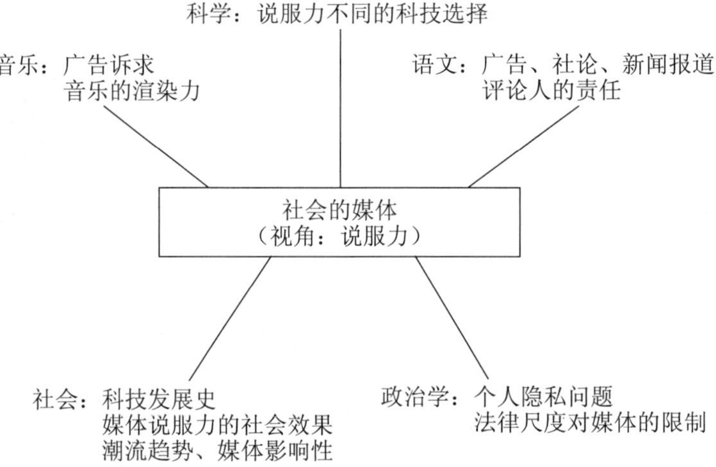

图4.3 社会媒体中心的各学科课程架构

其实，在美育课程之中，基于学生核心素养培育的审美课程群，比一般课程整合更可以使不同学科都形成某种审美的"气氛"——这一概念进入美学是比较晚近之事。在德国学者吉尔诺特·伯梅(Bhme)的论述中，"气氛是感知者与被感知对象的共同现实。它是被感知对象作为其在场之场域的现实，同时也是感知者的现实，只要她或他以一种特定的身体性在场的方式感受到这种气氛。"这一理论运用到教育中，则可以认为围绕课程整合而出现的审美课堂，在特定的审美对象(即伯梅所谓"被感知对象"，如"兰花""邮票"等)的凝聚作用下，都可以显现出美的意义。也正是在这个意义上，伯梅的"气氛美学"才被认为具有生活意义："在艺术品美学之外，如今同样有权力增加日常美学、商品美学和政治美学。一般美学的任务，就是让广阔的审美现实的疆域，变得清晰并得到阐明。"②显然，将美学落实于教育领

---

① 周淑卿：《课程统整的模式设计解析》，见林智中等：《第四届"两岸三地课程理论研讨会"论文集》，75页，香港，香港中文大学教育学院，2002。

② Gernot Bhme, *Atmosphre: Essays zur neuen sthetik*, Frankfurt am Main, 1995, S. 34, 48. 转引自刘悦笛：《气氛美学、超逾美学与显现美学：当今德国的"生活美学"取向》，载《山东社会科学》，2015(10)。

域的“美育”，同样具有这样的使命和任务。

以南菁高中物理组的“失传古‘欹器’的研究与复制”课程为例，其美育效果就是经由多重科目介入才得以显现的。欹器是古时一种灌溉的汲水器皿。《荀子·宥坐》记载，孔子在鲁恒公之庙见到这一器皿，听说它“虚则欹，中则正，满则覆”。就是说，它空时身形歪斜，倒入水时身形端正直立，倒满水时器身则翻转倾覆。孔子命弟子注水，果不其然。于是，孔子喟然而叹曰：“吁！恶有满而不覆者哉!”随后，引申出为人处世要“聪明圣知，守之以愚；功被天下，守之以让；勇力抚世，守之以怯；富有四海，守之以谦”的论述。

这段文字不但在《韩诗外传》《淮南子·道应训》《说苑·敬慎》《孔子家语·三恕》等古籍中有近乎一致的记载，在中学语文课本上也选有欧阳修《伶官传序》等“满招损，谦受益”的变体名言。另外，南菁高中的校友黄炎培曾与毛泽东有一段著名的“延安窑洞对”，也可认为是对“欹器”论述的当代政治阐发①。据记载，古人多将“欹器”这一物件放置于案头，甚至宗庙，以提醒自己为事有度，是为“座右铭”；而原始“欹器”失传多年，其间曾有“周公作欹器”(《物原》)、西晋政治家杜预重制欹器却再度失传，魏晋时期的数学家刘徽作《鲁史欹器图》、北朝西魏文帝改造欹器以及晚清半坡遗址出土欹器等传说和史实。欹器巧妙地利用了力学知识，是一种翻斗式的容器。而这一容器的基本原理，在今天仍有广泛用途，如矿车、厕所内定时冲洗的翻斗、气象观测雨量中的计量容器等。凡此种种，均以“欹器”为核心，构建成了一个包括语文、物理、数学、历史、政治、校史等一系列课程在内的课程整合群(见图 4.4)。

在由物理组开设的“失传古‘欹器’的研究与复制”课程中，庄会波和朱彬老师向学生介绍了欹器的历史记载，带领学生探究“虚则欹，中则正，满则覆”背后的物理原理，即向内加水过程中重心的变化，引导学生利用身边的材料，如杯子、罐子、瓶子等，尝试制作一个简单的欹器模型。有学生

① 参见王传利：《“延安窑洞对”论析》，载《马克思主义研究》，2016(1)。

在课程体会中写道："在不断尝试的过程中，我越来越理解奇妙的现象背后有物理原理，又蕴含了'中庸之道'这一中华古典哲学思想。"显然，一门经过了整合的"欹器"课程，不但在操作层面可以锻炼学生的动手能力、在知识层面可以帮助学生掌握必要的物理常识，更重要的是，在审美层面贯通了语文、物理与政治等课程，真正将学生对日常生活的审美意蕴与人生境界的提升相结合，教会了他们在对"物"的认知和体会中寻找包容、理解的生命意义和哲学，进而完善人格、自我成长。

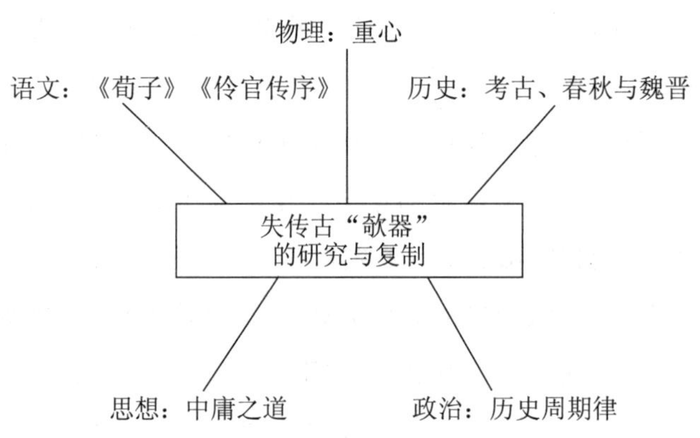

图 4.4　失传古欹器课程整合结构图

另外，前文曾提及的"国兰"系列课程，也是一门美育整合课程的代表。语文教师宋龙福作为主力，带领学生在南菁高中的兰苑里体验兰花的养殖、培育，向学生介绍灿若星河的中国兰文化，从屈原的《离骚》到儒家学说的"君子修道立德"，领略兰文化中"兰生幽谷，不以无人而不芳"的君子风骨；生化组的老师结合兰花实物，向学生讲解兰花各部分的名称，介绍兰花喜欢的生长环境与种植方法、兰肥的制作及其原理等知识；美术老师孙永和、贡丹开设的"写兰"课，指导学生到学校艺术馆欣赏兰花国画名作，让学生感悟兰的品格及所蕴含的中国文化，指导学生画兰，进行传统的技法临摹或到兰苑看真正的兰花，进行实地写生；信息技术学科的老师则与美术组配合，选择了若干古今画兰名家的作品，指导学生将这些作品拆分成多丛兰、一丛兰、多根兰叶、一根兰叶等元素，加上竹、石等配图，再与一些题款、钤印、字体等组成素材库，利用数位屏，指导学生通过触摸、拖动，将元素提取出来，移动、缩放，组合成画作，生成JPG格式文件……这门课程整合了语文、美术、生物、化学、信息科技、社会、思想等多门学科，在拓展了学科边界的同时，赋予了自然科学以审美情趣。而以南菁兰苑为课程基地，进一步形成了独特的南菁“兰文化”氛围，开始在当地教育界享有盛名，成为又一种地域文化和校史文化的元素积淀。

三、课程综合：“生活世界”与审美教学元素

“课程综合”，即构建跨学科的综合课程，主要包括环境文化课程、生活美育课程、社团活动课程和校园文化课程。客观来说，这种“课程”脱离了课堂，是一种与生活联系更加紧密的美育实践活动。由杜威而及陶行知、胡适的教育理念就是“生活”。杜威说，“我相信学校主要是一种社会组织。教育既然是一种社会过程，学校便是社会生活的一种形式……我相信教育是生活的过程，而不是将来生活的预备。”杜威的这种观念之产生，其实与20世纪30年代美国社会经济的蓬勃发展有着密切的关系。他说，“由于民主和现代工业的出现，我们不可能明确地预言20年后的文化是什么样子”，因此，“要在教育之外另立任何一个目的，例如给它一个目标和标准，便会剥夺教育过程中的许多意义”①。

杜威的说法在当下愈发凸显其意义，因为随着“现代工业”在21世纪的更新换代，我们甚至无法预言5年后的“文化是什么样子”。这就意味着我们要把教育与生活更加紧密地结合，同时融入中国传统教育观与知识观，形成更富有中国特色的教育理论和美育理论。这可以陶行知先生的教育实践为例。他的教育哲学在师法杜威之外，更来源于对中国传统知行观的继承和改造，甚至其为自己所取的名字“行知”都直接来自王阳明，而杜威只是其哲学观的第二来源②。

众所周知，陶行知的生活教育实验主要是打破课堂局限，将课程与生活融为一体，将社会与学校相互打通，实现教育的生活化和生活的教育化。

---

①　《杜威教育论著选》，4、9页，上海，华东师范大学出版社，1981。

②　参见周洪宇：《陶行知生活教育导读(教师读本)》，168～170页，福州，福建教育出版社，2013。

而限于当时中国的社会经济状况，这一实验在很大程度上并没有发挥出其原本应有的影响力，但陶行知所倡导的教育理念却带有很强的社会哲学意义。至少，在教育领域中，它拓展了课程资源与课程形式的观念，将最大范围内的社会力量调动起来，为教育改造全民族服务。这种思路在今天的学校美育中得到继承，除了强调教育与生活的关联之外，还应该重视课程综合开发的形式与学生的教育教学体验。

南菁高中的美育课程综合有两种方式。一是在校园范围内，通过跨学科的综合开发，创建出更加指向学生核心素养提升的活动课程群，包括戏剧、辩论等常见的校园活动，以及校园商业体验等带有更加明显生活化意味的新课程。如戏剧课程就包括历史组的“中学生历史剧的创作与表演”、语文组的“语文课本剧”、外语组的“英语小品”等。这些课程均由学生在老师指导下创作剧本、排练剧目、租借服装、登台表演，最后将优秀剧本汇编成册。通过角色扮演或戏剧观看，学生们在不同风格的戏剧体验中，在“教室或学校礼堂＝剧院(剧场)”的时空转换中感受到跃出平淡校园生活的审美体验，也可以在历史剧、课本剧、小品所构建的叙事空间中体验不同于日常生活的美学情境。表演者可以通过表演美学而实现在“移情”中“走向他者”，演员与角色“感同身受”，从而体会到“生活在别处”的感受；观看者也可以在凝视中超出自我，特别是在对熟悉演员(同学)的陌生化认知中，体会到别样的情感交互。

南菁体育健康节是典型的综合课程，其中有一项多元文化展示的课程活动，需要学生运用多学科内容完成这门课的学习。多元文化展示面向所有高一、高二学生，每个班级选择一个国家进行该国历史文化的研究与展示。学生在一个月的时间要选择好国家，并确定展示主题、完成展示方案，被评选为优秀的方案在每年的学校多元文化艺术节上以班级为单位进行展示。该课程的实施，要求同学们对世界各国文化进行深刻理解，在此基础上对该国文化进行诠释。剧本创作和现场表演的过程，实际上就是多元文化理解和体验的过程。有的班级选择了“第二次世界大战”德国法西斯战败被审判的场景进行创作和表演；有的班级则选择了意大利文艺复兴，以人与神的对话诠释了文艺复兴运动的人文主义精神；还有选择中国作为展示对象的班级，以丰富的想象力展示了中国古代的丝绸之路和今天中国“一带一路”的历史画卷。各国文明以及世界和平、合作、理解、可持续发展等文化理念在这样的活动中得到充分的展示，文化渗透成了历史学科实践活动价值的重要体现。

二是学校充分利用地域社会资源，为学生创造丰富的课程体验。如学生毕业课程的综合设计、运动与健康课程的系统开发，以及生活与生存、交往的艺术、生活的技能等生活实践课程，都可能走出校园、进入社会，在机关、企事业单位、科研院所中完成。在这一过程中，学生就要真实地与社会交往、与人交流，“实习”日常学校美育的教学成果。此外，学校还利用校友资源，强化高中生学业规划教育，例如邀请家长走进教室的“能量课堂”、每年 20 场大学教授与社会名流来校开设的“南菁大讲堂”等课程，也是美育课程体系建设的必要组成部分。从形式上分析，这些课程的大量涌现，丰富了校园生活，也更新了校园生活：原本属于社会生活的“商业一条街”(跳蚤市场)进入学校，是对杜威“教育即生活”的体现；社区实践活动是师生体会“社会即学校”的良好方式；而“十八岁成人仪式”走出校园，进入企业或大学开办，更是通过时空情境的位移，让学生提前感受到“社会即学校”之于个人成长的意义。

不过，于此特别需要指出的是，对杜威“教育即生活”的理论有学者曾存在过于社会化、偏重拜金主义的误解。如台湾学者南怀瑾在 20 世纪 60 至 70 年代就撰文认为，“教育即生活”是“求学可以赚钱发财的观念”之“自我遮挡”，是“生活以赚大钱为最有出息的新观念”①。南怀瑾论述之时(1971 年前后)正值杜威教育学进入台湾与台湾经济腾飞的初期，二者间难免有引人联想的成分。而当前我国经济已进入“新常态”，整体语境已发生了巨大变化，“教育即生活”的理论在当前学校实践中已基本没有这样的误判。但是，在社会化的美育课程综合中，强调社会主义核心价值观的介入，强调

① 南怀瑾：《新旧教育的变与惑》，48、52 页，北京，东方出版社，2015。

通过美育完成“立德树人”根本任务的意义仍是学校构建美育课程体系的必要考量。如南菁高中的辩论赛多以爱国主义为主题，社区实践也多以弘扬社会公德和家庭美德为使命，这些都是有效避免美育片面突出自由化、乃至虚无化的保障。

第五章　内容：普通高中美育课程体系的三种框架

美育课程体系的建构除了有模式和框架为“骨”，还需有课程内容为“肉”。不同的审美课程按照基本思路和逻辑相互关联，才能形成富有操作意义的“体系”。而对于课程内容，不同的课程模式可以有不同的阐释方法。一方面，独立的课程自身是相对完善、自洽的一套审美逻辑；另一方面，不同的课程之间相互衔接、作用又可以组成不同的体系框架，而对学生展开具有不同价值取向的教育和训练。

本章以南菁高中美育课程体系的三种建构框架切入其课程内容的讨论。这三种框架大致基于南菁高中美育课程体系建构的历史阶段划分，从中可以看出一所普通高中创建特色校与美育课程基地在“课程”上的基本历程。尤需指出的是，这三种课程体系建构框架的划分，也是南菁高中美育课程丰富和完善的建构由实践逐渐走向理论、从学校教学现场逐渐走向抽象思辨提升的过程。教育模式论是一种简洁、概括性强的研究方式，但这种方式需要伴随相应的阐释和说明。普通高中美育课程体系的建构，自然也必须要在这两个方面取得较为明显的进展。

本章讨论南菁高中美育课程体系主要内容的发展历程，分别从其基本思路、课程内容和课程个案分析三个角度入手，力图较为立体、全面地剖析美育课程体系的历时性与共时性意义，从中寻找到“解码”学校美育课程建构的方式与方法。

第一节　南菁美育课程体系的初步框架

从2011年3月开始，南菁高中将创建美育课程基地作为学校工作的重点之一；至2011年8月，南菁美育课程基地正式创建，成为江苏省首批31所普通高中课程基地建设项目之一。在这一过程中，南菁高中立足本校特色，从酝酿到专家论证，对南菁高中较长时期内始终坚持推进的美育校本课程开发进行了综合与提升，在学校教育理念和美育课程建设思路上进行了提炼，形成了南菁美育课程体系的初步框架。这一框架在接下来的数年中得到不断实践，以及来自实践与顶层设计两个方面的调适与修正，形成了上文曾大致论述的“大美育”课程体系。

换句话说，“大美育”课程体系是在初步框架基础上的进一步深化。因此，在讨论南菁高中实践层面的“大美育”课程体系内容之前，有必要对其初步框架加以说明和阐释，以求从其根源上考查一所普通高中的美育课程发生学意义。

一、初步框架的基本思路：基础与问题

在2011年开始建设美育课程基地时，南菁高中已有一定的校本课程开发经验积累。作为有着130年校龄的学校，南菁高中一贯倡导“文化”是学校发展的生长点，以课程文化建设作为催生学校发展和教师专业素养的成长力。进入21世纪以来，南菁高中坚持以校本课程建设为纽带，聚合学校的各方文化资源，构筑具有校本特色的学校课程和课程文化。应该说，在2011年前后，学校的美育校本课程开发与课程群研发，已经具有了相当的规模基础和外部效应。

特别是2009年，学校新校区正式启用之后，南菁高中以“强化课程建设，搭建有效教学平台”为主要教学任务之一，完成了“开足全部课程”“重组课程结构”“创建校本课程”和“开设综合实践活动课程”四项计划。其中，“重组课程结构”“一是必修课程校本化；二是选修课程精品化；三是拓展课

程特色化；四是心理教育课程化……强化了学科知识的衔接与教学内容的互补”①。另外，学校在2010年成立了由党委副书记任组长、政教主任任副组长的课程领导小组，设立了校本课程开发小组，结合江阴地方特色和学校优势，制定了《江苏省南菁高级中学新课程实施方案》和《江苏省南菁高级中学校本课程管理条例》，先后开发出一系列有特色的校本课程。与此同时，沈鹏艺术馆和明远书屋也移至新址，民间艺术收藏馆和邢秀华书法艺术馆先后于2011年、2012年开馆，加之新校区建设极大地突出了人文情怀，使学校原本就较为擅长的美育有了极为丰富的场馆资源，浓郁的审美氛围得到凸显，美育特色呼之欲出。

在课程规范化发展与学校美育特色凝聚的基础上，南菁高中的美育课程基地建设逐渐选择、确定于“中国传统艺术与审美”领域。从当年申报课程基地建设的材料来看，南菁高中在2011年的美育课程体系建构思路是“依托沈鹏艺术馆等独特的文化艺术资源，通过对本校学生的需求进行科学的评估，依托高校等外部力量，开发出适合学生未来发展和个性发展的课程”②。这一思路从资源入手，通过评估和借助外部力量，对学生发展进行课程培育和重组，相当清晰，也具有较强的操作性；特别是其文化艺术资源，乃南菁高中深厚校史积淀而结出的“硕果”，是南菁高中进行美育课程建设的明显优势。而聚焦优势、扬长避短，着力开发当时尚不为人重视的“美育”，正显现了南菁高中学校课程领导团队的视野和气魄，这为南菁高中建设美育课程体系奠定了坚实的基础。不过，从这一思路也可以看出，南菁美育课程体系的核心框架带有初建期的若干特征。

一是需要依托，即“沈鹏艺术馆等独特的文化艺术资源”和“高校等外部力量”。这是南菁高中建设美育课程基地的主要依凭，如校方报道所言，“南菁开发该课程，具有扎实的实践基础和师资条件，更有独特的物质基

① 戴加成、徐守军：《新校新区新气象，规范教学谱新篇》，见过建春：《见证新南菁》，122～123页，北京，红旗出版社，2012。

② 同上书，141页。

础”(即沈鹏艺术馆及其附馆)，“为学校建设‘美育’课程基地提供了得天独厚的条件”①。虽然无论何种课程体系的建构都离不开社会各界资源的统合与调动，但要构建具有普遍指导意义的“美育课程体系”，如果只依靠或主要依靠“独特的”、无法复制的资课程源，则很难对其他兄弟高中和国际同行产生充分的借鉴意义和参考价值。

二是目标多样，既要“开发出适合学生未来发展的课程”，又要“开发出适合学生个性发展的课程”，同时这些课程还要围绕“中国传统艺术与审美”。事实上，这三者之间是有可能出现矛盾与冲突的。因为传统艺术是较为确定的范畴，而学生个性与未来发展则有明显的不确定性。因此，要在传统艺术、学生个性发展、学生未来发展以及学校师资力量这四个方向中寻找到平衡点，并不容易。

三是缺乏体系。虽然南菁高中围绕“中国传统艺术与审美”提出了其课程基地建设的基本框架，但这一框架还只是依托学校独特的文化艺术优势而展开的基本思路，其课程设置的丰富性、学理性以及实践性的反馈和完善都有所不足。

当然，这些缺陷是任何一种课程体系框架在建构之初都有可能遇到的，正是在这一核心框架的制定与随后南菁高中美育课程基地建设的推进过程中，其内涵与细节才得到逐渐完善。而南菁高中能够获得美育课程基地建设项目，足以说明其在长期办学过程中所形成的学校文化与课程建设之坚实与丰富。而出于学理剖析的需要，有必要在进入南菁高中美育课程初步框架与“大美育”实践框架、“Y 型模式”理论逻辑框架的分析基础上，对这一带有时代语境性的问题予以说明。

二、初步框架的主要内容：组合与提升

2011 年前后确定的南菁高中美育课程体系初步框架，主要以建构课程群为概念，在实践方式上包括“活动型课程模式”和“渗透型美育课程群”两

① 马维林：《南菁，天然的美育圣地》，见过建春：《见证新南菁》，142 页，北京，红旗出版社，2012。

个方面。这两种课程，都是在南菁高中已有校本课程的基础上进行的综合与融合。

就其建构目标来看，是要通过对不同学科的课程调整，来架构各学科相互渗透的审美教育联动链，以培养人文素养、科学精神为出发点，促进学生多元发展，造就传播并传承高雅文化的公民群体。概括来说，就是要“利用独特的文化资源，开设独特的校本课程，孕育独特的精神气质，培养独特的创新潜能”。这四句话的目标和任务也可以分成两个层面：一是塑造学生，要学生朝着“科学与人文兼收、道德与审美并蓄”的方向前行；二是发展学校，要力求“打造最具中国人文情怀的学校”(朱永新对南菁高中的寄语)。因此，其课程框架主要围绕艺术进行。

从当时南菁高中的美育课程框架来看，所涉课程主要有 26 门，基本都是与传统艺术直接相关的领域(见图 5.1)。核心框架将美育课程体系分为“主体课程”和“配套课程”两个序列。以“主体课程”为例，其囊括了绘画、篆刻、书法、器物品赏、健与美、吟唱和摄影 7 个科目。其中，绘画、篆刻和书法是学校依托沈鹏艺术馆、邢秀华书法艺术馆和民间收藏馆而成立的“书画院”的课程载体。但就传统与现代分类来说，这些“主体课程”中，脱离开“中国传统艺术”范畴的课程至少包括动漫设计(绘画课程分支)、健美操和摄影(艺术数码相册设计与制作)3 个方面。因此而言，讲“中国传统艺术与审美”作为课程基地建设的总概括，存在着实践意义上的瑕疵。但从“配套课程”来看，20 门课程基本都与中国传统艺术有着或多或少的关系，也说明了其基础框架的坚实与有效。

在美育课程体系建构初期，课程设置与体系构建上的瑕疵不但是正常的，而且极为必要，它为课程体系的不断丰富和完善提供了新的生长点。南菁高中美育课程体系的初步框架，在这一点上表现得极为突出。在初步框架基本确立之后，学校立即展开了课程开发与建设。这一过程可以分为四个层面：

(1)学校层面，需要创设特色鲜明的教学环境，将南菁高中建成美育(中国传统艺术与审美)课程的展示基地、鉴赏基地、研讨基地和创新基地，

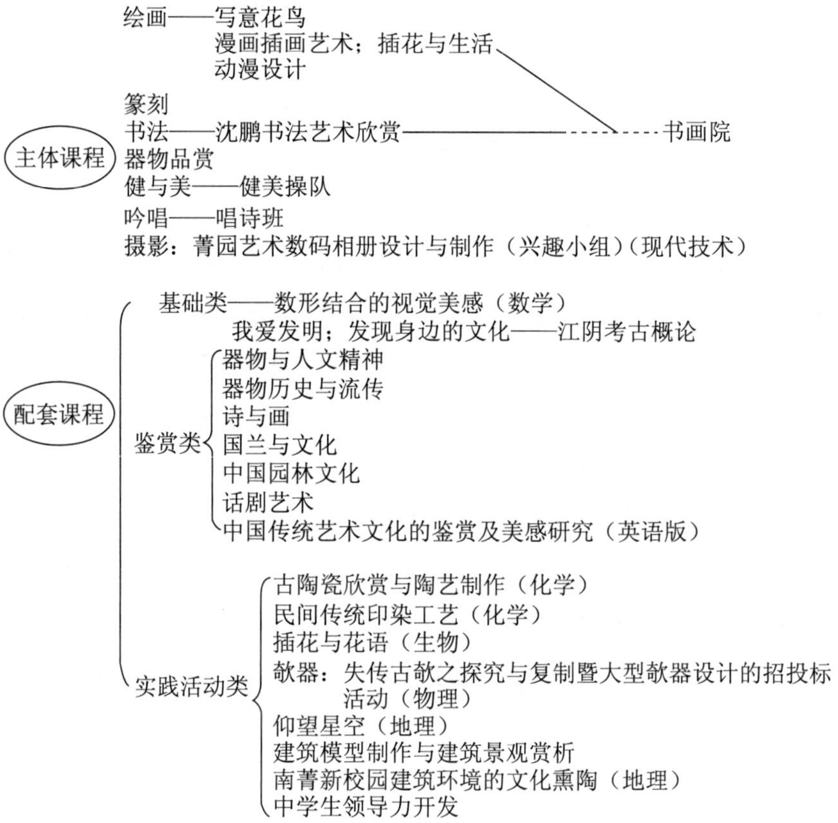

主体课程
绘画——写意花鸟
漫画插画艺术；插花与生活
动漫设计
篆刻
书法——沈鹏书法艺术欣赏------书画院
器物品赏
健与美——健美操队
吟唱——唱诗班
摄影：菁园艺术数码相册设计与制作（兴趣小组）（现代技术）

配套课程
基础类——数形结合的视觉美感（数学）
我爱发明；发现身边的文化——江阴考古概论
鉴赏类
器物与人文精神
器物历史与流传
诗与画
国兰与文化
中国园林文化
话剧艺术
中国传统艺术文化的鉴赏及美感研究（英语版）
实践活动类
古陶瓷欣赏与陶艺制作（化学）
民间传统印染工艺（化学）
插花与花语（生物）
欹器：失传古欹之探究与复制暨大型欹器设计的招投标活动（物理）
仰望星空（地理）
建筑模型制作与建筑景观赏析
南菁新校园建筑环境的文化熏陶（地理）
中学生领导力开发

图 5.1　南菁高中美育课程框架(群)及呈现形式(共 26 门类)

建成校本课程开发和学生成才、师资培训的实践基地。这主要包括完善美育场所设施，提升学校的办学条件，如添置可供临摹书画作品的电脑触摸屏，建立书画装裱工作室、艺术品布置工作室、陶艺吧等物质载体，以求直观、动态地显示教学内容。

(2)学生层面，需要为学生创造亲历美、感悟美、表达美、交流美、创新美的自主学习和勇于实践创新的平台与机会。这一层面又可以分为两个维度：一是面向全体学生，以学生个性发展、特长培养为前提设置课程，主要为了培养学生的科学精神、提升学生的人文素养；二是面向有专业发展意向的学生，以审美想象能力和创新能力的培养为目标，开通培养高校艺术专门人才的直通车。

(3)课程层面，需要切实、有效地展开课程研究。这可分为三个维度：一是对艺术形式和呈现方式的研究，包括对器具本身的形态研究，以凸显科学精神；二是对器具产生的环境(文化背景)的研究，包括时代内涵、人们的生活方式、文化精神，以挖掘人文精神；三是审美鉴赏、审美实践的个性化研究，以求师生在教学过程中都能得到不同程度的美的陶冶和熏陶，突出审美体验的内在性。

(4)教师层面，以美育校本课程的开发与实施，来为教师构筑提高自身知识运用能力、提升专业素养、夯实专业技能的平台。学校调动各方资源，以理论导航、专家引领、案例反思、沙龙交流、论文提升、课题历练等方式，创造出一种教师专业素养的开放式学习环境；同时，通过构建自主式的“实践反思型”的教师专业发展范式，来构建教师自身专业自主性、能动性与创造性发展的推进机制。

通过上述四个层面的相互作用，南菁高中在美育课程体系核心框架的指导下，构建了三类美育课程：一是了解和鉴赏型课程，如“书画鉴赏”“南菁建筑环境的文化烙印”等课程，都以对艺术和自然的外在形态之美进行分析和讨论为主要内容；二是实践和活动型课程，如“古陶瓷欣赏和陶艺制作”“敧器的探究与复制”等课程，在突出美之创造性的同时，强化了科学思维与实践动手能力的美感熏陶；三是特长和发展型课程，如“考古”“工艺设计”等课程，可以形成普通高中专业特长发展与大学先修课程的一种探索性衔接。根据其类型，这三类课程还可以划分为应用型、文化型和综合型，而这些课程类型分别立足学校的自然资源(开发应用课程)、历史资源(丰富文化课程)、优势学科和学科优势(拓展综合课程)。应该说，这些不同类型的美育课程内容已经基本完成了体系建构的逻辑思路。但毋庸讳言的是，这一逻辑思路还处于实践探索的初期，未能有审美理论上的更多拓展与研究。

从当时的论述可以看出，学校对“美育”的理解大体对等于“真、善、美”三者的并置，如其提出通过“由若干门学科组成支撑‘美育’的学科群，开展对客观事实‘真’的认知，对道德行为‘善’的选择，对生活世界‘美’的品味”。而其例证则如对江阴文物的考证与鉴别，达到“求真”(知识价值)；探究传统艺术与文化的精神，达到“求善”(道德价值)；体验艺术的外在美与内在美，达到“求美”(审美价值)。这当然是美育的题中之意，但就后现代以来的美学理论发展(如马克思主义的批判美学、法国哲学中的身体美学和他者美学、英美哲学的实用主义美学、性别与阶层美学、生态美学，以及新世纪以来的生活美学等①)而言，以“真、善、美”来加以概括的美育课程体系建构思路过于追求全面，不易深入而易流于形式，更倾向于一种既有校本课程的重新组合。

三、初步框架的课程个案：内容与形式

在初步框架的基础上，2011 年前后，南菁高中美育课程体系的建构实现了两个方向的提升。一是在课程组合上，如前文所述，形成了学校、学生、课程、教师四个层面的逻辑架构与硬件升级，大体完成了美育课程体系的核心框架；二是在课程个案的开发与教学上，实现了新课程的涌现和旧课程的改造。

改造课程以审美渗透和美学形式增加为手段，基本建构了核心教学内容的课程模型。也就是说，无论哪门课程，都可以通过两个基本元素的重组和更新，来实现“美学＋”的效果。

首先，在教学内容的选择上，要利用教学模型直观化和简约化的特点，让学生置身于探索科学现象、发现科学规律的活动中，从物理模型构建走向抽象的数学模型构建，帮助学生提高对科学审美的本质认识；同时，注重从抽象的数学模型走向具体的物理操作层面，帮助学生感受美的创造意义。如前文曾仔细讨论过的“欹器的探究与复制”课程，就是一个从数学模型(图纸)到物理操作(复制)、再从物理模型(欹器复制品)到数学思辨(重心找寻)的反复过程。在这一过程中，学生的思维得到了由浅入深、由此及彼、由表及里的联想锻炼，同时增进了对科学美、思维美、实践美和生活

---

① 参见朱立元：《西方审美教育经典论著选》，4 卷，南京，江苏教育出版社，2015。

美的认识。

其次，在计算机操作平台的利用上，鼓励师生在课堂上创设人机互动的学习环境，包括借助多媒体文字、图形图像、动画、声音、视频等多种信息载体的表现形式和传递方式，快捷查询信息；利用计算机常用的课件制作软件，完成一系列交互式操作的信息技术，形成机为我用的数字化、个性化的互动局面。也就是说，要充分利用现代信息技术，将艺术与审美相交融，使学生从“美的体验”走向“美的创新”；特别是借助人机互动，来打造智能化的活动型课程模式。

以“中学生领导力开发”课程为例。南菁高中于 2010 年 6 月加入中国教育学会“中学生领导力开发”课题实验学校，以校本课程的形式在学生干部中开展“中学生领导力”的学习，并将这门校本课程作为提升学校德育工作的新平台，列入了学校“十二五”规划发展纲要。该项课程成立了教研组，有 5 位指导老师，通过给全校班主任下发《领导力开发》教材，试图以课程班为引领，在全校范围内普及和推广学生领导力意识，丰富他们自我领导和领导他人的能力。领导力首先根植于情感层面，具有自我意识、移情和交往等成分，因此也具有潜在的美育色彩①。在对这一课程进行美育渗透和开发的过程中，学生与学校分别于微观和宏观层面展开项目研究，均取得了较为明显的成果。

在微观层面，课程班提出了“江阴校园文化一日游”“关注我们身边的他们”等项目，参与了德国圣布拉辛中学“关于敔山湾新城规划布局的合理性”项目调研，先后以“菁彩社”和“未来星”为主题，赢得了“第一届全国中学生领导力和创新力大赛”的“优秀学校奖”，南菁高中的两位学生入选“第二届全国中学生领导力大赛”的“全国中学生领袖 30 强”，分获“2011 年度中学生领袖奖”和“2011 年度中学生领袖提名奖”。其中，获得“中学生领袖奖”的谭添尹同学在回答记者提问时说，她在日常学习和比赛过程中，都运用到了南菁高中美育课程体系的基本思路。如在比赛的“自荐”环节，要“设计新意

① 参见张敏军：《新菁园孕育新生命：成长中的〈中学生领导力开发〉课程》，见过建春：《见证新南菁》，143～146 页，北京，红旗出版社，2012。

十足的自我介绍”，谭添尹“觉得在这个时候一定要出奇制胜，所以在第二轮的自我介绍中用到了高考作文题”“将江苏高考的三个作文题：‘山的沉稳、水的灵动’‘绿色生活’‘拒绝平庸’贯穿入自我介绍中”，获得了评委的高度肯定。而这一形式，显然与美育课程模式中由具象到抽象、再由抽象到具象的思维训练过程有着密切的关系。另外，她说自己每天晚上睡觉前都会浏览“网上学者的博客”，从中也可以看出以互联网技术为代表的新型学习方式对于南菁高中学生日常生活的影响①。

而在宏观层面，南菁高中对学生“领导力开发”课程的各项目进行总括，提出了“学生参与公共政策可行性”分析，并在华东师范大学举行的全国“中学生领导力开发”课题实验学校研讨会上进行报告，得到了一致的认可。

从“中学生领导力开发”的美育校本课程建设可以看出，在美育课程体系框架的指导下，南菁高中的美育课程建设有了多维度的推进。于教学内容上，不再局限于学科知识的教学、满足于生存技能的训练，而是将关注的目光转移到学生精神世界(审美能力)的建设，指向学生“未来”的幸福生活；于教学手段上，强调硬件的提升，以高效、便捷、互动的教学设施设备以及操作性、体验性的教学方法，来激发学生学习和成长的自觉性；于教学目标上，超越了既往“培养有一定知识技能的高分考生”的局限，转而重视培养有知识、有技能、有情趣、懂生活的高素质的人。通过这些方面的改变，为南菁高中美育课程体系建构的下一步深化、拓展和理论提升铺平了道路。

第二节　南菁美育课程体系的实践框架

在2011年初步框架的基础上，南菁高中持续推进美育课程体系的建构与实践，在2015—2016年前后提出了“大美育”的课程体系实践框架。这一

① 王宛璐：《中学生领袖说“为官之道”　精彩分析“伪娘现象”》，载《扬子晚报》，2011-09-21。

框架的立论基础主要有两个：一是深入挖掘学校书院文化并梳理办学传统，南菁高中在2015年出版了60余万字的《南菁书院志》，主持召开了“南菁书院与近世学术”研讨会，丰富和完善了以“中国传统艺术与审美”为主题的江苏省美育课程基地建设项目的内涵；二是在具体的美育校本课程开发与体系建构中，结合现代教育发展趋势，提出了“以现代教育培养全面发展的人”的教育追求，探索具有南菁特色、符合时代潮流、满足学生发展需要的教育改革创新发展之路。

在这样的教育理念引领下，南菁高中将“美育”课程的体系化和校本实践的理论化作为着力打造的办学特色和多样化发展方向，把构建综合的、全面的美育课程体系作为学校加快多样化发展步伐、培养创新人才的重要举措。而在对核心框架进行实践、反馈与完善的过程中，南菁高中认识到美育作为促进学生全面发展的一种教育形式，最基本的任务是培养学生的“审美素养”。“审美素养是在审美经验基础上积累起来的审美素质涵养，主要由审美知识、审美能力和审美意识三要素组成。”①而南菁高中的美育课程体系建设正是要在充分挖掘和利用学校的文化艺术资源与校史精神传统的基础上，着力提升学生审美能力，促进学生科学精神与人文素养协调发展，为人（师生）的全面而自由发展奠定坚实的基础。

一、实践框架的基本思路：互渗、鉴赏与融合

南菁高中美育课程体系建构的实践框架首先拓展了课程范围，将其从27门美育课程增加至50多门，而伴随这一拓展的基本思路，是将“美育”从“中国传统艺术”的狭隘定义中解放出来，将学校的文化历史资源予以盘活和延伸，实现由“传统艺术”向“传统文化”的过渡。2016年年初，南菁高中申报的“基于优秀传统文化的普通高中美育课程整合研究”项目被立项为全国教育科学“十二五”规划“教育部重点课题”，标志着这一过渡的阶段性成果。

在这一思路中，南菁高中美育课程体系建构的历史资源从“沈鹏艺术馆”“邢秀华书法艺术馆”“民间收藏馆”等具象的物质艺术层面，深化至其精

---

①　杜卫：《论审美素养及其培养》，载《教育研究》，2014(11)。

神价值的追求境界。沈鹏艺术馆收藏沈鹏先生书法作品近百件、书画精品及拓片近300件，民间收藏馆有从新石器时代至清代晚期的玉器、陶器、瓷器、青铜器、砖雕、石刻、帛画和文房四宝等近200件，以及由顾明远先生等人捐赠的文化艺术类图书近5000册，这些种类繁多的收藏品确实丰富了学校的文化教育资源，为学校构建美育课程体系、培养审美艺术人才提供了特殊的条件，学生们可以近距离临摹、鉴赏，学习其艺术风格和鉴定等相关知识。但是，这些物质形态的藏品之于"学校美育"更重要的意义在于其背后所蕴含的人格力量。三位耄耋之年的校友——沈鹏、顾明远、邢秀华，将各自收藏的珍贵文物、中外名家书法绘画作品及个人创作的艺术品、学术著作捐给母校，其精神价值更弥足珍贵，可以成为南菁高中发展史上具有美学感染力的新"典故"，"引领南菁学子探寻人生的意义，走向真善美的人生境界，领悟生命的价值，塑造高尚的情怀"①。

毕竟，学校的课程选择体现着一所学校的办学理念和价值追求，而选择什么样的课程，是基于对该课程本体价值的认同，以及一所学校的历史文化传统和校本课程资源。学校课程的建设是教育价值追求与现实条件相结合的产物。在对南菁校史进行理论梳理与现实开拓(如新校区书院碑廊、南菁课生名录、箭炬老校门、宗棠古井的复制、移植与创制)的基础上，南菁高中美育课程体系的建构又提出了以增进学生"审美素养"为主要任务的课程思路，即南菁高中的美育课程开发要致力于学生科学精神与人文素养的培育。具体来说，就是要通过审美知识的普及和审美能力的培养，让学生逐渐形成一定的审美素养；在具有较高的审美认知能力的基础上，促使他们的审美素养进一步走向个体人格的完善和人生境界的提升，从而培养具有强大的探索未知世界和服务社会的内在动力、具有创新精神和创新自觉、能够自觉地追求人类生存发展的全面人才②。

在这一总体任务的指引下，南菁高中美育课程体系建构的实践框架在

---

① 马维林：《基于创新人才培养的美育课程体系构建：以江苏省南菁高级中学为例》，载《创新人才教育》，2015(1)。

② 参见曾繁仁：《美育十五讲》，22页，北京，北京大学出版社，2012。

核心框架所开辟的思路方向与实践成果的基础上，沿着三个方向展开。

一是科学与人文相互渗透。传统的学科教育教学过分强调学科自身的体系性、逻辑性和系统性，而忽视了人的发展和人文性的教育。而科学是“立世之基”，人文是“为人之本”，科学与人文是完美人格的核心组成部分。因此，在实践中延续核心框架的美育学科群思路，强调审美元素对科学课程的渗透，强调从科学课程中创生与诱发出审美的因子。如通过科学教育，使学习者开拓心胸、发展心智，且为自己提供观察与分析问题的基点与视角；通过人文教育，引导学习者在自我创造与自我完善的过程中逐步逼近真善美的理想境界，从而将科学认知与人文精神融化在学习者的心灵深处，融注在他们的学识、品质和行为之中。个体完善健全人格的培养目标，就是要使“南菁气质”贯穿于其校园生活的始终。

二是以体验鉴赏为主要方式。辨别是鉴赏的关键，在理解基础上的移情是审美的核心，对艺术和行为作出评价是审美的升华。在这三个阶段中，辨别为基础，而辨别不仅需要艺术的眼力，也需要科学的判断。这就为中学国家课程介入美育提供了渠道。如书法、绘画、文物等作者的辨别、朝代的辨别、真伪的辨别，需要掌握相关的历史、文学、艺术、科学的知识才可以进行；作为移情体验产生基础的理解文本，也有赖于学生在语文课上对相关作品创作背景和作者生平的深入了解以及对艺术品所处时代背景和历史文化风俗的充分认知；而评价则可以通过对课程教学成果的检验来实现。具有审美意味的课程评价，都重在体验性和过程性，以主体体验代替应试考核，让学生通过多种活动从整体上、实质上把握美，并能够说出“美之为美”的科学性、规律性缘由。这就要求学生不仅能够从人文的角度对艺术品进行评价（涉及美术、语文、历史、政治等人文学科），而且能够从科学的角度去欣赏、判断和评价艺术品（涉及数学、物理、化学等自然学科），使其回到上述第一条思路方向上，使二者成为一个整体。

三是与优秀传统文化相融合。人自身的审美价值理想、人文意向和精神品性，与传统文化及社会主义核心价值观的内在要求异曲同工、一脉相承。优秀传统文化是实施美育教育的思想源泉，以传统艺术为中心的“传统文化”可以更为深入、全面地介入美育课程整合之中，改变以往单一教学，实现学校多样化发展和学生全面发展。而诚如论者所言，“中华民族的文化传统一向重视褒扬社会主流价值观”“在学校教育中坚持核心价值观引导是帮助学生顺利融入社会、积极适应和参与社会建设、实现个人价值的有效途径”①。因此，高中美育同样应该立足于弘扬中华民族传统文化，践行社会主义核心价值观，充分发挥传统文化育人因素，完善人的精神世界。在历史长河中，传统文化中闪现着美育的思想、观点、方法，为今天普通高中进行美育实践研究提供了丰厚的资源，而南菁高中的校史传统是这一资源相对集中的表现。充分发挥优秀传统文化的育人价值，使学生形成爱学习、爱劳动、爱祖国的价值观，增强学生的社会责任感、创新精神、实践能力，就是在培养个体对生命、社会与自然更加挚爱的审美态度和观念。

南菁美育课程开发与课程体系建构的目标可以分为学生发展、课程完善和校园生活重构三个层面。从实践层面来看，学生发展是课程体系建设的终极目标，课程完善是实现这一目标的主要手段，而在理想状态中，校园生活重构乃是学校美育的永恒目标。这在前文中已有阐述，此处从实践框架的操作上对前两点略做补充：

(1)南菁高中主要以个性发展、特长培养为前提，着力培养学生的科学精神，提升学生的人文素养，特别是在美育视野中，着眼于二者的结合。中学教育是基础教育，要以打基础、立长远的眼光来看待学校美育课程体系建设。一方面，全力打造好学生的知识基础；另一方面，更要打好他们的做人基础。国家《基础教育课程改革纲要(试行)》中指出，现代社会要求“公民具备良好的人文素养和科学素养，具备创新精神、合作意识和开放的视野、具备包括阅读理解与表达交流在内的多方面的基本能力，以及运用现代技术搜集和处理信息的能力”。而这些能力的核心就是人文素养和科学精神的结合。

---

① 朱小蔓：《关注心灵成长的教育：道德与情感教育的哲思》，150页，北京，北京师范大学出版社，2012。

人文素养应有科学的基础与思维，科学精神应有人文的内涵与关怀，这是在美育统合视野中看待学生发展目标的必然结果。南菁高中据此开设美育课程，就是面向全体学生进行审美素养的培养，训练他们的审美感受能力，培养其艺术兴趣(包括好奇心、想象力等)，凭借感官感受美，在审美体验的基础上提升其审美鉴赏能力、表达能力和创造能力。以“沈鹏艺术”课程为例，在物质层面，学校沈鹏艺术馆中大量书画及文物等艺术珍品，可以让学生近距离地接受艺术的熏陶和感染；而在体制层面，学校开办沈鹏书法艺术学校，为学生欣赏、临摹书法艺术提供便捷条件，使其在学习技艺之上更真实地感知传统文化(书法)的魅力。

(2)南菁高中的美育课程完善是以美育课程开发为主线，融合科学与人文学科教学，构建综合的校本课程体系为主要任务的。学校立足自身独特的自然资源、厚实的历史资源、丰富的艺术馆资源和多年积淀下来的优势学科及具体的学科优势，可以加快特色课程的建设。如近年来南菁高中新设“兰花种植与欣赏”“假山的布置与审美”“南菁的景观水系及绿化”等实用课程以及“书院文化研究”“南菁碑刻研读”等与学校历史、文化息息相关的校本课程，引起了部分学生对历史文化和传统艺术的浓厚兴趣。这既坚定了学校以美育为课程特色的课程开发思路，也为美育课程的全面开发奠定了基础。在增设课程的基础上，南菁高中美育课程开始走向深化和体系建设。这一体系建设以课程融合、课程整合和课程综合为手段，通过架构人文学科和科学学科互渗，以文化熏陶、实践体悟为主，强调张扬学生个性，提高学生人文修养，培养学生科学探究精神，在深度和广度上实现全方位的“课程完善”。这样的美育课程，既重视学生心灵的熏陶，也重视学生科学技能的培养，不仅仅是给学生提供一种知识或经验，更重要的是从精神的本质上去改变学生的生活态度和审美情趣，促进人的潜能发挥和个性发展，从而促进学生全面素质的提高。具体来说，就是将学生置于愉悦的、活泼的、创造性的课堂学习活动中，使之初步了解社会道德美、自然环境美、科学技术美、文化艺术美等方面的知识和观念，潜移默化地感受美的法则，获得美的知识、观念、技能，陶冶美好的情操，实现人格全面而自由的发展。

二、实践框架的主要内容："五域"的具体内涵

南菁高中美育课程体系建构的实践框架是在核心框架的具体展开中逐渐形成的新分类。这一分类从核心框架的"真、善、美"出发，将其细化为"人文社科""科技创新""生活健康""艺术创造""公民社会"五个领域。这五个领域各有其审美素养的渗透和人文情感的教育诉求(见图 5.2)。以下分而论之。

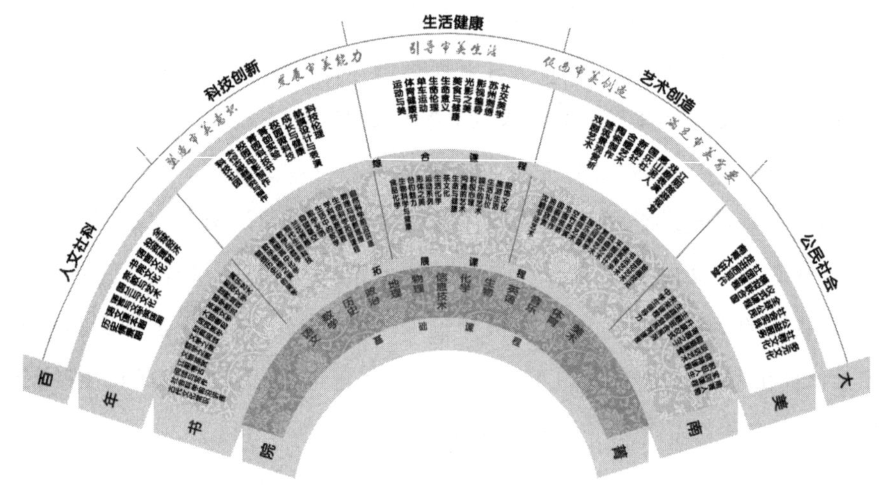

图 5.2　南菁"二轴、三级、五域"课程结构图

(一)人文社科：这一领域的课程强调"文化引领，价值渗透"

人文学科作为与人类实践相伴而生的精神现象，其特有价值包括三个方面：首先，人文学科影响着人类观念的变革，而观念的变革是社会变革(包括经济变革)的前提和先导；其次，人文学科中的价值观能合理解决人在社会实践活动中所遇到的具体矛盾；再者，就经济发展来讲，以哲学等文化观念为核心的价值观，是规范并推动经济发展的重要文化动力之一。而就美育而言，人文精神或人文主义的意义更在于"它以人为中心，并且以人的经验来作为人对自己、上帝和自然进行了解的出发点"①。这类课程可以引导学生发现自己、认识世界、反省人类最基本的价值，改变学生的人

① ［英］阿伦·布洛克：《西方人文主义传统》，14 页，北京，群言出版社，2012。

生观与价值观，使其具有深厚的历史眼光，可以着眼于大者(远虑)而不被琐碎的细节(近忧)所支配。这也是“培育南菁气质，塑造未来强者”的重要领域。就内容而言，这一类课程可以分为以下两个子类。

一是传承历史文化，提升人文修养。人文社科类课程不仅承载着公民基础素质的培养任务，还担负着中国传统文化、校园历史文化传承的重要使命。一个能适应未来社会发展的人，必定具有良好的人文素养，能够较好地调动、处理情绪。人文学科在以“传承历史文化，提升人文修养”为目的的教育教学中，教给学生的是一种与复杂思想、深刻关怀对话的能力。它能够创造一种文化氛围，使人际情感交往更为融洽、自然而生动。因此，教会学生如何思考、如何分析、如何阅读、如何进行有说服力的论述，以及感受古今中外情感凝练的艺术品等技能，是人文社科类课程的基本要求。南菁高中以此为目的开设的课程包括：拓展课程中的古代文化常识、江阴考古、文物鉴赏、论语选读、国学概览、人文阅读、生活与写作、诗词美学、英美文学、世界地理、影视文学演讲艺术等；综合课程中的书院文化、语言文化、国兰与文化、历史情景剧、语文课本剧、语言与文学英语剧等。

二是渗透价值理念，开阔人生视域。人文学科既是知识体系，又是价值体系。人文教育不仅是传授知识，也是传授和引导一定的社会价值观念。而这种独特而鲜明的意识形态属性，使得人文学科在培养学生分析问题的深度、开拓性思维的高度等方面具有其他学科无法替代的优势。南菁高中基于这样的目标所开设的人文社科类课程包括：拓展课程中的哲学之美、传统文学的美学解读、大国崛起等；综合课程中的宗教与艺术、投资理财、全球经济等。

(二)科技创新：这一领域的课程强调“转识成智，知行合一”

自然科学是以范畴、定理、定律的形式反映现实世界多种现象的本质和运动规律的知识体系，它以客观、系统性和实践性强为特征，其技术表现在推动世界文明进程方面具有重大意义。当前，科技创新能力的高低已经成为衡量一个国家综合国力的重要标准之一。因此，南菁高中“科技创新”类美育课程的关注点主要集中以下两个方面：一是学生的学习力和实践力，使学生在自然科学教育中从获取“知识”层面上升到获得“智慧”层面，进而实现一定程度的“创新”；二是将“科学性”与“人文性”相结合，在追求科学的“真”的过程中肯定人的本质力量，关注学生“非智力素养”的提升，促使学生从更高的层面和更新的视角去观察、分析问题，树立科学的科技发展观，做到更高层次上的“知行合一”。因为研究早已证明审美与科学的相互作用，“均向对方提出了新的问题，也提供了新的条件，从而大大增强了人类按照美的规律进行创造性活动的能力”①。这正是高中生创造教育的主要内容。就内容而言，这一类课程可以分为两个子类。

其一是彰显科学内涵，体现育人目标。克服当前基础教育“知识加速跑”思想引发的“匆忙、焦虑”状态，在现象学思想指引下，回归更平和、更自然、更科学、更有效的教育轨道，从自然科学自身的规律、学生的认知规律和教育的基本规律出发，寻找科学教育与学生生命成长的契合点，引导学生重视客观的依据、崇尚理性的怀疑，注重实践检验和多元思考能力的培养，同时倡导平等、自由的争论，珍视创造性、建设性的冲突，帮助学生逐渐丰富对于科学、技术、社会三者关系的认识。在这一过程中，避免“力的教育”，引导学生将知识内化为能力，固化成自身的涵养与品质，最终促成学生在科学领域内批判性思维能力和创新实践能力的提高②。南菁高中以此为目的开设的美育融合课程有：拓展课程中的数学发明、生活中的数学、学科竞赛课程、美国高中化学、现代生物科技、生命科学拓展课程、兰花养殖、物理与创新思维、自然科学前沿讲座等；综合课程中的失传古欹器探究与制作、菁创实验、校园微科技、航模设计与表演等。

其二是塑造完整人格，获得全面发展。在强调科学知识与科学态度、科学方法相结合的同时，也关注科学知识与学生的情感和价值观等方面的融合，以此塑造学生较为完整且具有个人特质的人格品质。常规科学类课程教学往往具有模式化的标准、程序与规则，从而束缚了人全面而自由的

① 陈大柔：《科学审美创造学》，291页，杭州，浙江大学出版社，1999。

② 参见刘铁芳：《重申知识即美德：古典传统的回归与教养性教育的重建》，7～8页，北京，北京师范大学出版社，2015。

发展。南菁高中在美育思想引领下展开科学课程建设，注重在教学过程中对学生的心理状态和人格状态进行调整，从而为学生各种能力的协调发展提供可能。学校基于这样的目标所开设的课程有：拓展课程中的物理历史中的美学、数学思维之美、数学与哲学、仰望星空等；综合课程中的科技社团、校园电影制作、菁园科技节、科技伦理等。

（三）生活健康：这一领域的课程强调“增强体魄，陶冶志趣”

在相当长的一段时间里，学校教育以“追求客观知识”为主要导向，而忽略了生活技能与情趣。因此，英国学者麦克·扬在知识层面将课程实践区分出“作为事实的课程”和“作为实践的课程”两种不同表现。前者“将知识看成是外在于学习者的，包括教师和学生”，而后者的“出发点并非知识的结构，而是知识是如何被共同活动着的人们所生产”①，也就是说，作为实践的课程关注的是知识的来源——生活。因为无论教育还是知识，其目的都在于使教育者与被教育者体会到一种生活的幸福。因此，南菁高中在“大美育”课程体系中开设“生活健康类”课程，以培育师生阳光心态和健全人格，陶冶其志趣、提高其生活品位。就内容而言，这一类课程领域可以分为两个子类。

一是增强意志品质，促进身心健康。身心的健康是成为一个“美的人”的基本条件，也是幸福生活的基础。通过丰富、舒畅、共同协作的课程活动，让学生在学会健身、学会生活的过程中，以身体美学为基础，经由身体而实现情感的变化。正如美国哲学家舒斯特曼所言，“由于行为只有通过身体来获得，我们的意志力量也依赖于身体的功效”②。丰富的身体与情感互动课程，可以舒缓情绪、增强信心，培养学生的集体意识和人际交往能力，从而培育学生的自由意识，提升其生活美学修养，激发创造力。南菁高中基于这样的目标所开设的课程有：拓展课程中的形体之美、运动系列、生物科学与健康、生命与健康、沟通的艺术、积极心理等；综合课程中的

---

① ［英］麦克·扬：《未来的课程》，31、34 页，上海，华东师范大学出版社，2003。

② ［美］理查德·舒斯特曼：《实用主义美学》，365 页，北京，商务印书馆，2002。

运动与美、体育健康节、单车运动、生命伦理、生存意义等。

二是追求生活品位，陶冶个人志趣。“走向生活”是现代美学的基本趋势，也是中国传统美学的重要内涵①。“天地有大美而不言”，平凡又琐碎的生活其实是实现一个人内在的自我享受、自我超越和心智修炼的基本途径。因此，普通高中的美育课程应该将生活纳入其课程教育的对象之中，引导学生从朴素、健康的物质层面出发，体会生活品质的内涵和意义，找到属于自己的生命风格，从而拥有在未来的生活中让自己获得幸福的能力。南菁高中以此为目的开设的课程有：拓展课程中的油画欣赏、国画创作、书画装裱、空竹表演、篆刻艺术、绘画技法等；综合课程中的陶瓷制作、合唱艺术、新剧社、国乐社、戏剧表演等。

（四）艺术创造：这一领域的课程强调“充实底蕴，成人之美”

艺术作为人的本质力量对象化的结晶，往往以感性具体的形式，生动地反映社会生活的多样性和丰富性。因此，一方面，艺术为人们提供了扩大个人的现实生活经验，进而去体验和领悟生活底蕴及人生真谛的可能性；另一方面，在将他人的生活经验转化为自我经验的同时，进一步丰富和充实了人的自我本质。中央《关于全面加强和改进学校美育工作的意见》明确指出，“学校美育课程建设要以艺术课程为主体”。因此，在南菁高中的美育课程体系中，“艺术创造”类课程具有基础性地位，它注重培养学生的艺术欣赏力和艺术思维，让学生在透过艺术认识社会、丰富自我的同时，也学会以追求人类永恒价值的人生态度来看待世界、完善自我。就内容而言，这一类课程领域可以分为两个子类。

一是充实艺术底蕴，培养艺术思维。艺术是人类情感和思想的物化，艺术教育在传授技艺的同时，更重要的是将艺术背后的精神挖掘出来，以培养学生的灵性、想象力和丰富的情感，提高其形象思维能力，使之具备更高的情商和创造力。南菁高中基于以上培养目标而开设的“艺术创造类”课程有：拓展课程中的沈鹏艺术、国乐飘香、空间美学、舞蹈艺术、戏曲

---

① 参见刘悦笛：《生活美学与艺术经验》，61～63页，南京，南京出版社，2007。

艺术、平面设计、建筑美学、书法艺术、插画艺术等；综合课程中的戏剧艺术、建筑景观欣赏、惠山泥人等。

二是转变价值观念，提高个人品位。艺术同时也是一定时期社会生活的反映，而艺术教育的另一个目的，就是要让学生通过解读艺术，理解社会和人生，进而产生高雅的文化品位及与“真善美”相统一的价值观念；在艺术民主中体会多元文化的包容性、自由性与社会生活的情感性。南菁高中以此为目的开设的课程有：拓展课程中的油画欣赏、国画创作、书画装裱、空竹表演、篆刻艺术、绘画技法等；综合课程中的陶瓷制作、合唱艺术、戏剧表演、新剧社、国乐社等。

(五)公民社会：这一领域的课程强调“关怀社会，包容共生”

“公民教育”是对应“私民教育”而言的。中国传统社会的一大弊端在于“普通百姓缺少对公共事务的参与，也自然缺少对公共事务的内在认同，由此而形成‘事不关己，高高挂起’的人生态度”①。而在现代社会与教育中，这种人生态度应该被根本性的扭转，这是批判美学与强调走向他者的情感交往美学的根本立场。正如论者所言，在现代社会中，“学校应该承担起培养公民道德主体意识的任务”②，而南菁高中的“公民社会”类课程，就以“有思想会表达，有爱心能宽容，有责任敢担当”的南菁气质为培养目标：一方面强调学生对社会的主动关怀(有思想会表达)，另一方面也强调学生在关怀与表达的过程中，要包容不同价值观，以求社会的和谐共生(有爱心能宽容)。就内容而言，这一类课程同样也可以分为两个子类。

一是培育文明素养，追求德性塑造。“公民社会”类课程的目标之一是培养学生的良好品德，促进学生的社会性发展，为学生认识社会、参与社会、适应社会，成为有爱心、有责任心、有良好行为习惯和个性品质的公民奠定基础。南菁高中以此为目的开设的课程有：拓展课程中的升旗仪式、

---

① 刘铁芳：《公共生活与公民教育：学校公民教育的哲学探究》，15页，北京，教育科学出版社，2013。

② 贾新奇等：《公民伦理教育的基础与方法》，181页，北京，北京师范大学出版，2007。

菁园之子、军训课程、主题班会系列等；综合课程中的仪式课程、全球公民、公益服务、社群文化等。

二是引导国际视野，领悟做人智慧。在经济全球化和“互联网＋”时代，培养学生具备国际视野，使之体会不同文化之间的美学交流，在审美情感层面构建“人类命运共同体”，是“公民社会”类课程的另一个核心目标。南菁高中力图采用非学科化思维的课程方式，让学生通过活动和实践积累视野与智慧，掌握国际文化和世界知识，具有进行国际交流合作的能力，做好将来参与到国际竞争中去的各种准备。学校基于以上培养目标而开设的“公民社会类”课程有：拓展课程中的中学生领导力开发、未来课程、生涯规划、能量课堂、谈话艺术、领袖课程、全球公民素养、未来世界和公民、积极人生等；综合课程中的走进后现代、国际视野、社团课程、模拟联合国、社会实践、多元文化等。

三、实践框架的课程个案：鉴赏与创新

从南菁高中已经形成的“大美育”课程体系来看，学校的美育课程群已初步建立，陶艺、兰花鉴赏等特色美育实践课程稳步推进，审美理念渗透到所有学科。学生可以依据自我兴趣、爱好与特长自由选择，并按顺序填写选课志愿，将审美素养和审美能力的提升纳入常态化教学视野，打造活动型课程模式、创造交互型课程群，促进自身个性朝着多元方向发展。从课程实践的角度来看，除了上述“五域”的类型学分类，这些丰富的课程资源还可依据教学目的分为两种：

（一）以审美感受能力和鉴赏能力的培养为基础的“审美鉴赏型课程”

审美能力的提高离不开审美知识的提高，而审美知识涵养主要包括进行审美活动所需要的美学知识和艺术知识。这些知识或能力的掌握，必须靠具体的审美体验和审美知识传授来实现。南菁高中的审美课程（尤其一期课改中出现的校本美育课程）多以培养学生审美感受力和鉴赏力为基础，根据学生的审美情趣，提供适合学生选择、可以陶冶学生品性的丰富的审美鉴赏型课程。这些课程主要以“课程融合”为实施路径，围绕审美而开发部分数理化学科的相关课程，来教导学生相关学科知识，同时也使他们具有灵活

的实践操作能力。如化学学科的“民间传统纺织印染工艺鉴赏”“古陶瓷鉴赏和陶艺制作”，要求学生不仅要有相应的知识积淀，还需要具备实际动手操作能力，让学生体会到美在于创造；而数学学科则从简单性、对称性、相似性、和谐性(或统一性)与奇异性5个方面，展现数学美的魅力。总之，是用美的思想去激活和开启其他学科的客观知识与逻辑结构。

下面我们以南菁高中历史组开发的“中国陶瓷艺术鉴赏与审美”(课程方案节选)为例进行说明。

课程内容

1. 陶瓷的制作与鉴定(可由化学组上)

2. 陶瓷艺术的美学意蕴研究

①瓷器的美学特征与美学思想

②中国陶瓷纹样及审美意识

③中国陶瓷艺术的文化解读

④中国陶瓷艺术的审美价值

3. 陶瓷艺术与中国传统文化

课程目标

通过本课程的学习，使师生对中国陶瓷工艺与鉴定的知识有初步的了解，对中国陶瓷艺术等传统文化及美学价值有系统的认识和理解，进而培养学生学会鉴赏美、感受美、创造美，提升师生的艺术修养、审美情趣和人生境界。

课程构想

依托沈鹏艺术馆独特的艺术资源，师生合作开发，分专题、分层次研究中国陶瓷艺术及其美学价值。

分专题：将该课程分解为以朝代为单位的系列课程内容，如夏商周陶瓷艺术鉴赏与审美取向研究、隋唐陶瓷艺术鉴赏与审美研究、明清陶瓷艺术与中国传统文化等，方便学生进行个性化选择。

分层次：根据学生兴趣和鉴赏研究的能力，由浅入深，循序渐进。

创造条件，为有兴趣深入研究的学生提供指导，鼓励部分学生形成具有较高价值的研究成果。

客观地说，这就是一门以鉴赏为主的典型美育课程，但是在这一课程中，既体现了特定领域(陶瓷)审美鉴赏的要求，又融合了学科知识，引导学生进行科学探究，还“由器明道”地引导学生了解中国传统文化的审美价值取向。以此为例，可以想见其他以课程融合为手段的美育课程也是通过学科教学，引导学生从审美视角鉴赏学科之美，理解科学知识的美学意蕴，诱发形象思维和抽象思维的联动机制，促进他们实现深层次的理解性学习，进而发现学科中所蕴藏的深刻的美学元素。

(二)以审美想象能力和创造能力的培养为目标的“创新成长型课程”

审美教育意义上的创新，一方面是指具有专业发展意愿和艺术天赋的学生，通过课程训练而完成一定的艺术创作；另一方面也可以指对全体学生的审美好奇心和想象力进行培养，在好奇心的诱导下，学生充分展开想象，激活日常生活经验和“沉睡”的知识，可以更好地完成新知识学习与知识体系的建构等创造性行为。

下面我们以化学组张静慧老师开发的“中国传统印染艺术”课程(教学片段)为例进行分析。

“上星期同学们在语文课上学了《林黛玉进贾府》，有多少人看过《红楼梦》原著啊？”

“第六十二回，‘史湘云醉眠芍药裀，呆香菱情解石榴裙’，有人有印象吗？”张老师说着，立刻在电脑上百度了这段内容：“宝玉方低头一瞧，便嗳呀了一声，说：‘怎么就拖在泥里了？可惜！这石榴红绫，最不经染。’”

接着，张老师问道：“石榴红绫的‘不经染’，我们作何解释呢？”

“老师，石榴红绫用的是什么染料？是不是容易脱色？”一位同学问道。

“很好！这就要提到我们这节课要了解的传统植物染料了。石榴裙就是红裙子，古诗云‘红裙妒杀石榴花’，但石榴裙可不是用石榴花染的。我国传统的红色染料为茜草、红花、苏木，这些染料直接染色的话，容易脱色，一般用明矾、乌梅、米醋作媒染剂，这些物质均为酸性。有的也用石榴皮(含丹宁酸)作媒染剂，使色素牢固吸附在织物上。它沾了泥水会怎么样呢？大家知道古人用什么洗衣服？”

“草木灰浸的水，含碳酸钾，碱性的！”“也可能有‘香胰子’，那是初级的肥皂，也是碱性的！”同学们兴奋起来，你一言我一语。

一名同学课后说：“在这个课堂上，我在老师带领下，换一种眼光，从文学名著、古代文物中看到了化学，又从化学中看到了变化之美、人文之美。”

这一案例，由《红楼梦》中的服饰美学引发学生对科学的兴趣，既可以是一门化学课的导入，也可以作为一门富有审美元素渗透的化学课程①。而当教师把文学艺术(《红楼梦》)引入化学课堂的时候，就已经实现了一种回归传统生活的美学诉求。因为在《红楼梦》的世界里，印染作为日常生活的一个细节，并无艺术的求美与科学的求真之划分。而教师将化学课程回复于《红楼梦》的审美世界里，就是一种将课堂重构为生活审美的尝试。这种课程开发思路，正是南菁高中美育课程体系实践的重要路径之一，即课程整合。由于美育元素的介入，所整合课程的体验性与参与性大大提升，学生多能在心情愉悦、个性张扬之中完成科目的知识学习。这种以审美促使学生心理协调发展，激发学生潜力，让他们心胸更开阔、思维更活跃的工作，也是审美课堂得以建构的基础。

此外，南菁高中还让一些具有艺术天赋的学生，通过相关课程的学习，充分利用沈鹏书法艺术学校、新媒体教学技术实验室、陶艺工作室、书画装裱工作室等专用教室，开展诸如文物鉴定、临摹书画、书画装裱、制作陶器等实践活动，为其专业发展服务。这种因材施教的美育方式，也是美学多样性的必然要求。

---

① 张静慧、任国平：《南菁美育：破除“空洞”魔咒》，载《人民教育》，2014(20)。

第三节　南菁美育课程体系的理论框架

虽然南菁高中“大美育”的课程体系实践框架在学校教育教学中得到较好的践行，目前仍在指导学校的美育课程体系建构，但作为一种富有理论阐释力和实践生成力的课程体系，南菁美育课程需要在实践框架之外，探索梳理理论，以此作为实践框架不断丰富和完善的基础。前文已经对南菁美育课程体系的理论框架做了基本说明，本节就这一框架再略加论述，讨论其基本思路与主要理论内容，来完成南菁高中美育课程体系建构历史（核心）、实践、理论的三段诠释，使其呈现为一个相对完整却又远未完成的学术议题。

一、理论框架的基本思路：寻找“第七感”

“美学是未来的教育学，也是当下的教育学”——当学者提出这一论断的时候，其着眼点在于生活本身存在的“功利主义”①。也就是说，美学思想的精神实质在于消解对于人的各种异化，求得人格及其发展的自由与完整；而其主要手段即为“美感”。无论是教育学研究还是现代美学研究，“美感”都是一个相对古老的词汇，它主要指“在审美活动中呈现出触景生情或移情于物的特征”，可以有“崇高感、优美感、悲剧感、喜剧感、滑稽感、幽默感”等②。

《布莱克威尔美学指南》认为，“过去一个世纪的美学，过分关注了艺术（FineArts）”，而忽略了对“美感”的认知和把握③。但事实上，在美学诞生之初，其意指就是美感，或称“感性”。“美学之父”鲍姆嘉通最早对“美学”做出的界定是：“美学作为自由艺术的理论、低级认识论、美的思维的

---

① 参见檀传宝：《美学是未来的教育学：兼论现代教育的审美救赎》，载《中国教育科学》，2015(1)。

② 杨咏祁等：《美育辞典》，61页，南京，江苏美术出版社，1993。

③ Sherri Irvin, “Aesthetics of the Everyday,” in *A Companion to Aesthetics*, ed. Stephen Davies, Kathleen Marie Higgins, Robert Hopkins, Robert Stecker and David E. Cooper, (Malden: Blackwell Publishing, 2009), 136-139.

艺术和与理性类似的思维的艺术是感性认识的科学。”①其中，“低级认识论”就是指产生于身体感知觉的“美感”。不过，在美学日益等同于艺术哲学的今天，美感也逐渐脱离日常生活的基础而纯化为以艺术审美感受为核心的“美”之感觉。然而，这种感觉却是人之为人的重要标志，是人对一切情感流动有所感知的反映。诚如现象学家所言，“让事物呈现出来，成为我所感知、回忆、高兴、忧伤……的内容，即成为一般现象的条件，就是令我们具有美感体验的条件。”②建立在把握这种条件基础之上的教育，而今已远不是学校办学的主流，但它永远是人之为人的核心。

使人成为人，让“人以一种全面的方式，就是说，作为一个完整的人，占有自己的全面的本质”③，这不仅是教育的根本任务，也是所有人类活动的最终目标。而建立在“消费”社会时代的美育，所承担的首要任务就是要把人从物质的世界中拯救出来④。对于教育来说，这一“物质的世界”有双重含义：一是指客观的分科知识给人们带来的撕裂感；二是消费社会的价值取向出现了以往人类所未曾想见的异化。因此，唤醒人的生命感、价值感和创造感，让教育者和被教育者在不断“完整”自我的同时，也“完整”对客观事物的价值判断、转换和提升自身的价值需求，这正是所谓“德育美学观”的基本意义⑤。

从基础教育的角度来看，知识的传递主要建立在人的感官与知觉层面。如果将与眼、耳、鼻、舌、手相对应的视、听、嗅、味、触觉称为“前五感”的话，那么由物理层面的“脑”所带来的理性思维，则可以称为“第六感”，即知觉。而这些感知觉，是基础教育中“知识”得以“入身”的重要渠道。能够让学生在学会观察、倾听、操作、表达、思考的过程中，掌握对个人发展和终身学习有益的知识与技能，从而提升学生“自我生长”中的关

---

① ［德］鲍姆嘉滕：《美学》，13 页，北京，文化艺术出版社，1987。

② 张祥龙：《从现象学到孔夫子》，372 页，北京，商务印书馆，2001。

③ 马克思：《1844 年经济学哲学手稿》，234 页，北京，人民出版社，2014。

④ 根据雷蒙·威廉斯的说法，“消费”一词的最初意义就是“摧毁、用光、浪费、耗尽”，参见［英］威廉斯：《关键词》，85 页，北京，生活·读书·新知三联书店，2005。

⑤ 参见檀传宝：《德育美学观》，北京，教育科学出版社，2006。

键能力。

从人的感觉系统的递进规律来看，前五感对应的是教育的“基础目标”，即“知识的传递”；“第六感”则是教育“中级目标”的达成，即“知识的理解(内化)”。而就教育本质来说，知识接受与理解之后，更重要的是知识的外化——即利用知识参与社会实践。所谓“社会实践”(或简称“实践”)，是一个与“理论”相对应的术语，其关键在于有人的意识和情感的参与，这就显而易见地关联于人类知觉行为的“第七感”——美感，或称“直觉”。

研究者指出，传统实践哲学割裂了“人类改造自然的行为和人与人的交往行为”，而“马克思主义实践哲学必须超越这种对人类行为的片面理解，完整地理解人类的实践活动和行为”；从马克思主义实践哲学出发，“无论是实践意识的完整性，还是实践行为的完整性，都根植于人的存在的完整性”①。就此而言，教育实践同样也应该追求“人的完整性”或“完整的人”。这一完整性的实现，就是在“人类改造自然的行为和人与人的交往行为”(“社会实践”专指后者)中，通过情感交往来完成的。可以说，教育的“高远目标”是要追求“第七感”。这一感觉并非人的自然禀赋，而是人在自然禀赋的基础上借由前五感和第六感，投身社会实践中再继续提升后，才产生的独特感觉形态。从这个意义上来说，“美感”既是一切教育工作的出发点，也应是教育事业所追求的高远境界。

美感依赖“前六感”。其中，前五感可以归纳为“身”，而第六感与第七感则主要体现为“心”。因此，美育应该是身心一体化的感性教育。这一教育的目的是要培养“完整的人”，促成他们在社会(包括校园)生活中快乐、幸福、完满地成长——这就必然牵涉到人与人之间关系的调整，牵涉到社会与国家的议题。因此，南菁高中美育课程建构的理论框架，需要将身心一体、社会与国家等元素全都考虑在内，使人(师、生)可以在美育课程中实现或找回全面(完整)的自我，成为“完整的学生”与“完整的教师”，获得真正的自由与幸福。

---

① 丁立群等：《实践哲学：传统与超越》，55、60页，北京，北京师范大学出版社，2012。

二、理论框架的主要内容：双层构造与长效机制

南菁高中美育课程体系的理论框架，可以概括为“Y 型模式”(图 5.3)，其主要内容已在上文做了相对清晰的说明。在此，结合理论框架寻找“第七感”和培育“完整的人”的思路，再对“Y 型模式”做一点形式构造上的说明。

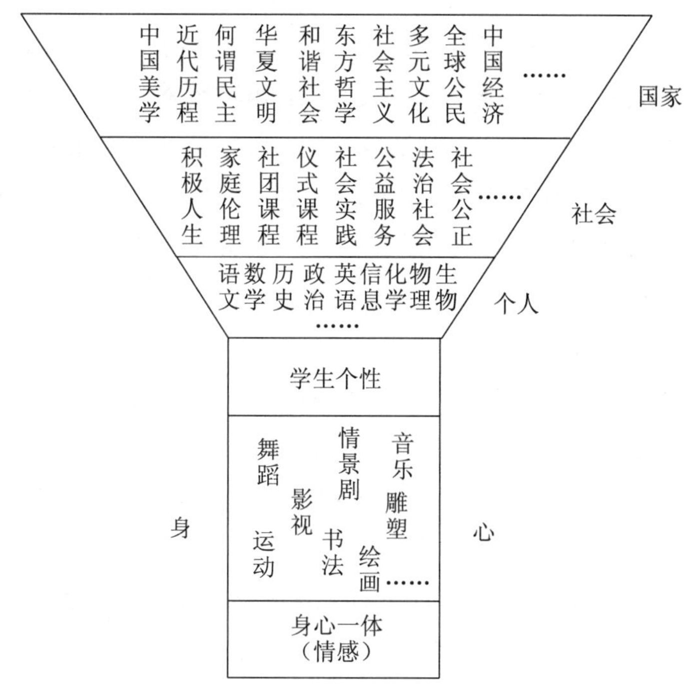

图 5.3　南菁高中美育课程理论框架图

这一模式以“学生个性”为中心，分为上、下双层构造。上者愈宽，是个人融入社会、自我走向他者的路径和教育方向；下者恒窄，是学生内向性自我情感与表达能力的淬炼。而统合了内外的整体构造，正是“完整的人”的意涵表达之一。在中国传统儒学中，亦即为寻求“内圣外王”的一种模式化、符号性表达。而在这一模式(手电筒)中，个体走向由众多他者所构成的社会(国家)，其根本在于自我身心一体的情感。由此出发，经过“个性”的中枢与絜矩作用，经过学校教育的社会化过程，其情感呈现由里而外、由少趋多的放射性，一如光束。因此，美育课程体系建构的“Y 型模式”也被形象地称为以美育人的“手电筒模式”。姑不论“内圣外王”之说本身

的复杂性，“手电筒模式”这一特殊的名称，恰好暗合了牟宗三先生提出的“内圣开出新外王”“返本开新”之“开”意①。

就“学生个性”位于中枢位置而言，其在哲学上处于主体地位。由图示可以看出，这一地位下连接自我情感(艺术)，上趋大众他人(社会)，也说明了“完整的人”要将自我情感与社会责任相统合，表现于艺术创作上，即是儒家传统“诗言志”与“诗缘情”的合一。这是“完整的人”的意涵表达之二。

就“Y型模式”的上部而言，代表知识标准的国家课程居于低端，而愈向外则知识愈加广阔，实践意义也愈加明显。这是以主体为中心，受教育者由“知”(个人)入“行”(社会、国家)，形成一种实践范围越来越大、交往对象越来越多的“知行合一”过程。这是“完整的人”的意涵表达之三。

另外，前文在讨论美育课程体系的理论时，已提出“身心一体”的美学思路。在“Y型模式”的下部，左、右两条线分别象征“身”和“心”，而在其中作为代表的舞蹈、运动、影视、情景剧、书法、绘画、雕塑、音乐等艺术类课程，也大体以偏向“身”(左轴)和偏向“心”(右轴)来加以分布。也就是说，“Y型模式”的下部，仍是一个双层构造，它代表着“完整的人”在自我层面上需要实现的“身心一体化”。这是“完整的人”的意涵表达之四。

最后，就“Y型模式”的课程布局本身来说，居于下部的艺术课程(书法、绘画、雕塑、音乐等)是美育的典型代表，而其经过国家课程(语文、数学、物理、化学等)，转化为带有审美元素渗透与融合的校本课程(家庭伦理、华夏文明、多元文化、仪式课程等)，也说明了在教育之中，“完整的人”应该将不同层级的课程予以审美统合，将不同领域的学生核心素养统一在“美育”或“德育美学观”的视阈之中。这是“Y型模式”叩求“完整的人”的意涵表达之五。

当然，在论述上述“完整的人”的群己(内外)合一、情志合一、知行合一、身心合一的过程中，本书尝试以传统哲学和现代哲学相互印证的方式进行论述，也可以视为是“完整的人”需要做到“古今合一”“中外合一”的一

---

① 关于牟宗三“返本开新”理论的阐发，可参见王兴国：《契接中西哲学之主流：牟宗三哲学思想渊源探要》，26～29页，北京，光明日报出版社，2006。

种意涵表达。在“美育课程体系建构”这种充满了现代西方课程观与课程论色彩的教育教学活动中，需贯彻和落实中国优秀传统文化、中华美学精神，要体现“中国传统艺术与审美”作为美育课程体系的主题，必须将古今中外的理论资源予以统合利用。

而“Y 型模式”将与美感密切相关的“情感”置于底端，一方面暗示了人类的所有实践活动都应该以鲍姆嘉通所谓“美感”(第七感)的“低级认识论”为基础；另一方面则说明了前文所述美感(第七感)是“一切教育工作的出发点”。

以“Y 型模式”为理论工具，南菁高中美育课程体系的操作内容包括三个方面：其一，改变教学生态，就是要把对审美的追求融合在课堂教学和学科课程教学中，用艺术的、审美的方式提升课堂教学的品质，深度变革教与学的方式，营造课堂的“知识”与“美”的统一；其二，重构课程体系，就是要以“Y 型模式”为基本理论范式，构建普通高中“大美育”课程体系，形成分级、分域的综合性的美育课程群；其三，营造审美生活，就是要把美育贯穿于校园生活的始终，不但形成全科育人、全程育人、全员育人的美育课程体系，还要让美育渗透在学校教育的各个环节之中，从而使整个学校走向审美的境界。

这是一项不可能一蹴而就的长期使命，也是南菁高中对美育和教育本质的探求。因此，它需要建立美育课程体系支撑与实践的长效机制，创立审美性的课程文化与学校文化。具体来说，这一机制的内容可以包括以下三个方面。

一是要有深度的技术支撑。2013 年年底，由江阴市财政出资近千万元建设的“南菁美育体验创作中心”全面投入使用，其包括情境体验室、数字书画室、全息影像室、思维拓展室、传统书画室、书画装裱室、建筑模型室、插花艺术室、菁园陶吧 9 个艺术工作室，为学校美育课程开发提供了新的空间和技术支持。在这里，学生可以体验巨型弧幕的画面冲击，在 360 度的全息设备中对工艺作品进行多角度的观赏描摹，也可以进行书法、绘画、创新设计实验等。学生在实验室既可以进行艺术鉴赏，也可以从事科学观察和实验，丰富了学生的学习体验，提高了学生的学习兴趣。紧接着，这里又添置了无人空拍机、VR(AR)等美育设施。事实上，美学的技术探索和美育的技术支持是无止境的。

二是要对课程进行立体打造。南菁高中通过基于优秀传统文化的学科渗透和课程整合，将在现有“大美育”的课程体系实践框架中进一步完善学校课程体系，创立综合性美育课程文化，促进学生科学精神与人文素养的协调发展。与此同时，学校的德育工作也将以美育为主线，将德育活动课程化、体系化。如班会课程，就有不少班主任以追求向上、阳光的心态为主题；再如发动学生设计富有美感和道德意义的班徽……这些行为，都是要将美育渗透进教育的全过程，将美育、德育、智育、体育等有机融合，在教育的每一个细节上都体现对美的追求，从而使美育在精心设计的校园文化环境、班级管理的美感追求、学生的一言一行等各种校园生活细节中显现出来、立体起来。

三是要及时对课程体系建构的成果进行总结和推广。前文已述，为了提升学生对美育的认识、总结近年来学校美育的实践经验、提高美育课程建设水平，南菁高中于2014年自主编写了3本美育教材，紧紧围绕“社会责任”和“创新精神”这两大育人的基石，以“涵养”“创思”“审美”等关于人的活动，以及关于“思之事”的精神活动为主题，讨论带有普遍审美意义的教育案例。此外，学校教师每年都有数十篇论文发表，并参与学术讨论，《人民教育》《中国教育报》等媒体对南菁高中美育课程体系建设的相关成果也多次进行报道。

上述支撑机制，为南菁美育课程体系建设理论框架的推进和完善也提供了新的机会。近年来，华东师范大学、北京师范大学、中国教育科学研究院等院校的专家团队先后到南菁高中进行指导与交流，为美育课程体系的建设提供了智力支持，让南菁高中的美育课程愈发着眼于学生科学精神与人文素养的提高，着眼于学生高尚情操、艺术素养和审美情趣的培养。这大大激发了学生发展审美能力的自主性，为南菁高中创新人才成长打下了坚实厚重的人文基础。

三、理论框架的课程个案：以历史教学为例

“美育属于人文教育，它的目标是发展完满的人性。”①显而易见，“完满的人性”是所有课程教育的根本目标。而在追求这一目标的过程中，人性的审美境界也将为不同课程的教学效果和育人方向提供更为多样化的视角、细腻的感触和深刻的批判性认识。在此，我们以历史教学为例加以说明。

在历史教学中渗透审美意识，可以将师生的历史认识引向审美境界，从而赋予历史研究以深厚的人文关怀。在历史中探寻人类文明发展史，对历史保持“温情与敬意”，是历史学科的价值功能，而这一功能，可以在美育渗透中得到更为充分的展示。在南菁美育课程体系的理论框架中，经由个人情感走向更为深远的社会价值诉求这一思路可以为历史教学的美育渗透提供基本路径，改变传统历史教学把机械的历史知识记忆作为教学目的，改变学生在历史学习中的旁观者角色，淡化历史与现实脱节的“撕裂感”，使学习和生活融合。

而要讨论历史教学的审美渗透，首先应剖析历史教学的审美旨趣。

(一)以审美视角解释历史，发现历史思想之美

个体的审美意识是其世界观、人生观、价值观的有机组成部分，是其人生志趣与社会理想在审美方面的体现。② 历史教学的审美旨趣体现在历史对学生人生发展和价值取向的深层次影响上，即让人拥有真善美的人生境界。当我们以审美的视角来研究历史时就不难发现，在历史教学中无论是教学内容的选择，还是教学过程的要求，亦或是教学目标的确定，都蕴含着美的追求。高中的历史教学内容总是选择那些最能反映社会文明进步取向的历史事件或历史人物，他们作为一个时代的标志，给我们以巨大的精神震撼，带给我们关于人生价值的深刻思考。在历史的舞台上，生产力的进步、朝代的更替、人类思想所及的高度，无不展现出人类生生不息的追求和永不满足的创造。历史教学的审美旨趣，内在地规约了教育的本质是

---

① 叶朗：《美在意象(美学原理彩色插图本)》，441页，北京，北京大学出版社，2010。

② 杜卫：《论审美素养及其培养》，载《教育研究》，2014(11)。

指向人本身，反映着人对美好未来的祈盼。唯有以美的视角来审视，历史的画卷才更加波澜壮阔，那些美好的东西才会熠熠生辉，而人类也正是在对美的无限追求中不断地实现自我。

（二）以审美追求认识历史，引领师生超越自我

审美意识和审美能力是历史学科的能力体现，作用于学生历史认识的全过程，决定着学生历史认识的意义和方向。谢林提出的美的定义是“以有限的形式表现出来的无限”①。历史教学的本质正是从有限眺望无限，获得对于过去、今天和未来更理性的认识，从而不断超越有限，最终走向无限。每个个体，每个时代的历史具象，都呈现出有限的一面，受个人和时代的局限，历史似乎总是以不完美呈现在我们面前。如中国近代的落后挨打，试图改变国家民族命运的太平天国运动和孙中山领导的辛亥革命都以失败告终，历史局限性和不完美表现得格外明显。事实上，正是这种不完美给我们提出庄严的历史命题：如何逐步超越历史的有限，去创造历史的无限，从而将有限的自我融入无限的历史洪流，让每个人都接受历史的评判。历史的审美旨趣此时便表现为对有限的超越，对更完美的自我的无限追求。让学生在历史的情境中去思考自身的责任，将有限的自我融入对美好的未来的憧憬中，进而找到自己的人生坐标和精神基点，这其实就是一个个孤立的历史事件不断被赋予价值意义同时对学生进行精神引领的过程。从这个意义上说，历史因审美旨趣而深刻，它赋予人自我超越和追求无限的动力，给人以方向的指引。在从有限到无限眺望的轨迹上，人以审美的旨趣对待历史，对“真”的探究、对“善”的弘扬、对“美”的创造是历史研究的价值所在，亦是历史教学的价值遵循。

（三）以审美价值丰富历史，彰显历史学科本质

历史教学是研究过去、面向未来的，其终极目标是对学生进行精神改造和价值培育，与美育的价值具有内在的一致性。历史学科教学不仅在于让学生知道历史发生了什么，还要知道为什么会发生、应该怎样评价，而

① ［英］鲍桑葵：《美学史》，417页，北京，商务印书馆，1985。

最终是要对学生进行人格教育（侧重个体角度）和公民教育（侧重社会角度），让学生在历史学习中，不断实现社会之我的完善。“学会做一个合格的公民。”①身处历史学习场域中的人是未完成的人，他（她）将通过历史的学习从感性走向理性，具有丰富的情感、理性的判断和道德的境界。美育的价值在于让学生在个性化的生活体验中学会判断、懂得意义，让学生将个体的实践与生活的目的结合起来，进行丰富的人生体验。历史教学也同样如此，其目的在于“让学生在历史感知中丰富情感，具有对待自身、自然、社会的正确态度，形成正确的价值判断和价值追求”②。这与席勒的人生三阶段说一脉相承，即人要完成自我实现的全部过程，都要经历“物质的状态、审美的状态和道德的状态”③。可见，审美与历史学科的本质指向都是从人的感性（情感）认识出发，进而达到道德境界提升，都是一个从自我走向他者、从小我走向社会的放射性过程。

而在高中历史教学中进行美育渗透，使学生由其身心一体的人生经验、审美体验、阅读感悟，以及来自家人、社会口耳相传的阅历见闻出发，感受历史之美，形成社会责任意识与人生境界的提升，大体可以有以下四种途径：

(一)在对历史的体验鉴赏中提升学生审美意识

这是现象学带给历史研究的审美感受。历史研究者（师生）对历史此在的认识何以上升到审美的境界？或者说在历史鉴赏过程中学生审美意识得到培养的关键是什么？海德格尔所主张的“此在与世界”与旧的“形而上学”形成了鲜明的对比，可以很好地回答上述问题。在海德格尔看来，历史的显现与隐蔽具有不可分离性，艺术品或者可见的历史的审美意义的不可穷尽性和不在场性，乃是我们认识历史丰富性和无限性的空间所在。这可以海德格尔描述凡·高绘画《农鞋》为例证。他说：

---

① 张汉林：《试论高中历史教育的三维目标》，载《课程·教材·教法》，2014(2)。

② 易晓明：《杜威美学思想对当代美育的启示》，载《教育研究与实验》，2010(1)。

③ 朱光潜：《西方美学史》，442页，北京，人民文学出版社，1979。

> 鞋具磨损的内部那黑洞洞的敞口中，凝聚着劳动步履的艰辛。这硬邦邦、沉甸甸的破旧农鞋里，聚积着那寒风陡峭中迈动在一望无际的永远单调的田垄上的步履的坚韧和滞缓。鞋皮上沾着湿润而肥沃的泥土。暮色降临，这双鞋底在田野小径上踽踽而行……这器具浸透着对面包的稳定性的无怨无艾的焦虑，以及那战胜了贫困的无言的喜悦，隐含着分娩阵痛时的哆嗦，死亡逼近时的战栗。①

尽管这一段论述随后在德里达等人参与的讨论中，成为一段哲学史与艺术史上的“公案”②，但对于如何培养学生的审美旨趣，海德格尔的描述无疑具有重要的意义。他告诉我们如何通过历史现象去发现生活的意义、如何通过生活实现对人生方向的引领。如对于青铜器的认识，历史教学应该鼓励学生以审美的想象来认识青铜器，对其背后隐蔽的无限存在、其文化与生活的意义进行想象性赋予。人类在漫长的历史演进和特定的时空中创造了灿烂文明，这些文明总是会通过不同的符号来表达，寄托着人类丰富的审美追求。如青铜器、瓷器、绘画作品和文学作品等，总是立体鲜活地展示着那个时代人们的审美取向，体现着人们的生活态度。再如人类的生产工具经历了石器、青铜器和铁器、木器的漫长演变史，我们从木制的耒耜、耦犁和曲辕犁造型的变化中看到了古代劳动人民的审美追求。在汉代出土的文物中，我们经常看到“谷仓、灶台、屋舍”这些生活化的场景。由此我们可以判断，“只有对世间生活怀有热情和肯定，并希望这种生活继续延续和保存，才可能使其艺术对现实的一切怀有极大兴趣去描绘、去欣赏、去表现……”③是人类朴素的生活美学追求让历史的场景如此丰富多彩，人们热爱现实生活并对基于现实生活的未来充满了美好的希冀，才会将他们心中的理想生活融入生活的艺术创作中，此时的“谷仓、灶台、屋舍”已经

---

① [德]海德格尔：《艺术作品的本源》，见《海德格尔选集》(上册)，254页，上海，上海三联书店，1996。

② 参见李创：《对海德格尔的“农鞋”的另一种解读》，载《社会科学论坛》，2014(9)。

③ 李泽厚：《美的历程》，81页，北京，生活·读书·新知三联书店，2009。

不能仅仅用单纯的专业历史考古的视角来体味了。古人的“热情和肯定”，透过历史表征呈现于学生之前，可以极大地唤醒他们的人文意识。

历史学科中有着丰富的审美对象需要体验和鉴赏。这不仅需要艺术的眼力，也需要科学的判断。书法、绘画、文物等艺术门类中作者的辨别、朝代的辨别、真伪的辨别，都需要掌握相关的历史、文学、艺术、科学的知识，了解特定时期人们的审美取向。从古陶器、青铜器的纹饰理解农耕时代人们的精神追求，从精美的玉器、瓷器来理解不同时期人们的审美取向，从生产力、信仰、审美等多维视角审视中华文明的博大精深，增强学生民族自豪感和民族文化的认同。在历史教学中，教师要引导学生从审美的角度理解和认识人类历史文明的演进，让历史学习的过程成为感受美、理解美、创造美的过程。

(二)通过对学科内容的挖掘培养学生的历史美感

历史研究的包罗万象，呈现在人类面前的历史蕴含着丰富的审美价值，这就需要我们在历史教学中以审美的眼光去对待历史事实，挖掘历史学科中所蕴含的美，引领学生在与历史的对话中感受历史的魅力。

历史学科本身蕴含着丰富的审美教育资源，立足其内容进行美育渗透是其美育的重要途径。如专门安排了“科技文化”专题版块供学生学习，倘若仅停留在对科技成就本身的知识归纳，而忽略了对科技背后的文化挖掘，就无法真正理解科技文明所传递的信息，也会错失对历史知识进行美育提升的可能。再如中国古代的四大发明为什么在中国和欧洲产生截然不同的影响？对“侵略促进人类文明进步”的观点如何评价？对这些问题的深入挖掘，必然会将历史认识引向史观重塑。再如，从审美的视角出发，学习科技的历史，可以对科技与人文关系(科技伦理)进行探讨，让学生正确认识“科学决定论”的危害，从人类命运共同体可持续发展的视角认识人类的工业化进程。而高中历史教学中，“军事现代化的价值反思”“科技进步与人的幸福”“克隆技术与伦理”等都是现成的议题，可以让学生从“历史知识”中抽离而出，将自我投入整个人类命运共同体之中，从“小我”走向对人类命运的终极关怀。

人类历史上二次工业革命极大地改变了世界，深刻地影响着人类的发展进程。伴随着大机器生产，西方国家迅速走上了殖民扩张的道路，殖民地、半殖民地在经受着疯狂的掠夺和惨无人道的屠杀的同时，东方古老文明也呈现出现代化的新气象。对于上述历史过程该如何认识？当“殖民侵略”以顺应潮流的面孔出现的时候，我们仍然要坚持现代化史观而不能美化侵略，只有将历史认识引向审美之途，才能找到认识这些问题的逻辑起点。只有坚持生产力的标准，树立现代史观和文明史观，才有助于学生正确认识历史本质；学生在“真善美”的审美判断中认清了历史的本质，也让学生对资本主义的本质有了更全面的认识，对人类未来发展多了一份理性的思考。

(三)通过情境创设让学生获得丰富的审美体验

历史研究强调用历史的方法去深入理解历史的事实，回到历史现场，在历史情境中还原历史事件，理解历史进程的变迁与延续、原因与结果、共性与个性、意义与价值，这样才能建立历史叙事，实现对历史意义的重构。长期以来，学生对历史学科缺乏兴趣，历史教学的状态无法发生根本转变，就是因为作为反映人类实践、充满生活气息和美学关怀的历史进程窄化为了具体的史实的记忆和公式化的历史认识。事实上，一切历史的理解与解释，都需要在一定的历史情境中展开。因此，南菁高中把情境创设视作历史实践课程实施的重要途径。

学生在学习中的审美体验并非靠被动接受教师的讲授，教师必须创设情境，开展学科实践，让学生以主体的身份进入现场，成为历史故事中的一员，这样才能使学生获得深刻的审美体验。“历史剧的创作与表演”是从创作和表演两个维度展开的教学实践活动课程。该课程以历史教学中的历史事件和历史人物为题材，以戏剧剧本创作和表演为主要形式，通过一定的艺术加工，实现对历史的深层理解和解释。这门课最吸引学生的地方是它的情境性和创造性。学生在理解历史内容的基础上，在尊重历史事实的前提下，通过艺术的手法，对历史事实进行情节化的改造，完成戏剧剧本创作，并按照剧情寻找演员、设计服装道具，最后在舞台上演出。这门课列入学生的校本选修课范畴，选修的学生(一般5～8人一组)需要在一学期创作两个与历史课程内容相关的剧本，并参与一台历史剧的表演。近年来，学生改编创作并演出了《文成公主》《昭君出塞》《荆轲刺秦王》《孔子》《光荣革命》《巴黎公社》《十月革命》《西安事变》《鸿门宴》《遵义会议》《小岗村的故事》等二十多部经典历史剧。有的历史剧在学校文艺晚会和社区广场中演出，部分经典历史剧本已经汇编成册，并在2016年12月由南京师范大学出版社正式出版。

“历史剧的创作与表演”体现了多学科融合的课程开发思想，学生们在情境化的学习环境中焕发了极大的学习热情，既深化了对历史的学习，也在创作和表演中产生了强烈的情感共鸣，对真善美的人生境界有了深刻的理解。

(四)通过传承中华优秀传统文化丰富学生审美情怀

中华优秀传统文化中蕴含着中华美学的精髓，是当今普通高中进行美育教学实践的丰厚资源。如今，人类发展日益陷入进退两难的窘境：一面不断征服自然，创造丰富的物质以满足生活的需要；另一面则面临着价值世界的荒芜，信仰危机、道德滑坡和灵魂禁锢的困扰。“人类中心主义”把一切都予以物化，人与人、人与自然失去了理解和对话，这样的境况让人的灵魂失去归宿、无所归依，幸福更无从谈起。而美育正是要教导人们：“人应该以仁爱的态度，以万物一体、民胞物与的态度对待世界万物。”①“己所不欲，勿施于人”“老吾老以及人之老，幼吾幼以及人之幼”等传统精神，早已将摆脱“人类中心主义”的路径放置于人们的眼前，那就是走出自我、走向他者，在情感上实现与他者的同一。而这，也正是南菁高中美育课程体系建构“Y型”理论框架的主要内涵，是审美的基本价值取向。

人类的历史是一个充满意义的世界，我们总能从历史的感知和体悟中感受到文化的价值和精神的力量，获得前行的动力。中华优秀传统文化是中华文明的根基所在，是东方哲学思想的集中体现，反映了中华各民族在

---

① 张世英：《哲学导论》，232页，北京，北京大学出版社，2002。

面对人与自然、人与他人、人与社会时的审美取向。在历史教学中，教师要善于从东西方传统文化的主张中提炼东西方思想的本质，如道德的根源、人性的善恶、人生的意义、生活的本质等问题。把传统文化主张和那一时期人类发展的处境联系起来，以审美的视角来解读历史，弘扬人性的善，发现人性的美，从而给学生以无限的灵魂呵护——这也是“文化诗学”的重要主张①。历史教学应该充分挖掘传统文化资源，让学生从传统文化中获得对中华美学精神的感悟，以及对人生价值的深刻认识，进而成就学生审美的人生境界。以儒家思想为例，高中历史专门以“儒家主流思想的演变”为主题来呈现其发展历程。学生在学习这一部分内容时，显然不能局限在对儒家思想基本主张的机械记忆上，而要深刻理解儒家思想所蕴含的审美之维与价值之维，甚至可以落实到日常的待人接物之中，亲身体验古人“诚不我欺”的思想境界。历史教学不仅培养学生的历史学科能力，更重要的是让学生懂得优秀传统文化所蕴含的文化精神和价值内涵。因为，积极的、道德的、高尚的情感会让他们鄙夷历史的丑陋，充满人文关怀的、饱含人性叩问的、渗透未来意识的审美价值取向会让他们透过纷繁的历史具象，以批判和反思的方式，思考人类的命运。这也是“Y 型模式”最终要走向社会实践的意义所在。

“同一历史事件，站在不同的角度和立场，会得出不同的结论；而不同的人看待同一历史，结果也不尽相同。”②知识传授与审美体认是历史教学的两种立场。在南菁高中美育课程体系建构的理论框架看来，后者在大多数情况下是优于前者的。其实，在历史教学中进行美育渗透也是深度推进历史课程教学改革、培育学生历史学科核心素养、实现历史学科价值的重要途径。当今时代，历史教学需要唤醒人的生命活力，让学生获得丰富的审美体验。而以美学精神改造历史教学，能让历史教学走向美学境界。

---

① 童庆炳：《文化诗学结构：中心、基本点、呼吁》，载《福州大学学报》(哲学社会科学版)，2012(2)。

② 薛伟强：《中学历史学科特质述论》，载《历史教学》(上半月刊)，2016(1)。

(一)在人类发展进程的意义追问中体悟历史之美

人类社会发展的历史进程总是伴随着明确的目的，展现出蓬勃的生机与活力。“黑格尔的美是生命活力的命题，认为自然美是生物机体中显现出的内在生命活力的表征”……强调了人在生存的自然和社会环境中的主体地位和主观能动性。① 人类总是在特定的自然环境中创造着社会时空，自然之美和社会之美交相辉映。历史画卷苍茫浩瀚，历史气象伟岸神奇，人类改造自然、推动历史前进的实践蕴含着历史雄壮之美；沧海桑田的变迁，劳动人民决定着历史的真正方向，历史发展如长江之水浩浩向前，不可阻挡，呈现出自然之美与力量之美。② 人类通过生产实践改变了自然，在自然界中有了人的力量、人的精神，人和自然实现了主客体的和谐统一，人和自然相契合产生了丰富的审美意象。

历史学科中的美不是外在的赋予，而是人对其本质的深刻把握和对客观世界的感受。“夫美不自美，因人而彰”，自然的美需要人去发现，是人的意识的产物，是人的审美体验。但人不会天生就有感知客观世界的能力，人对客观世界的审美体验也不会是一种照镜子式的反应，人类对客观世界的感受是人对客观世界的再创造。历史学科对历史的研究过程就是人类对客观历史再认识的过程，这种再认识不能完全将历史复活，但却创造了新的历史，即人带着自身的主观目的对历史有选择的认识。研究人类社会的发展进程，是以人的活动为对象的，重大历史事件总是体现着人的价值和追求。人带着审美标准对历史的再创造寄托着人类对未来的美好希冀，内含着高尚的情感和崇高的精神世界。这就要求历史教学必须回到特定的时空背景下，去挖掘人在历史中的审美存在状态，了解客观历史背后人的思想、精神、目的，获得历史启迪。历史的学习必须围绕这一意旨，洞察人类历史的演变，以面向未来为方向，以真善美为标准，获得历史的智慧，致力于创造一个更美好的未来世界。

---

① 袁世硕：《并非心说：美是生命活力的表征》，载《文史哲》，2016(3)。

② 马维林：《论历史教学中学生的审美意识培育》，载《当代教育与文化》，2016(1)。

（二）在历史理解的多维链接中营造审美空间

新修订的《普通高中历史课程标准》（以下简称《标准》）规定，高中历史课程目标是培养学生的历史学科核心素养，包括“唯物史观、时空观念、史料实证、历史解释和家国情怀”五个方面。这五个方面相互联系、互相链接，是正确认识历史的重要要素。在这其中，“历史理解”对正确认识历史的意义重大，只有真正实现了对历史的全面理解，才能进行历史解释并形成基于责任和价值追求的家国情怀。而真正实现历史理解，需要探寻历史的本质规律、把握历史的本质。梁启超曾经说过，“史者何？记述人类社会赓续活动之体相，校其总成绩，求得因果关系，以为现代一般人活动之资鉴者也。”①深入地进行“历史理解”，洞悉历史全貌，敞现历史意义，是历史研究的关键。

历史理解需要在审美的意义空间中得以实现。正如马克思所言，人类对于客观世界的改造是依照美的规律来进行的，寄托着人类对美的追求。而人的审美观念又是在生产劳动和生活实践中逐渐产生和形成的。每个时代的人们都具有那个时代特定的审美观念和价值追求，这就需要在历史教学中以普遍联系的观点来构建历史理解的空间，挖掘事件背后的审美价值取向。如在学习唐朝经济史的时候，对曲辕犁的理解就不能仅仅停留在对生产工具演变本身去考察，还应该从时代出发，综合审视唐朝人的审美追求，这样才可以真正理解曲辕犁的造型是科学与艺术融合的产物，反映了一个时代人们生活的审美意象。可以说，美是推动人类从事各种创造性活动的巨大力量。在美的欣赏中，主体通过感受、理解、想象和情感体验等活动，对客体形象进行再创造，形成自己头脑中的形象，人类历史本身所展现的就是人类在对美的追求中不断摆脱野蛮和愚昧，走向文明和进步的进程。营造历史理解的意义空间，需要我们置身过去的历史之中，关照今天的时代之需，理解过去并建构今天我们对历史价值的理解。

历史理解需要营造审美的课堂空间。课堂空间的审美特性是由教学内容的审美意义和教学过程充分审美化来实现的。传统课堂教学的最大缺陷

---

① 梁启超：《中国历史研究法》，1页，北京，中华书局，2014。

是遮蔽了教学的育人价值，使得历史学科的人文化育功能被应试功能所取代，师生们生活在工具性过度彰显的教学场域中。因此，课堂审美空间的营造首先是学科育人价值的充分实现，让学生在生生不息的历史进程中充分体悟人类对真善美的追求，从纷繁复杂的历史现象中把握历史的规律、顺应历史的潮流，从而加速历史前进的步伐。营造审美的课堂空间，需要进行历史学科核心素养的培育，转变教学方式，让课堂成为学生主动探究、情感升华的空间。让学生走进历史情境之中，让历史与现实进行充分互动，尊重学生在学习中的权利，让每个学生都以独立的姿态面向未知的世界。历史学科教育价值的实现，建立在促进学生情感提升、人格完善以及为学生的终身幸福奠基的教育理念之上。席勒提出审美教育“正是要在理性占主导的文化和教育中保护和发展人的感性，重建和谐完整的人格”，即找回人的完整性，让学生“既有理性的成年性，又有想象的青春性”。教师要在历史教学中，以崇高、解放、自由、价值进行立意，以创造未来为宗旨，引导学生从文化与情趣、健康而有价值的视角去审视生活、创造生活，在历史学习中，营造一个个审美的意义空间。

(三)在回归生活的教学设计中提升学生的审美境界

传统历史教学过多地强调历史的政治教化功能，远离人的生活世界，生机勃勃的历史本身变成了干枯的木乃伊。当历史教学在理论上逐渐脱离了对于人的生活现实的直接关注和阐释兴趣，持续强化着以概念把握、理论思辨为基本形态的知识体系建构，也就失去了其应有的生机与活力。因此，历史教学必须回归生活、引领生活、超越生活。强调生活意义的审美实现，就在于持守“与天地万物上下同流”的人生态度，进而成就物我相通、与天地和的最高人生境界，历史正是在这个意义上实现了对生活的回归和对现实的超越。“全部科学、全部历史文化，尤其是精心构建和名副其实的历史文化，都同维护并扩展人类社会的积极的文明生活的普遍需求相联系。”①历史教学对生活世界的回归体现在能否在对人类历史进程的

① ［意］贝内德托·克罗齐：《作为思想和行动的历史》，6页，北京，商务印书馆，2012。

审视中敏锐发现生命本体的困顿与希望，通过历史内容的审美化开掘对人的生活进行引导、指引生活意义的寻求方式与方向，让人以审美的方式存在于教育生活之中。人的审美存在是人在教育生活中的理想状态，其决定因素就在于对人精神生命的无限敬畏，强调人内在价值的充分激发和人生命活力的充分释放。关注历史教学中人的审美存在，其实质是强调历史学科价值的最大彰显，这一方面要充分挖掘历史学科的人文价值，将优秀文化精神融入学生的生命感悟之中，从而让教育肩负起培养高尚人格的使命；另一方面，历史教学对生活的回归特别强调对学生生命主体性的尊重，维护人在教学中的尊严、权利、自由和价值，把人置于教学生活的中心。需要让学生在真实的教学情境中体悟学习的价值，让教育在历史与现实中保持对话的张力，引领学生真正理解人类历史进程中的核心价值。

人类生活在一个休戚与共的共同体之中，历史教学回归生活还必须关照人类共同的未来，关注可持续发展，建立一个相互理解、求同存异、共同发展的未来世界。人类过去和今天饱受战火之苦，其根源在于对私利的过分追求和不同文明之间的冲突，当弱肉强食和霸权主义不能得到有效遏止，人类就无法保证拥有一个更美好的未来。当前国际冲突不断，地区矛盾升级，西方插手地区事务。因此，在历史教学中，需要透过历史现象叩问历史的本质，以人类共同价值和可持续发展的理念对历史事件进行价值判断，形成价值共识。而理解和解决人类未来发展问题，需要挖掘中国优秀传统文化的精髓，在人类未来生活的建设中，弘扬“己所不欲，勿施于人”和“天人合一”的理念，尊重多元文化，倡导和平共处，对未来人类命运共同体的建设，进行富有意义的价值引领。挖掘人类历史上的善与美，实现对人类欲望化生活的引导，从而让人类的心灵秩序美善化，让历史教学可以关照人类未来的美好生活。

学生以什么样的价值标准认识历史，取决于他们的审美旨趣，取决于他们对现世和未来世界的审美取向。历史教学的过程是引导学生基于现实生活和未来的需要，对过去发生过的历史实践进行认知、批判和反思的过程，是师生发现美、感受美、认识美和创造美的过程。历史教育工作者应该充分认识历史教学的审美旨趣，在历史教学中进行充分的美育渗透，以此让历史教学真正承担起灵魂呵护和价值引领的功能。

第六章　实施：落实在课堂上的普通高中美育课程体系

普通高中美育课程体系的建构，最终需要在课堂上实现。无论模式框架，还是具体的课程内容，都要落实在课堂上。此处所言的“课堂”，并不仅局限于教室，而是一个相对宏观与广阔的概念，是教育者与被教育者共处的全部情境。在一个特定的情境中创设审美经验在师生、生生之间传导，是为“审美课堂”。南菁高中美育课程体系正是以“审美课堂”为主要实施阵地，通过对课堂教学每一个环节的审美渗透、情感增加与创思激活来使传统课堂生动起来，师生交往更富情感意义。在这一过程中，完成知识的传递和情感的交流，二者实为一体。

“审美课堂”着眼于审美，包括形式与内容两个层面。就其形式而言，美的课堂需要有美的教师、美的学生、美的语言、美的教具、美的课件、美的教姿等；而就其内容来说，审美课堂重视师生之间相互的情感交往，重视知识通过人际关系在课堂上的彰显、加深与情感化，重视教书育人与艺术创造之间的相互关系，努力把教学价值由需求关系提升到与幸福生活相关联的价值论美学的高度。前者是一种课堂表现形式，而后者则是课堂传递的价值导向，二者都以“美”为其总体要求、以人及其情感为基本核心。总之，就是要高度突出课堂作为教学场域中的“人”的存在。坚持这一基本立场，“课堂”由教室泛化为学校，学校进一步延伸至学生成长的整体环境，这些都可以成为实施美育的场域，都可以成为美育课程体系建设的有机组成。但需要指出的是，无论课堂如何泛化，人始终是其核心。

南菁高中的审美课堂建设经过了一个发展过程。从提出文化课堂到凝炼聚焦为审美课堂，人(师生)的主体性和超越性被南菁高中的课堂改革建设放置于核心位置。而正是对这一位置的反复叩询，才使美育有其始终不渝的教学价值。

第一节　“审美课堂”的主要意涵

课堂教学是现代学校教育活动最主要的表现形式。可是，随着工业化社会逐渐走向后工业化时代，重视技能传递与知识传承的课堂渐渐发生了“异化”：“学生学习本应是学生自由地与未知世界发生交往的过程，随着学生认知能力的不断增强、生活经验的不断丰富，学生会有更多的自我选择，更渴望自由和自主”，但是，他们很难做到这一点，他们“面对的不是一个丰富多彩的世界，而是一个被预设的世界”①。既然作为课堂，讲求“未知”(好奇心和想象力)，讲求“交往”，讲求“自由”，是“一个丰富多彩的世界”，那么不妨将它定义为“审美课堂”。在这样的课堂里，美育将如何实践？本节先从定义入手，辨析“审美课堂”的主要意涵，再讨论南菁高中审美课堂概念提出与课程建设的相关问题。

一、情感交往：“审美课堂”的基本特征

课堂是教学的基本空间形态，“课堂教学是一种以交往为本质的，以改造人的主观世界、促进受教育者身心发展为宗旨的特殊的实践活动”②。这是对课堂教学的一般界定。这一界定，有两点值得注意之处：一是课堂教学“以交往为本质”，这主要是对师生关系的界定；二是教学以“改造人的主观世界”和“促进受教育者身心发展”为目的，这其中的“人”，并未明确指出是“受教育者”，因而可以理解为是师生共存的双重主体性，但其随后提出

---

①　王嘉毅、马维林：《再论“以学生为中心”的教学意蕴与实践样态》，载《中国教育学刊》，2015(8)。

②　孙德玉、吴支奎：《课程改革与课堂教学》，1页，合肥，安徽教育出版社，2007。

的身心发展又明确指出是“受教育者”，这就存在着一个主体上的“裂隙”——如果课堂教学是以交往为本质，那么，交往显然是双向的；而在双向交往过程中，师生双重主体的身心都处于动态过程之中，其发展也必然是双向的。双向的发展不单是指身体素质或心智的提升，其要点更在于情感的交流。唯其如此，课堂教学才能显现出“交往”本质。

由此可以说，课堂教学是一种以师生情感交往（对话）为本质的知识、技能和价值观的系统传递与传承活动①。与众多强调和重视“师生交往”的“课堂教学”界定相比，这一相对独特的课堂教学概念之要点在于突出了“情感”。而恰是情感，使得课堂教学与美学发生了关联。所谓美学，即“研究人的审美沟通”的学问；而审美沟通或交往的内容，正是以审美体验为表现的“情感释放”②。因此，突出情感交往，可以认为是基于“审美课堂”教学的一种特色。

事实上，从不太强调情感的“交往论”角度来对“教学”进行定义，并不罕见。在某种程度上，这也可以认为是学界相对一致的认识。如叶澜就认为“从形态的角度看，教育起源于人类的交往。人与人之间的交往，即便是原始社会人与人之间的交往，也已隐含了教育构成中的基本要素（如交往双方、内容、媒体），但交往双方相对特殊化并形成一种以传递经验、影响他人身心为直接目的的活动时，交往则转化为教育”。这固然正确，但也正如作者随后所言，“教育是人类交往的一种特殊形式，交往与教育之间的关系是一般与特殊的关系”③。它说明“交往”角度并未揭示出“教育”或“教学”活动的独特意涵——在现代社会中，诸如商品销售、法庭论辩、心理咨询，甚至景区导游，无不以“交往”为形式来传递经验、直接影响他人身心，而这与课堂教学相去甚远。

那么，课堂教学的独特之处在哪里呢？除了侧重“教师教”或“学生学”

---

① 参见王嘉毅、程岭：《哈贝马斯交往理论对促进教师职业发展的启示》，载《教育理论与实践》，2014(13)。

② 参见王一川：《新编美学教程》，20、42页，上海，复旦大学出版社，2007。

③ 叶澜：《教育概论》，41页，北京，人民教育出版社，1999。

两面的定义之外，还有一种常见的说法是教学乃“教师教”与“学生学”的统一。如论者所言，“教学就是通过教师的指导启发和学生的积极学习，使学生逐步掌握系统的科学知识与技能，并在此基础上发展学生认识能力的过程，在这一过程中，交织着培养共产主义思想品德和发展体力的活动”①。这一界定虽涉及了“教”与“学”的双主体，但“指导启发”与“积极学习”，都是各为单向的主体活动，并未提及教学的“交往”特征，也谈不上对主体间性的重视。

自20世纪后期西方哲学，尤其哈贝马斯提出主体间性的交往理论之后，教育教学要形成师生之间各为主体的“对话”关系就成为一种相对普遍的认识。“教学过程不再是在单一本体和客体的两极摆动，而是教师和学生以共同的客体为中介的交往过程，它生成的是多重主体际关系，包括师生之间的主体际关系、教师间的主体际关系、学生间的主体际关系，以及教师、学生作为客体的‘文本’的创造者(即解释者和文本的作者)之间的隐性主体际关系”②。而与这一认识同步深入的，还有对“教育回归生活世界”的呼吁③。但大体来说，双重主体也好，交往论教学也好，生活或生存论教学也好，都没有切中“情感”及其交往这一“审美课堂”的核心。因为“美”就诞生于情感交往之中，而“审美”正是对这一交往的感性体验与理性思辨。在这一过程中，知识、技能与价值观能得到最为恰当的传递，课堂效果也能发挥到最佳。其实，仅就个人感觉而言，许多教育工作者也会赞同：脱离了情感交往的课堂教学，一定称不上是“一堂好课”。

将“情感交往”作为审美课堂的基本特征，是南菁高中美育课程体系课堂实施的基本经验。具体来说，审美课堂是“大美育课程”最基本、最重要的实现途径和平台载体，体现了在普通高中课程改革理念的指导下，南菁高中在课堂教学目标的确立、内容的编制以及教学方法、手段、模式等方

① 李定仁、徐继存：《教学论研究二十年(1979～1999)》，54页，北京，人民教育出版社，2001。

② 冯建军：《论交往的教学过程观》，载《教育研究》，2000(2)。

③ 参见张华：《论基础教育课程改革的价值取向》，载《天津师范大学学报》(基础教育版)，2002(3)。

面的审美价值取向和努力方向。建构审美课堂的意义在于引导课堂教学设计和实施的审美取向，即将美和审美看作课堂教学本身蕴含的内在属性，让课堂教学的各个环节充满美感以涵养师生的生命，将以“审美”为核心与表现形式的情感交往看成是课堂教学的基本要求，而以相伴随的知识、技能、价值观传递和生成作为其目标指向。

二、艺术教学：“审美课堂”的意象表达

有论者指出，“回归生活”的教学论颇有失之虚幻的可能。“教学回归生活世界首当其冲的后果是教学活动本身的消失……一种所谓的‘教学’活动不体现学校教育的基本特征，不能实现学校教育的目标，这样一种活动还能称为教学吗？显然，我们可以称它为夏令营活动、集会或别的什么，而不能称之为教学。”①从教育哲学的角度来看，这种指摘并无太多依据。因为呼唤回归生活的教育学，用意本就多在价值与意义指向(教育要为生活、为人服务，而不是为分数服务)，而非具体的教学形式，更何况学校教育本身也内在于生活世界之中。但是，这一说辞却点出了一种广泛意义上的教育学讨论中常见的论调，即以似是而非的论断或譬喻，将教育教学活动进行更为抽象、含混的说明，一如“回归生活”。

另外一个比较常见的类似譬喻是“教学是一门艺术”(简称“教学艺术论”)。这一说法来源于三百年前的捷克教育学家夸美纽斯。在其教育学巨著《大教学论》的开篇，他用黑体字写道：“《大教学论》，它阐明把一切事物教给一切人类的全部艺术”，随后在“致意读者”中，他又以首句话再度申明“教学论是指教学的艺术”。但读过原著者都明白，夸美纽斯所谓的“艺术”，并非是人类情感的寄托与投射，而是为了“寻求并找出一种教学的方法，使教员因此可以少教，但是学生可以多学”②。说到底，所谓“教学艺术论”，在16—17世纪的夸美纽斯那里，多是一种知识传递的结构和步骤优化(如划

---

① 彭茜：《教育性教学交往论》，33页，杭州，浙江教育出版社，2012。

② [捷克]夸美纽斯：《大教学论》，1～2、8页，北京，人民教育出版社，1984。

分学龄阶段、建立班级制度、激发儿童求知欲等)①。如今，三百多年过去了，夸美纽斯式的“教学艺术论”的意涵与内容都日渐得到修正。人们已经开始关注教学与艺术之间的实际可比拟之处。如有人认为教学是一种创造性的活动，因而与艺术相似②；也有人更加粗浅地认为，教学的语言形态(包括口语、书面语、体态语)是其作为艺术的表征之一③。而在这些论述中，日本学者斋藤喜博的论述全面而精当，颇值得引述。他说④：

> 我认为，教育的工作同文学艺术一样，是追求复追求的工作。因为教师需要作家般敏锐的眼光、追求心和创作力。从根本上来说，需要有一颗信任人、热爱人的心。用这颗心去率真谦逊地观察对象、研究对象，然后运用自己丰富的经验、智慧和创造力，就像作家在稿纸上或美术家在帆布上创作那样构思、塑造。这就是教师实践，教师的研究。所以我一直认为教师的工作是艺术，教师是艺术家。

斋藤喜博的“教学艺术论”是以教学实践与艺术实践具有的相似性为基础的，认为教师在教学行动上“就像作家在稿纸上或美术家在帆布上创作那样构思、塑造”，其需要有“作家般的眼光、追求心和创作力”，需要“运用自己丰富的经验、智慧和创造力”，但其“根本”则是“要有一颗信任人、热爱人的心”“用这颗心去率真谦逊地观察对象、研究对象”。也就是说，无论

---

①　正如《大教学论》的译者所言，“虽然夸美纽斯提出的许多教育主张，在今天看来已经是家喻户晓的常识”，但其在当时有着重要的意义，是“改革中世纪的旧教育、建立资本主义的新教育的主张”。据此，可以认为“教学艺术论”本身有一个历时性的发展过程，当其作为知识传递的优化意义结束之后，其更为深远的、诉诸情感和创造力的意义才得以显现，进而被人们重视。参见[捷克]夸美纽斯：《大教学论》，8、16～17页，北京，人民教育出版社，1984。

②　参见徐勋：《关于教学论的研究对象、任务、方法之我见》，载《教育研究》，1986(3)；Elliot Eisner，“The Art and Craft of Teaching”，*Educational Lead～ship*，1983(1). 转引自熊华生：《论教育是一门艺术》，载《教育研究与实验》，1991(2)。

③　许本柯、刘洪涛、周晓娟：《浅谈教学是一门艺术》，载《大家》，2012(20)。

④　转引自日本筑波大学教育学研究会编：《现代教育学基础》，440页，上海，上海教育出版社，1989。

智慧还是行为，乃至创造力，虽然都是教学与艺术的相似之处，但其关键、根本仍在于二者都与态度、情感相关——“一颗信任人、热爱人的心”，以及“率真谦逊”地进行教学实践。

因此，如果说“教学是一门艺术”这一譬喻式的论断能够成立，那么，其根源还是在于教学与艺术都应该是诉诸人的情感的活动。在这一基础上，二者才有诸如运用智慧、进行调适和发挥创造性等其他形态表达上的相似与关联。当然，无论对教学还是对艺术来说，情感基础与形态表达同样重要——毕竟，具有相似或相同情感者众多，但能成为艺术家或美学家的却凤毛麟角。这切实地说明了创造性和表现方式之于教学艺术的重要性。因此，从夸美纽斯到斋藤喜博，其“教学艺术论”的观点中都或明或暗地蕴含了“教学不是简单的灌输式的知识传授，教学的过程应该丰富多彩，富有变化，最终上升到艺术的境界”的意义。

换句话说，在讨论“教学是一门艺术”这一论断时应着眼于内核与表现两个层面。前者是师生在教学活动中产生的情感交往或称情感沟通，后者则是师生在教学活动中表现出来的多样化的形式、形态、技能与手段。

“教学是一门艺术”通常被用来指摘机械论的传统教学方式。就其弊端而言，一般情况下所说的“传统教育教学方式”大体包括以下几种表现形态：以学科、教师为中心的认知模式、理论模式，以知识技能为中心的授受模式，以书本、课堂为中心的封闭类模式，目的明确而教学手段单一，忽略了对学生进行情感培育和价值引领，不利于学生的全面发展和个性发展，背离了课堂的育人本质。而正因如此，新的、与师生情感密切相关的“审美课堂”才应势而生、呼之欲出。

从心理学角度来看，学生的思维认知系统与情感以及道德感有着不可分割的联系；科学与美学有着不解之缘，二者对人的智力发展来说都是不可偏废的。以智力为中心的教学活动不仅不应该排除情感的体验与审美的参与，相反，它需要情感和审美体验（高峰体验）的介入，甚至热切地呼唤其进入课堂、发挥作用。而从学科特点来看，以前文列举的化学、物理、历史、信息技术等课程为例，每门学科都具有丰富的审美因素。当论者标举“教学是一门艺术”时，就意味着“教师是一位艺术家”，他需要充分、深入地挖掘手头所有材料(学科、教材、辅助教学资料等)的审美价值，从而在载体(课堂)上进行情境创构，既抒发自己的情感，又将这一情感传递给受众(学生)，实现知识、经验和价值观的转移。这既是艺术创作与表达的全过程，也是审美课堂创设的全过程。

最后，就教育的本质而言，审美课堂作为“教学艺术的展示”和教学艺术论的载体，就是要在教学中渗透美育和德育，使学生在学习过程中不仅获得专业知识和技能，而且获得广阔的视野、丰富的情感和完善的人格，成为一个全面而自由发展的人、一个“完整的人”。这是南菁高中倡导和实施审美课堂的理论回应。

三、教学价值：“审美课堂”的核心指向

如果说情感交往与艺术教学都还只是从“审美”的外围或其表现形式来界定“审美课堂”的话，那么，教学价值应该是“审美课堂”的基本核心构成。或者说，教学价值乃是所有课堂建构的基本核心构成。没有价值的课堂，只能是苍白而无力的，至多是侧重知识传递的“培训”(Train)，而远非“培养”(Cultivate)。

前者是工业社会的教学形式，而后者则更倾向农业社会的价值取向——英文“cult”的词根基本等同于“till”，乃“耕作、种植”之意。教育家叶圣陶曾说：

> 最近听吕叔湘先生说了个比喻，他说教育的性质类似农业，而绝对不像工业。工业是把原料按照规定的工序，制造成为符合设计的产品。农业可不是这样。农业是把种子种到地里，给它充分的合适的条件，如水、阳光、空气、肥料等，让它自己发芽生长，自己开花结果，来满足人们的需要。……受教育的人的确跟种子一样，全都是有生命的，能自己发育自己成长的；给他们充分的合适的条件，他们就能成

为有用之才。①

这段话以“教育是农业，而不是工业”成为一种“价值正确”的判断，时常出现于报端②。但问题是，处于后农业社会的中国教育，一方面承担着为社会培养合格公民的立人使命，另一方面又面临着极大的社会工业化压力，这突出表现在各级学校的升学率或就业率上。故而，持“教育农业论”者，也不得不面临“近年来有媒体曝出‘本科生就业率不及高职学生’‘名校生收入不及高职生’等现象”，而面对这一现象时，论者仍只能回应这“启示我们要用市场能接受的方式来教育学生”③。这就意味着仅主张“教育是农业”，主张“给受教育者提供充分的合适条件”，在当前社会发展中仍具有相当的理想性。应该说，表征为“农业”的教育，更切合前工业文明的农业社会，但其已经沉淀为一种教育传统。

而在后工业时代的当下，教育应在回归传统的基础上，实现新的理解。回到“教育”(education)一词的本义：这一源自于拉丁文 educare 的概念，其前缀“e”为“出”之意，词根“ducare”则意为“引导”。“教育”意味着“引导出”，也就是通过一定的手段，把潜藏于人身上的东西(主体性)引导出来，使之成为现实。这是一个主体生成的过程，也是主体被“询唤”的过程④。而贯通实现这一过程的师(引导者)—生(生成者)之间的，正是带有导向性的教学价值。

一般认为，“教学价值”是指教学活动和主体需要的关系，即教学应该

---

① 叶圣陶：《教育是农业——吕叔湘先生说的比喻》，见任苏民：《教育与人生：叶圣陶教育论著选读》，90页，上海，上海教育出版社，2004。

② 参见曹云凤：《教育是农业，不是工业：由一个幼儿教育场景引发的思考》，载《教育科学论坛》，2008(2)；刘根生：《“教育是农业，不是工业”》，载《生活教育》，2016(13)。

③ 《教育是农业而不是工业》，载《中国教育报》，2015-03-08。

④ “询唤”(Interpellate)本是一个精神分析术语，拉康、齐泽克都曾做过表述，而阿尔都塞则认为询唤是国家意识形态作用的重要表现。在教育学(特别是美育)视野中，“询唤”的作用应该带有更为明显主体生成意识。可参见王双群：《社会主义核心价值体系融入思想政治理论课教育教学研究》，39～42页，博士学位论文，武汉大学，2014。

满足主体的哪些需要。而根据学者的研究，由于学生具有“获得知识、发展能力、形成良好品格、掌握科学与合理的方法”等需要，因而教学也相应地具有上述四种价值①。诚然，上述划分具有一定的合理性，但这四种教学价值之间存在着明显的层次等差。如叶澜曾指出，“大部分教师对教育价值的选择还停留在‘传递知识’上，其中有一些教师虽已关注到学生技能、技巧，甚至能力和智力的发展，但大多仅为点缀。”②这就说明“知识—技能—能力(智力)”作为教学价值，是有着层次上的不同的。而联系马斯洛的需求理论，可以认为在知识、能力、方法等用于谋生和免于恐惧之上的价值，是情感归属、尊重和自我实现，亦即审美意义上的价值。

由此可以认定，“审美课堂”就是要努力在知识传递、技能培养等工业社会的“培训”价值之外，尝试回归农业社会的“培养”价值，最终“询唤”出主体的自我意识并实现超越，从而实现教学价值由低向高的转化。这并非宏大高远的追求，只是要教师在课堂上时刻保持对学生主体性的关照——把人当人看，而不把人当知识的容器看；把课堂当成情感交往的场域看，而不把课堂当知识流水线看。

一个年轻漂亮的小学女教师参加新课程教学比赛，课前经过群策群力，做了充分准备。比赛那天，她穿一条漂亮的裙子，裙子上贴了许多五角星……每当一个学生做了一个很好的回答，老师就从裙子上摘下一颗五角星作为奖励……课上得很顺利……在整堂课将要结束的时候，有一颗五角星掉在了一个还没有得到五角星的同学旁边，很快就下课了，这位同学……匆匆跑到老师办公室，将五角星还给了老师。女教师说：课上完了，五角星没用了，你把它扔了吧。孩子听了这话，一下子愣住了。③

① 参见尚凤祥：《现代教学价值体系论》，7～13页，北京，教育科学出版社，1996。

② 叶澜：《重建课堂教学价值观》，载《教育研究》，2002(5)。

③ 黎琼锋：《价值关怀：一种课堂教学改革的路向》，载《教育发展研究》，2007(7-8B)。

这一教育叙事通过变了味儿的奖励，极好地揭示出了“审美课堂”的教学价值。南菁高中的一位教师的课后反思从另一角度说明了审美课堂的价值取向：

> 任何一门课的教学目标的实现，很大程度上并不是由教学内容决定的，授课教师对教学内容的处理与课堂上的随机应变，起着举足轻重的作用。在教学过程中，教师要准确把握课堂的科学知识和文化品位之间的关系，既能让学生在有限的课堂中体会中国传统工艺的魅力，又能感受工艺中科学的启迪与萌动。这样不仅有助于学生理解并运用所学的化学知识，提高学习兴趣，还能感受中华文明悠久灿烂的历史，了解各个时期不同审美趣味的演变，提升民族自豪感，落实课程的多维教学目标。①

事实上，课堂不只是物质空间的“课堂”(教室)，需要有诸如从裙子上摘下星星这般“美”的举动，更重要的是广义的“课堂”(包括办公室在内的整个校园，乃至社会)能以情感交互式的主体关系，来看待学生，帮助其成长。学生在受到尊重和激励的心理状态下，才能快乐自由地探索未知，不断丰富和完善自我。教育即生活的隐喻，就是在说明学生在学校不是被动地接受教育，而是积极主动地去发展自我，学生只有以主体的身份出现在教学生活中，教育即生活的隐喻才是浪漫的，否则，这种生活的色彩可能是灰暗的。因此，学生在整个审美的校园生活中所能体会到的情感归属、尊重、自我实现，乃至超越自我等体验，才是“审美课堂”的意义。

---

① 参见张静慧：《科艺渗透，文理融合：校本课程“中国传统工艺与化学”的设计》，载《江苏教育》，2015(14)。

第二节　“审美课堂”的界定与实践

在南菁高中的界定中，审美课堂指将所有教学因素(诸如教学目标、内容、方法、手段、评价、环境等)转化为审美对象，使整个教学过程转化成为情感交往(美的表现、美的欣赏和美的创造)活动，使整个教学成为静态和动态的和谐统一、内在逻辑美和外在形式美的和谐统一、师生互动的和谐统一的整体，从而提高教学质量、减轻学习负担，使师生都充分获得身心愉悦的一种教学思想理论、操作模式和方法。这一从理论到方法全面统合的教学概念，显然还处在初步提出、有待完善的阶段。但大致而言，仍可以说“审美课堂”以树立审美教育理念、创设审美教育情境、增强教学的艺术性为主要目标，其教育教学活动具有形象生动、情感激励、自由开放、潜移默化、寓教于乐等美学和美育基本特征，教学要素间的内在联系要在情感交往的作用下，充分呈现出协调一致的内在逻辑美，整个模式活动过程充分反映出自由表现、自由欣赏、自由创造的美，而这一切都建立在学生情感塑造、完美人格发展以及为学生的终身幸福奠基的教育理念之上。

一、探索创新：南菁高中审美课堂的演变之路

近年来，南菁高中以美育课程体系建构为框架，在学校管理、教学改革等方面进行有机的协调与探索。而课堂是美育课程体系得以呈现的主要载体，因而也是南菁高中长期着力予以创新和探索的重要内容。2013 年，南菁高中提出“让学生对课堂充满期待”，指出“文化的潜移默化影响很多是在课堂上发生的，因此要关注生成性、自然性与有效性，使课堂成为师生相互融合、相互激发的教育活动的过程”①。这一理念虽然没有直接对“课堂”进行概括，但已经暗含了“课堂”作为一种美育生成场域的重要意义，特

① 参见杨培明：《让学生对课堂充满期待：江苏省南菁高级中学优质特色发展展望》，载《山西教育(管理)》，2014(1)。

别是指出课堂在于“师生相互融合、相互激发”的价值属性。而经过了一段时间的实践，特别是在小班化教学、分层教学、走班制和学分制等举措下，南菁高中的课堂已经具有了较为明显的改观。

2014 年，南菁高中又提出“让课堂成为学生幸福成长的地方”，尤其提炼出“文化课堂”的概念，指出：“南菁的课堂转型经历了传统的班级授课制基础上的有效课堂和高效课堂阶段。但无论是有效课堂还是高效课堂，都没有突破传统班级授课制的三中心，即教师中心、教材中心、课堂中心，仍强调对学生进行学科知识的系统教学，学生处于被动从属地位”；而所谓“文化课堂”，就是要让师生在课堂上“感受生命与生命的对话，课堂回归现实生活，课堂场域开放……师生沉浸在课堂的愉悦与快乐中，课堂成为学生喜欢的地方”①。

这一界定突出了“对话”“生活”“开放”“愉悦”等带有审美色彩的范畴，已经突显出“文化课堂”具备了“审美课堂”的基本内涵与雏形。特别是在情感交往、艺术教学与教学价值等层面上，“文化课堂”已经基本囊括了“审美”的若干要素，使“课堂”走向了一个开放、自由的境地，成为人(师生)审美存在的现实空间。但如果要说基于“让学生对课堂充满期待”与“让课堂成为学生幸福成长的地方”而提出南菁高中的“文化课堂”与其后标举的“审美课堂”有什么差别的话，其主要因素在于南菁高中对“美”的教育学意义尚缺乏相对明晰的界定。尤其是对于如何在普通高中的教育教学实践过程中，具体而可操作、可评价地进行审美课堂建构，缺乏充分的认知。这一方面是因为“审美课堂”作为一种教育教学理想，特别是作为南菁高中建构美育课程体系的重要实施方式，需要有较深刻的理论思辨阐述，需要在美育理论的推演中找到契合点；另一方面则是由于南菁高中的“文化课堂”建设尚缺乏充分的实践基础，相关经验总结还有所不足。因此，可以说在 2014 年前后出现的“文化课堂”是“审美课堂”的初步阶段。

而在这一初步阶段，南菁高中的许多教师都在教学与研究中对“课堂”

---

① 杨培明：《让课堂成为学生幸福成长的地方：南菁高中文化课堂建设的理论自觉与实践探索》，载《当代教育与文化》，2014(3)。

加以反思，提出把握课堂审美的关节点与可能性。这可以南菁高中生物教师梅金生的相关反思为例加以分析。2014 年，梅金生刊文提出高中生物课堂教学常规管理具有六项误区，分别是老师准时进教室、只有老师提问而不给学生提问的时间、为了完成教学任务而打断学生发言、学生所学知识由老师一手包办、拖堂、下课后立即离开教室①。显而易见，虽然论者自言其谈论对象是"高中生物课堂"，其文中所列事例也确为高中生物教学案例，但上述"六项误区"却无一不是所有学科课堂教学过程中均应力避的现象，而这些现象又恰都在说明师生交往的断裂与不足。再如，南菁高中的生物教师徐建同年也刊文提出要"多元化创设问题情境，激活生物课堂教学"，将研究的视角聚焦在美学意味极强的"情境"范畴上。其中提出的"激发学生想象、兴趣与求知欲""引起学生的新奇和惊讶、注意和关心"，无不是重视学生情感，通过种种方式和手段调动学生情绪之意②。而这些都是"美育"的题中应有之意，并在随后南菁高中提出的"审美课堂"创建中都做出了较具体的说明。类似反思，在南菁高中 2013—2015 年的教研文章中还有不少③。

2015 年，南菁高中又在总结"文化课堂"建设的基础上，提出了"理想课堂"的主张。这一课堂形式在文化课堂的基础上，具有了较为细致的原则。特别是在师生交往的基本指向上，提出"面向全体学生""重视中下层学生"等要求④。

至 2016 年 10 月，南菁高中举办全国高中"审美课堂"教学论坛，将涵盖了各学科的 36 节教学研讨课呈现于全国近千名专家、教师面前时，"审美课

① 梅金生：《高中生物课堂教学常规管理中的误区和改进策略》，载《中学生物学》，2014(8)。

② 徐建：《多元化创设问题情境，激活生物课堂教学》，载《中学生物学》，2014(6)。

③ 参见刘正旭：《找准视点，走进文本深处》，载《江苏教育》(中学教学版)，2013(11)；胡寒萍：《用"生成"突破高中生物实验教学的线性化》，载《中学生物学》，2013(11)；叶先进：《深度学习：生本畅态地理教学的价值追求》，载《地理教育》，2015(10)；王晓：《高中数学课堂导入策略的提炼与升华》，载《数学教学通讯》，2015(4)。

④ 杨培明：《课堂理应担负起教育的价值承载》，载《人民教育》，2015(12)。

堂”这一概念才算基本成熟。而在南菁高中的多门学科教学过程中，审美课堂已经得到较大程度的呈现。大致来说，审美课堂的实施主要体现在以下几个方面：一是大力提升教师的审美素养，二是加强教学内容的审美开发，三是优化教学过程的审美设计，四是美化教学的各种手段，五是培养学生的审美能力，六是全面营造教学审美场，七是促进教学评价审美化。总的来说，就是要构建师生共同欣赏教学美的课堂生活新形态。而这一样态的呈现，又正是艺术丰富性的“用武之地”，教学作为一门艺术的多种形态，都可以在不同的审美课堂中得到体现。

二、实践例证：南菁高中审美课堂的同课异构的视角

从“文化课堂”到“理想课堂”，再到“审美课堂”，南菁高中走过了两年时光。在这两年中，“审美”的概念愈加凸显，尤其是在课堂教学的风格体现上，它将教学目标、教师素养、教师行为、教学内容、教学过程以及师生交往作为“美点”，较为细致地对“课堂”进行了审美重构。而诚如前文指出，这种重构在很大程度上又依赖于教师发挥其重要的课程资源作用，从而显现出“美在(教学)自由”的取向。这种诉诸自由之美，可以从不同教师的审美课堂实践中看出来。

以“审美课堂”教学论坛的英语“M2U1 词汇教学”同课异构为例，艺术的形象性特征表现在天津南开中学邵环老师的课堂上。邵老师以 Word Map 为导入，采用织网法、词缀构词法、同异比较法、上下文推断法等将新旧词汇有机整合，由此及彼、由表及里，从词汇的多样性现象看到词缀的本质，又引导学生加以联想，以归类学习、比较学习和语境学习的方式，展开头脑风暴，最后还带领学生归纳经验和规律。学生们在课堂上表现得极为热情，既以超大容量习得词汇，又掌握了记忆和扩充词汇的有效方法，整堂课生动活泼、情感洋溢。

而南菁高中的李现宝老师，则以其擅长的“趣味英语”为手段，充分表现了艺术的叙事性和想象性特征。在他的课堂上，整堂课就是一个引人入胜的故事。李老师由改编自“新闻联播”的报道“216 宿舍全体男生失踪案”为导入，带领学生展开案件调查，用故事的演进线索为轴线，贯穿新词汇于

其中，在故事中让学生了解构词法，完成读词、写词的训练，课堂趣味横生，学生兴趣盎然。

再就艺术的生活性而言，审美课堂的建构也可以凸显生活之于教育的重要性。事实上，以美育课程为依托的全部教育教学活动都应该回归审美的日常生活。南菁高中有很多由课堂而转向生活，或者说将课堂的场景和情境置换为整个日常生活的教学案例。在这其中，情感驱使下的好奇心往往是其缘起。如在一节物理课上，学生对相对论产生了浓厚兴趣，开始提出一连串相关问题。事实上，要回答这些问题，对部分高中物理教师来说并非易事。可能不少老师会以"要完成教学任务，赶上教学进度"或"超出教学大纲要求"等理由来搪塞或转移话题，但这位老师没有这样做，他虽然也对深入浅出地为学生阐释清楚相对论的深奥理论没有把握，却采取了另一种方式继续激活学生的好奇心——以学生所提的问题为基础，转而又向学生提出了一连串新的问题。接下来，学生们就走进图书馆、微机房，读起了 *Relativity*：*The Special and General Theory* 的原著。而老师又顺水推舟，开发出"超纲"的物理校本课程，使一门新的美育课程得以诞生。

当然，审美课堂主要还是表现为物质空间的课堂教学行为。在课堂教学的过程中，审美课堂的建构与实施需要从各个环节、细节来加以"美化"。具体来说，它包括教学目标在强调知识传承之外的情感提升与价值引领；教师在学科素养之外具有审美意识和能力；教师要能够创设不同情境，使情感交往与知识传承融为一体；教学内容要体现美育的校本化，尽量突出人文性；教学手段要尽可能美观；教学过程要注重对话性和叙事性，要善于用各种形式展开平等和谐的师生交往，使整个课堂生动起来、活泼起来。南菁高中根据上述原则，制定了相对详细的"审美课堂的基本实施要求"(如表 6.1)。这一要求作为不同学科构建审美课堂的"底线"，一方面可以调动教师参与学校美育课程体系建构的积极性，让其尽快融入"校园生活的审美重构"之中；另一方面也为不同学科的教师发挥个人特长、探索带有各自学科特性的审美课堂提供了思路和线索。

表 6.1　审美课堂的基本实施要求

美点	实施要求
教学目标	1. 完成知识学习、方法指导、能力培养、情感提升等基本任务
	2. 学生在课堂中能够感受到学习的自由、情感的愉悦和价值的引领
教师素养	1. 有较强的学科素养和教学理论素养
	2. 有较强的审美欣赏力、审美创造力
	3. 课堂教学风格民主、开放，具有较高的学科素养和审美素养
教师行为	1. 在导学活动中，能根据不同教学内容创设情境，让学生去感受、欣赏、品味其中的意境美，激发学生学习欲望
	2. 在导学活动中，营造自由、解放、自主的学习空间，能引导学生基于学科内容发现美、欣赏美、表现美、创造美
	3. 教师的语言、形象、教学的设计、教学容量等教学的各个环节均体现审美的追求
教材重构(教学内容)	1. 整合教材内容和学习资源，选择适合学生认知水平及心理特点的内容
	2. 教学内容体现校本化、开放性，关注科学和人文领域有价值的问题，具有全球视野，体现创新精神和人文关怀
教学过程	1. 教学关注每一个学生，因材施教，面向全体
	2. 教学设计有创新，符合心理学及美学要求，引人入胜
	3. 能紧扣导学目标，有启发性，创设愉快的课堂学习情景，激发学生学习的兴趣，突出学生活动的设计
	4. 教学的每一环节紧扣导学目标，突出重点、难点，导学过程和谐、有节奏，充满美感
	5. 教学手段的使用科学、高效、美观、实用
	6. 以学定教，重视评价反馈和互动生成，让学生享受学习和探究的快乐
	7. 学生自主学习充分，有表达观点、质疑批判的机会；学生兴趣浓厚、情感投入、思维活跃
	8. 课堂有观点碰撞，有价值澄清，有思想高度，有精神引领
师生交往	1. 善于观察了解学生，给予每个学生以恰当的鼓励和帮助
	2. 善于用语言与非语言的形式与学生交流，创设平等和谐的师生关系，师生交往愉悦[①]

总的来说，审美课堂就是要在形式上体现丰富与活泼，突出师生交往的情感属性，紧扣“教育第七感”，通过情感和价值提升来培养“完整的人”。

① 叶澜：《让课堂焕发出生命活力：论中小学教学改革的深化》，载《教育研究》，1997(9)。

它把课堂视为日常生活的一个必要组成部分，把课堂教育教学视为人生的基本元素，从而为师生“过一种幸福而完整的教育生活”提供一种典范。诚如论者所言，“课堂教育应被看作师生人生中一段重要的历程，是他们生命的有意义的构成部分”，而如果我们承认“教育即生活”，那么课堂教育也应该贯穿师生人生的始终。就此泛化的角度而言，审美无处不在，人生无处不是课堂。

第七章　评价：普通高中美育课程体系的实践效果

审美课堂的教学效果如何，是需要有所评价的。但审美课堂的评价，乃至整个美育课程体系的评价，都不应该只依赖于分数和指标，而应该有更深远的人文关怀。这种关怀尊重主体、注重情境、强调过程、经由协商，最后走向师生一体化的共同发展，这也是对整个校园生活进行审美重构的组成部分。

本章尝试以审美课堂和美育课程体系的分段、分群评价为研究对象，讨论基于南菁高中美育课程实践的相关理论问题和个案梳理，力求在课堂教学与教育评价两个方面推进已有研究。不过，值得指出的是，无论是“审美课堂”，还是针对美育课程体系建构与实施的评价，都是一个新事物，其不足在所难免。而对其展开研究，正是一次反思和总结的过程，当有助于推进教育多元化的发展趋向。

课程与教学评价是检验教育教学效果的重要手段，而这一效果自 20 世纪 30 年代开始，主要被表述为“课程与教学计划实际上达到教育目标的程度”①。也就是说，关注既定教育目标的达成度，是课程评价的核心，而其目的在于改进课程。在这种课程与教学评价思路中，“教育”本身是一个自足的系统，其运作的目的是完满自洽的，它为的是不断改进课程、完善教育教学模式，最终形成一个独立的“教育”领域。应该说，这种思路在“课程

---

① ［美］泰勒：《课程与教学的基本原理》，85 页，北京，人民教育出版社，1994。

理论”刚刚诞生不久、进步主义思潮横扫美国教育界的时代是相当有效的。一方面，在进步主义者的攻击下，传统课程观遭到瓦解，“进步主义者之共性乃是他们对学校盛行的诸多做法的反对，诸如死记硬背、重复练习、严酷的纪律、学习用成人的语言界定的且与儿童的生活毫无关联的一成不变的学科”；另一方面，进步主义者“为现行做法开出替代的处方时却观点分歧、五花八门”①。而要调和这一矛盾，让“教育”在进步主义者和传统主义者之间形成相对的平衡，就需要有一种富有说服力的证据——这正是泰勒对美国进步主义教育协会开展的“八年研究”(1933—1940 年)进行追踪评价之后的结果：泰勒原理。其中第四条是对教育评价的说明。

而自 20 世纪 60 年代以来，当社会批判思潮再度兴起，其结果是：以过程性评价和发展性评价替代传统目标—控制性评价的观点成为了今天教育评价的主流。教育的目标从知识的传递(尤其是通过“课程”这一制度性传递)转向了人的培养。在这一过程中，人、人格、情感与价值观成为了评价的重要对象②。应该说，这是符合美育重视人性的基本特征与要求的。但同样值得注意的是，由于人的主体价值缺乏可以短期量化的标准，在具体操作中，关注目标与关注价值往往是并重的，甚至常见到对教育目标的关注度压倒了对主体价值的重视。

由于美育课程体系的建设不可能脱离开知识的传递，而更重要的是，由于南菁高中的美育课程体系本身尚处于构建初期，大量校本课程需要进一步完善。因此，对南菁高中美育课程体系的评价也需要结合目标达成度(事实性)与课程主体价值、情感的提升(价值性)来进行评判，尤其要突出其标准的多样性。本节尝试从不同评价标准出发，对南菁高中美育课程体系的建构评价系统展开初步分析。大体来说，南菁高中美育课程体系的建构评价系统可以分为两个方面：分段评价与分群评价。

---

① [美]沃克、索尔蒂斯：《课程与目标》，21 页，北京，教育科学出版社，2009。

② 参见赵明仁、王嘉毅：《促进学生发展的课堂教学评价》，载《教育理论与实践》，2001(10)。

第一节　分段评价——学生、课堂与课程

所谓“分段评价”，是指将美育课程体系的整体评价划分为由元素到组织的不同阶段，使宏观评价落实于微观、中观层面；即通过对学生的评价、对课堂的评价以及对课程(群)本身的评价来完成对整体课程体系的评价。事实上，这也是一般学校教育评价的基本内容。但作为美育课程的评价，却应该在传统的目标达成度评价(如考试、完成项目、提交报告等)之外，注重学生情感、态度和价值观在教育过程中发生的变化，以及课堂与课程对上述变化的促进程度。

一、学生评价：基于激励和唤醒，突出个性化

美育视野下的学生评价首先要摒弃教育评价中的反教育行为，顾明远先生对此有过深刻的论述：

> 教育的根本目的是育人，培养德智体美全面发展的人才。学校的职责是敬业爱生，促进每个学生健康成长。但是现实生活中却时时出现文中所述的教育，笔者把它称为“反教育行为”。曾看到一张照片，标题是“差生伺候优生吃饭”。画面说明是，某校为了让学生“体验人生百态，把握自我命运”，根据学生的表现打分，把学生分成“上士”“中士”“下士”三等。“上士”吃三菜一汤，还有一杯代表身份的“红酒”；“中士”吃两菜一汤；“下士”站在桌子旁边伺候“上士”吃饭，只有等“上士”吃完了，把碗筷收拾了，才能去吃比较差的饭。谁看到这张照片都会感到十分吃惊，这位校长竟然想出这种馊主意!①

这种评价与教育的育人本质相悖，是对人性的摧残和生命的漠视，违

① 顾明远：《要与反教育行为作斗争》，载《中国教育学刊》，2011(9)。

背了基本的教育常识，更谈不上审美。这种现象虽然在南菁高中这样的学校并不存在，但教育评价中的反教育现象确实在教育生活中真实地存在着。将学生分为三六九等、以考试分数作为唯一标准对学生进行评价，对学生积极健康的情感造成了伤害，甚至会严重影响学生的身心健康。顾先生的论述启示我们，学校美育的起点应该首先摒弃反教育的行为，尊重教育规律，尊重每一个个体作为人的基本权利和人格尊严。在此基础上，为学生创造有助于激发其内在动力、促进其快乐健康成长的教育环境。教育评价显然对学生成长具有重要的导向意义，审美的教育评价应该基于激励和唤醒，让每个人发现自己的优势，帮助其发现自我、实现自我。

在针对学生所进行的评价中，首先要强调的是师生、生生情感交往的深化与深入，在师生亲近关系的基础上，来检验教育教学成果，这往往要求过程性评价特别突出。如"中国传统工艺与化学"校本课程中，教师将对学生的评价分为不同阶段进行，因为学生在掌握知识的时候，往往也是其技能、情感态度与价值观方面得到提升与发展的最好状态。有了知识的收获，他们更容易体验到学校的乐趣。于是，教师设计了特殊的作业：学生交一份作品、写一份总结报告并进行自我评价，组内合作者互评，教师根据学生平时活动表现和学生上交的作品、报告进行课程总体评价①。教育生活的审美化改造需要相应的审美评价进行引导，评价的标准、方式、评价结果的运用都要体现学校整体的育人要求。而对于美育来说，学生情感的丰富、品格的完善往往不能通过即时性的评价呈现出来，需要多种评价方式综合运用。在校园生活中，学校对学生素养的最有效评价方式就是提供各种体验和展示的机会，让学生的能力和素养在活动中得到展现。例如南菁高中的模拟联合国社团活动、学生领导力社团活动和社会实践报告会等活动，就是对学生阶段学习和成长的最好评价；而对学生内在的暂时不能完全呈现的素养，学校建立了跟踪机制，考察学生离校十年、十五年的发展情况，获得大致的数据，再与该学生在学校期间所经历的校园内外生活

---

① 参见张静慧：《科艺渗透，文理融合：校本课程"中国传统工艺与化学"的设计》，载《江苏教育》，2015(14)。

进行比对，进而获得对课程实施的评价。部分学科开展学科活动，丰富了评价的手段。如语文组开展的读书征文活动，推荐学生阅读一本书(阅读本身就是课程)，然后让学生撰写读后感、组织学生读书报告会等。这样一来，就让学生在做作品的同时，进行自我反思，并通过自我反思以及与同组合作者的比较，产生情感激荡，进而实现自我更新——无论这种更新是自惭还是自信，都对其情感态度有所作用；而教师根据学生的自我评价，结合组内合作者的评价，还可以对其进行有针对性的疏导。①

这符合美育课程评价的另一要求，即更加突出学生的个体差异。南菁高中的校友顾明远先生曾提出“废除评选‘三好学生’”，其出发点就在于“三好学生”的评选标准过于单一、片面化：“近年来……评选的标准从‘三好’变成了‘一好’，主要是学习成绩要好。”②而事实上，不同的学生各有其闪光点，需要教师予以挖掘。如“传统文化的审美解读”校本课程，在考核时要求学生依据个人所擅，通过小组合作，形成作品提交全班评审：组内有擅绘画者，可以作画；有擅填词作诗者，可以写题画诗；有擅书法者，可以题写序跋；有擅治印者，可以钤印首尾；有擅作曲吟诵者，可以谱曲朗诵；有擅乐器者，可以伴奏；有擅电脑设计者，可以数字化制图；有擅插花、雕塑者，可以制作原物；有擅香道、茶道者，可以辅助氛围……整个“考场”成了不同小组雅集的比对，既促进了同组成员之间的团队合作意识，也使学生各展突出闪光之处，还使学生在小组中学到不同艺术间的相通与相异之处及其搭配法则，而不同小组间的比较过程也是难得的学习机会。

南菁高中对学生的整体评价也早已经超越“三好”这一固化标准，突出个性化评价，使学生身上不能用考试评价出来的素养和品格得以外显，进而通过评价引导学生投入审美的校园生活。近年来，学校致力于德育课程体系整体建构，围绕公民素养、社会责任和实践能力，整合原有的校园文化活动，

---

① 根据舒尔曼教学研究，教师、学生以及学生小组在教学过程之间形成的交往将带来学生思想、情感与意志的变化，参见王嘉毅、许洁英：《中外教学研究理论模式之比较》，载《比较教育研究》，1997(5)。

② 顾明远：《关于评选“三好学生”的几点思考》，载《思想·理论·教育》，2005(4)。

形成四季(开学季、感恩季、成长季、毕业季)、十节(志愿者节、感恩节、读书节、戏剧节、音乐节、体育健康节、创客节、地方艺术节、传统文化节、狂欢节)，让学生充分活动和展示。这种创设开放的校园文化空间，让学生以主体的身份成为空间的舞者，既是课程本身，亦是对学生的评价。

二、课堂评价：坚持学生立场，跳出分数本身

比针对学生展开的评价高一层级的是由教师、学生和知识所构成的“课堂”。而关于审美课堂的讨论，前文已做较为深入的说明。与审美课堂的基本结构一致，针对审美课堂的评价也可以分为表现形式与情感内涵两个方面。就其表现形式来说，主要是教师在课堂教学过程中的教学设计与手段运用；而就其情感内涵来讲，则包括学生的情感态度变化与师生之间的情感交往两个方面。一堂好课需要教师课前准备和课堂发挥得出色，需要他们有意识地与学生进行交流，同时也需要学生在接受和参与过程中能充分发挥主动性，激活其情感，产生与同学、老师互动的意愿和行为。这二者之间是一种相互呼应、正向促进的关系。

为了便于课堂评价操作，南菁高中制定了“审美课堂教育评价表(讨论稿)”作为依据。表格中“学生表现”与“情感交往”两个部分属于审美课堂的情感内涵层面，而“教师表现”则是课堂表现的主要内容。此外，为了实现审美课堂的开放式评价，表格还特意设置了“综合评价”一栏，让评价者提供主观判断。(见表 7.1)

表 7.1　审美课堂教学评价表(实验稿)

学科　　课题　　授课人　　　评价者

年__月__日　星期

评价角度	类型	类型描述	得分
学生表现(50分)	主体参与认识美	主动投入学习，深入参与课堂(10分)	
		主动提出问题，勇于发表见解(10分)	
	充分探究发现美	独立自主思考，客观理性表达(10分)	
		善于合作学习，积极有效探究(10分)	
	能力提升发展美	长于总结所学，能够迁移拓展(10分)	

续表

评价角度	类型	类型描述	得分
教师表现（30分）	以学定教目标美	目标明确具体，过程民主和谐(5分)	
	教材整合内容美	符合学科特性，利于学生学习(5分)	
	价值引领思想美	适时适度引导，杜绝灌输包办(5分)	
	环节设计创意美	流程清晰完整，体现教师创意(5分)	
	手段恰当方法美	教具选用恰当，媒介运用合理(5分)	
	语言精练表达美	语言形象简练，教态自然大方(5分)	
情感表达（20分）	情境营造氛围美	课堂氛围积极，师生情绪饱满(10分)	
	师生互动共情美	师生关系平等，学生学习愉悦(10分)	
综合评价			

之所以将课堂评价的“教师”元素作为一个独立的评价单元，是为了突出“教师”之于课堂审美创造的重要性。他们是引发课堂审美、生成审美课堂的起点与关键。尽管“围绕学生”的教学主体论调不绝于耳，但无论课堂教学如何变革，教师的作用都应该被充分肯定。即使在强调课堂2/3时间都应该“还”给学生的新基础教育实验中，教师也具有主导地位，他们需要“不断捕捉、判断、重组课堂教学中从学生那里涌现出来的各种各类信息，推进教学过程在具体情境中的动态生成”①。毫无疑问，这是一项艰巨而富有创造美的教学工作，是课堂情感交往的动力来源。无论审美课堂，还是美育校本课程，教师都是设计者。但设计完成之后，一旦投入执行，就是一个真实的、灵动的、活跃的、互动的过程；教师在这一过程中要保持高度的情感与意识投入，保证过程的顺畅、积极、有效。因此，应该把“课堂”视为师生对生活与生命的真实体验，而这一体验的生发者和推动者，主要是教师；其成功与否、精彩与否，责任也主要在教师。

当然，对课堂的评价往往应该在一定程度上跳出课堂本身，适当超越

① 叶澜：《重建课堂教学过程观：“新基础教育”课堂教学改革的理论与实践探究之二》，载《教育研究》，2002(10)。

当时的时空场域。因此，本书适当选取了一些已经毕业的南菁校友进行访谈，了解他们对课堂的评价。一个刚毕业不久的南菁校友在接受访谈时说道：

> 做南菁的学生是一件自由的事。高三的××老师，会在课堂之余教我阅读《全球通史》和《曾国藩家书》。他那跳脱知识结构，甚至跳脱意识形态的分析，鞭辟入里，再融入他半生的人生起伏和参佛智慧，让我知道了什么是"师之大者"。高二、高三的班主任××老师，似乎从不把成绩，而是把自由成长作为衡量学生的尺度。她会鼓励我在紧张的学习之余去读一读《南方周末》，甚至是在自习课上。"中性政府""县际竞争""断裂社会""宪政精神"这些闻所未闻的词汇得以在一个十七岁的孩子心中萌发。那些概念，今天想来，仍不敢说"已懂"，但自由、理性、民主、公正的价值观，我确信将伴我终生。

从这段访谈中，我们可以获得启发：对课堂教学的评价应坚持学生立场，从学生发展的角度出发，而不应该仅仅局限于分数本身。而对于研究者和教师来说，也应该重视学生对教学的评价，重视反思，不断改进教学本身。对课堂的评价为美育课程的整体评价提供了一个反思的路径：既然设计和完善课程的主体主要是教师，那么，对课程进行评价的对象则应该主要是学生。通过学生在审美素养与情感素质上的改变，以及多次审美课堂的反馈，引导教师诊断和改进课程，这种回应性的评价模式是南菁高中美育课程体系建构的细节加工思路。

三、课程评价：打破"计划吻合度"指向，关注教育教学成果的正向回应

美育课程的评价，在审美课堂评价的基础上，主要有三项指标：一是看学生的审美素质是否得到提升。这主要是指其对"美"的感知、鉴赏和评价能力，包括其美学及其他相关学科的基本知识储备、对审美体验的敏感等；二是看学生的艺术创作技能是否得到提升，大部分美育课程都有动手操作环节，学生可以通过提交作品来验证课程的教学效果。这两个指标都

属于目标达成度的控制逻辑评价机制。一方面，限于校本课程的课时与师资，大部分美育课程无论在知识，还是动手能力的教授与训练上，都只能呈现为碎片化的过程，学生并不能在普通高中完整实现专业化的艺术教育；另一方面，“光靠教会学生读和写，并不足以消除他们的逆反心理”①——“读”可视为艺术鉴赏，“写”可视为艺术创作——而只有通过培养学生在情境创设中的积极情感表达，引导他们形成正确的态度和价值观，特别是形成良好的生活习惯，才能实现。因此，美育课程评价的第三个指标就是学生的情感态度和习惯构成。如“生态美学”一课，在课程开始时，教师要求学生每天收集自己家的生活垃圾，并做好分类和统计，然后再计算一个小区一周所生产的垃圾总量，并提供一个学期的历时性变化统计数据，要求最后一堂课时当堂提交。在这一个学期中，教师再也不在课堂上强调这一任务，只在最后一节课上予以“突击检查”，并让同学发言，看他们是否能够形成正确的生态价值观与良好的生活方式，以及有效的应对策略。不过，这项作业的设置，并非是为了评价学生，而是为了检验整门课程的有效性与积极性。因此，凡采用回应性评价的美育课程，其第一节和最后一节课都需要有评课专家参与旁听，由专家参与判断学生在经过课程训练之后，是否产生了较为明显的审美素养提升。

不过，值得指出的是，与一般课程评价主要考虑“所实施的方案是否符合原来的计划”不同，美育课程的评价重点应该放在师生能否于课堂中享受情感交往，并获得审美素养的提升上。因为课程本身是活的，课堂也是活的，其不可预测因素时有涌现，而只要教师牢牢把握好引导学生情感态度与价值观的方向，课程就会显现出其效果，只是这一效果的好坏以及是否有改进的可能，需要评价的介入。也就是说，美育课程的评价主要不是评价教师，而是为了发挥师生一体的作用，更好地改进课程，实现培养“完整的人”这一育人目标。教师在教学实践过程中“超出”课程计划的发挥，本即是其教学艺术的创造性之显现，是值得加以肯定和鼓励的。因此，对其评

---

① V. Walkerdine, *The Mastery of Reason: Cognitive development and the Production of Rationality*, New York, Routledge Press 1988, p. 212.

价不应仅以计划吻合度为依据，更要看教育教学成果的正向回应。而这种回应则包括两个方面：学生评价和教师教研。

第二节　分群评价——学生评教与教师教研

对美育课程进行整体评价，除了以学生为教学成果所进行的成果评价(Product Evaluation)以及在课程实施过程中对审美课堂进行的过程评价(Process Evaluation)之外，还需要注重对两个群体分别进行分析和评价：一是学生的评课，二是教师的教研。前者是学生参与美育课程设计与建构的主要方式，后者则是教师对美育课程进行反思与总结的重要内容。这两个群体都不是评课专家，但都可以通过自身的经历，对美育课程的完善进行带有宏观性的思考。

一、学生评教：以完善课程、推进师生情感交往为旨归

学生评教(SRTE，Student Ratings of Teaching Effectiveness)是一套来自美国的专业教育管理技术①。从其英文名即可看出，学生评教的对象主要是教师教学(Teaching)。而这正是学生评教在当代中国产生极大论争的根源：绝大部分的学生评教，虽然都以“促进教师发展”为目标，但最终却沦为学校监督教师、控制教师的工具和手段②。甚至部分中学的“学生们已经习惯了：班级要不要这个老师，学生说了算。如果一个班级有三分之一的学生认为某老师不合格，那么该老师会在三天之内被调换”③；有的学校则是教师被调离教学一线，转岗至实验室或图书馆。客观地说，作为教师发展的专业评价，以学生评教为主体，容易产生不公正的因素(如势利、儿戏、报复等)，特别是当其与教师的人事决策(Personnel Decision)挂钩时，这种负面效应尤其明显。同时，这种看似有理的学生评教机制，并无助于解决

① 参见谢安邦：《比较高等教育》，218页，桂林，广西师范大学出版社，2002。

② 赵德成：《促进教师发展的学生评教》，载《中国教育学刊》，2006(12)。

③ 潘艺林：《“学生评教”信奉什么教育哲学?》，载《教育理论与实践》，2005(12)。

多尔所提出的问题：现代主义的教学“评价只是将经验与预先设定的目标相联系，而不对学生反思经验之后获得的个人思考成果进行讨论”①。

而南菁高中美育课程体系的学生评教，主要目的并非对教师本身展开评价，而是对课程进行讨论。这种学生评教也可以说是“学生评课”(Student Ratings of Curriculum)，即学生依据其反思之后的“个人思考成果”参与到课程的评价与反馈之中②。这一过程不仅仅在课程终结之后，也在课程进行之中，通过作业、谈话、问卷调查等方式进行。教师在教学中，坚持学生立场，重视学生对教师行为的评估，这本身就体现了教师对学生主体性的尊重，是审美教学的应有之意。同时，由于教师重视学生在课堂上的感受，积极回应学生课堂上的合理需求，学生的情感得到了充分关照，这有利于学生积极学习的情感调动，从而实现了评教统一。在这一过程中，学生自身的审美素养和兴趣能力也能得到展示，教师可以用“学生评课”，进行学生学习状况的调研，了解其知识缺漏和兴趣话题，进行有针对性的课程设计。在这样的课堂教学生活中，学生成了教师最好的教学资源，教师的教学从学生实际出发，充分满足学生的需要，而学生也具有充分表达的机会，在课堂上获得了充分学习的自由与自主。师生互动、充分交流，这是一种对话式的情境美育，也只有这样的课程评价机制，才能显现出美育课程以学生为主体、教师为主导的性质，尤其是凸显出课程评价以完善课程、推进师生情感交往为目的的设计。另外，还值得指出的是，南菁高中的美育课程多是以备课组的形式进行设计的，在对学生评课结果进行分析时，备课组也应参与其中，积极依据反馈对课程加以调整和改进，以分担教师的课程设计责任，避免课程评价变相为指向教师个人的奖惩性评价。

二、教师教研：唤醒教师全员科研意识，让美育成果理论化

确实，对教师的评价，是学校管理的重要内容，涉及绩效、发展等目标的相互关系。但营造审美的校园生活，离不开评价的审美化，这从根本

① [美]多尔：《后现代课程观》，181页，北京，教育科学出版社，2015。

② 这也是“备课—讲课师生合作制”的一种显现，参见王嘉毅、程岭：《“备课—讲课师生合作制”教学模式探究》，载《教育理论与实践》，2012(20)。

上体现了教育管理对人的尊重，毕竟，评价的目的是激励人、发展人和成就人。南菁高中建立了多元的教师评价，包括学生评教、教师互评和学校评选。

学生评价主要是从教师行为审美化的标准出发，要求学生从教师的教学语言、行为、教学设计、作业批改以及师生关系等角度综合评选出“我最喜爱的教师”；教师互评是基于教师对学校发展和对教研组建设的贡献度，结合个人某方面的突出表现，评选出各类先进；学校评价是基于学生评价和教师互评的结果，综合评选出学校层面的最美教师，如最美班主任、功勋教师等。值得注意的是，这些评选不是基于单纯的考试成绩，而是从教师的工作态度、师德师风、工作成绩、学生满意度等方面来评价，这本身体现了学校教育评价的审美取向，彰显了学校管理的审美取向。尽管这些并不是美育课程体系建构的必要内容，但直接影响教师在美育课程体系构建中的情感投入，关系到教师成长的方向，也决定了学校美育课程的质量。

需要进一步指出的是，美育课程体系是以师生完整而幸福的教育生活为建构目的的，因此，进行以教师为群体的评价，应充分考虑到教师自身的主体性以及审美课程的实践生成性，避免评价的“暴力”。如有的学校曾提倡“师生同考”“末位淘汰”，这作为偶尔为之的教师知识技能训练和考核无可厚非，但若作为教师评价的主要方式则颇有本末倒置之嫌，是对教师审美人格的消解。因为“教与学是两种完全不同的活动，教师的‘教’更是一种专业性活动，考得好不一定能教好，教得好也不一定能考好”，育分与育人并非等同。而同时，教师陷入考试压力和焦虑之中，“这种状态既缺少对教师的人文关怀，更缺乏对教师的尊重”①。当然，对普通高中而言，特别是美育课程体系构建，不能将工具化的应试教育追求与审美化的素养培育割裂开来。美育理应是渗透式、融入式的教育，应该“随风潜入夜”般地浸润学生成长，实现对学校教育生活的改造。

---

① 贾汇亮：《发展性学校教育评价的建构与实施》，30 页，天津，天津教育出版社，2012。

南菁高中针对教师所进行的美育课程评价主要以针对审美课堂所展开的过程性评价为主。这是对泰勒以终结性评价为主要指标的一种反拨，以避免终结性评价对正在进行的课程安排无法及时予以回应和矫正的弊病，同时也可以使参与审美课堂评价的同行教师介入课程建构的过程之中，强化师师之间的情感交往。而对教师参与美育课程体系建构的评价，除了课堂实施之外，主要的依据指标当是其教学研究成果。教师教研本是其进行美育课程实践的副产品，但这一副产品本身能够较为深刻地体现教师主体设计和参与课程的思路与程度。简单来说，教学反思性的论文写得是否富有逻辑、研究方法或观点是否具有创新性、支撑材料是否坚实而有力，正是其美育课程设计与规划是否合理、执行与实践是否有效的间接反映。而且这种反映能相对量化且有效地促进美育课程体系建构从偏重感性的设计与执行到偏重理性的反思与改进。而实证研究表明，不断对教学进行反思乃是优秀教师的“决定性”因素①。另外，同样重要的还有，通过对美育教研的提倡，可以帮助教师树立“以科学研究解决实际问题”的意识。

由于教育是偏重于人的主观改造的工作，长期以来，教师对教育教学中出现的问题是以经验为主要解决手段，即“利用自己以往的经验或是利用自己头脑中想当然的认识、观念、理解去解决”问题，因此，“老教师”往往比较容易获得人们的认可，因为人们倾向于认为“经验越丰富的教师解决问题或教育教学的能力越强”②。而事实上，现代教育学作为一门与心理学、统计学、认知神经科学密切相关的社会科学，已经进入了科学化的阶段。因此，在强调人文主义价值取向的同时，学校教育教学应该逐渐形成依靠研究解决问题的观念——当然，这一研究也包括实践研究、个案研究与思辨性研究。传统依靠教师经验或才气的教育教学方式固然可以博得一时喝彩，但缺乏复制性，并不容易大面积传播。只有来自科学研究的客观反思

---

① 王嘉毅、魏士军：《影响中小学优秀教师成长的因素分析：以30位优秀教师的成长经历为样本》，载《当代教师教育》，2008(3)。

② 赵必华、查啸虎：《课程改革与教育评价》，171页，合肥，安徽教育出版社，2007。

与逻辑推演成果，才能得到较大范围的认同与实践①。南菁高中通过学术训练营、教研评比等方式，指导教师和备课组开展协作式的美育课题研究，以教师教研作为美育课程评价的重要指标，唤醒教师全员科研的意识，以及在科研中将美育成果理论化的意愿，从而构建美育的研究型校园。

总的来说，南菁高中的美育课程体系建构力求以“美育”为出发点和所追求的最高境界来制定评价机制与体系，其用意在于通过评价促使课堂功能由“教学”转向“育人”，改变高中课堂过分强调甄别与选拔、教师队伍过分重视绩效与成绩功能的评价方式，发挥评价促进学生发展、教师提高和改进教学实践的作用。尽管这一评价机制仍在完善之中，但从其发展方向来看，已呈现出某种合目的性的体系构建，特别是审美课堂、学生评课与教师教研等方面已经形成了美育课程体系评价机制较为坚实有效的抓手，对营造审美的校园生活发挥了积极的导向作用。

---

① 参见王嘉毅：《教学研究的功能与价值：兼论新世纪我国教学研究的重点与方向》，载《西北师大学报》(社会科学版)，2002(5)。

第八章　愿景：以美育重构校园生活

南菁高中的前身是南菁书院，在百年来的发展中，学校一方面继承江南文化与泰州学派重视日常、重视审美、重视生活的面向，另一方面则不断拓展教育视野，接触美学与美育研究的前沿，试图将学术前沿与教育教学实践相结合，以美育重构校园生活，让师生都能在校园之中感受一种幸福完整的教育生活。这是南菁高中美育课程体系建构的愿景，也是中外教育家之于教育思考的重要内容。

而在整体阐述了南菁高中美育课程体系建构的基本思路、方法、内容与评价之后，有必要再度勾勒其愿景，特别是在南菁高中美育教学实践的总结之上，重新梳理与回答若干关于审美教育的基本问题，以为南菁美育提供更为高远的价值追求和更为深厚的理论基础。就其愿景而言，南菁高中实践的美育强调教育、日常生活与审美之间的关联性。这正是当前国际美学取向的重要话题。不过，就教育学而言，"回归日常生活"是一个导源于美国实用主义与德国现象学的老话题了。而如今要重提教育、美学、生活三者间的关联，就不得不先回应这一老话题。

一、教育生活论：教育是生活的预备，还是生活本身

杜威的教育理论中，最为引人瞩目者，非"教育是生活的过程，而不是

将来生活的预备"莫属①。即使在本书中，这句话也被笔者援引过两次。而考之教育思想史，杜威的这句话并非无的放矢，这"的"正是早于他300余年的夸美纽斯。夸美纽斯对教育体系有六点应许，其中第三点即是"教育是生活的预备，能在成年以前完成"②——显然，教育的与时俱进到今天已远远超出了夸美纽斯的构想，继续教育、成人教育，乃至终身学习已成为社会常态。

不过，在杜威所处的19世纪末20世纪初，资本主义工业正在美国兴起。杜威所秉持的"教育生活论"，就其实用主义效果而言，正是这一现代化进程的助推器。在他轻视和反对传统学校教育的背后，既有着对儿童生活和主体性的尊重，也隐藏着对工业化社会的肯定及对其短视的认同。事实上，自现代科技于19世纪蓬勃兴盛以来，现代性的两面性也随之显现：一面是启蒙现代性(工具理性)，一面是审美现代性；而正如论者所言，"作为西方文明史一个阶段的现代性同作为美学概念的现代性之间发生了无法弥合的分裂"③。为了配合以西方文明面孔出现的现代化(工业化)进程步调，教育也随之出现了技术性的调整，"这种技术包含了对感情和习惯的摒弃，而体现为运用一定的方法论程序将教师客观化，从而使之成为可以观察和研究的对象"④。但与之相伴随的是，教育日渐退出了生活，失去了原本丰富的情感交往意义，成为功利的、制式化的、流水线式的"手段"。它越来越自成一体，由学校通过应试而直接对接工厂，教育也由此而完全脱离了与广袤的生活原野相融合、相对话，甚至相接触的意愿与可能。

---

① 我国近代著名江苏籍教育学家、香港新亚书院第二任院长吴俊升(1901—2000年)就已经指出了这一点，认为"教育即生活"是杜威教育思想的重要口号；而事实上，这句话来源于美国思想家爱默生。参见吴俊升：《教育与文化论文选集》，295页，台北，台湾商务印书馆，1972；单中惠：《现代教育的探索：杜威与实用主义教育思想》，278页，北京，人民教育出版社，2002；刘悦笛：《走向生活美学的"生活美育"观——21世纪如何建设中国的新美育》，载《美育学刊》，2012(6)。

② [捷克]夸美纽斯：《大教学论》，64页，北京，人民教育出版社，1984。

③ [美]卡林内斯库：《现代性的五副面孔》，48页，北京，商务印书馆，2004。

④ 郑新华：《叙事研究与教师专业发展的个人经历与问题》，载《全球教育展望》，2005(12)。

这恐怕脱离了作为教育学家的杜威的构想，但却在作为美学家的杜威身上找回了一种可能。美学家杜威的名言是“艺术即经验”，而这一观点的“要害在于打破传统哲学心理学对经验的界定”，即后者习惯将经验对象框定于具体的物质性物体中，而审美经验“与一般的区别不在于审美作为一种特别的要素，而在于它通过整个把日常经验中丰富多彩的要素做成‘更完美更热情的整体，审美主体一种世界秩序的更浩大的感受’”①。正是因为杜威在其美学中为审美主体的情感留出了足够的空间，其后实用主义才有了在20世纪60年代的美国重新复兴的可能②。

换句话说，“教育即生活”这一观点或者说教育与生活之间的关联在今天的中国得到充分的重视，已经与一百年前杜威的时代语境有着天壤之别。今天我们讨论“教育回归生活世界”，更多是在马克思主义与现象学的视阈中展开的。前者多是对生活异化的批判，而后者则是将视角转向生活的日常经验中。但无论哪种“生活”，都强调其中的情感与体验、好奇与想象，强调人与人之间的共性、同情与集合。马克思主义的观点毋庸多言，2016年获得美国年度教师的贾汉娜·海斯(Jahana Hayes)就以其黑人教师、出身社会底层等情感象征意义，通过对“共情与理解”的提倡，在不同族群、不同文化的学生之间进行情感协调和关爱给予，从而印证了“文化关联教学”(Culturally Relevant Teaching)的独特价值；而现象学同样要求教育应以高度的情感(好奇)投入对日常生活细节的注重中去，“因为我们对这个日常世界如此熟悉，然而，我们对它的了解却是少之又少”，但“从你转向日常事物并检验它的那一刻起，它就成了别的某种非同寻常的东西”，而现象学家就是“带着一种好奇感来审查日常生活中的特殊事件”的③。

---

① 毛崇杰：《实用主义的三幅面孔：杜威、罗蒂和舒斯特曼的哲学、美学与文化政治学》，66～67页，北京，社会科学文献出版社，2009。

② 事实上，这一点在杜威的教育学中也有相关伏笔，如其对“经验”的讨论，为其后体验学习打开了新的可能，参见王嘉毅、李志厚：《论体验学习》，载《教育理论与实践》，2004(23)。

③ [美]巴里特等：《教育的现象学研究手册》，39～40页，北京，教育科学出版社，2010。

从杜威开始至海德格尔，教育都不是生活的准备，而是生活本身。不过，有论者生动地指出，在今天的中国，"'教育回归生活世界'俨然成了教育理论中占支配地位的思想……似乎眨眼之间，'教育回归生活世界''教育走入生活世界''教育贴近生活世界''教育要走近人的生活世界''教育要关注儿童的生活世界'等命题在教育领域大量涌现，形成了一片令人惊异的繁荣景象"。可是，"由于理论呈现方式的晦涩和故弄玄虚，实践中出现了很多似是而非的解读方式""很多教育工作者对它的理解流于表面化、笼统化"①。而同样糟糕的是，讨论教育回归生活的问题，尤其讨论生活美育问题，却没有引发生活哲学的关注。

回到中国传统上来。江南一带泰州学派创始人王艮同样有一个重要的命题，即"百姓日用即道"。所谓"圣人经世，只家常事"，正是在日常生活之中，审美与哲思(诗与思)的最高境界显现为"现成良知"。因此，在王艮看来，无论美还是善，都只在"人伦日用之间举措之耳"②。这种生活哲学的观念，落实于生活美学之上，则是王艮所谓"乐学"，他在《乐学歌》中这样吟咏③：

> 人心本自乐，自将私欲缚。私欲一萌时，良知还自觉。一觉便消除，人心依旧乐。乐是乐此学，学是学此乐。不乐不是学，不学不是乐。乐便然后学，学便然后乐。乐是学，学是乐。呜呼！天下之乐，何如此学；天下之学，何如此乐？

从某种意义上说，乐学即美育，是一种强调审美无功利的纯粹美育。它着眼于人的价值观重塑，即以"良知"自觉来消除"私欲"，最终实现人生终极意义上的美。这样看来，王艮的说法与明代禅宗流弊似乎相去不远，

---

① 牛利华：《回归生活世界的教育学省察》，1、3页，长春，东北师范大学出版社，2015。

② 吴震：《泰州学派研究》，77页，北京，中国人民大学出版社，2009。

③ 参见姚文放：《泰州学派美学思想史》，45～47页，北京，社会科学文献出版社，2008。

二者都强调对世俗生活的一种彻悟，才能实现“看山还是山，看水还是水”的境界。但值得指出的是，王艮的理论与实践和禅宗的迥异之处在于，他坚持面向平民大众进行教育，农夫商贩、走卒樵夫，竟往往在其培育下而成为泰州学派的中坚力量，这实在可以说明中国优秀传统文化中有着深厚的生活美育理论基础。而由此观之，王艮的“蒲轮辙环”便可以看作是一种增强课堂形式美感(震惊感)的教育教学手段①。

正如当代生活美学家所主张的那样，一旦主体价值(良知)介入，“原本认为是极正常的日常生活经验，忽然就被一束前所未有的、超乎寻常的光所照亮——美感的光”②。教育，尤其是美育，需要追寻这样的“光”。它不仅是教育家杜威在一百年前对现代化生活的呼唤，也是列斐伏尔、海德格尔等美学家对现代性生活的反思。更重要的是，对教育学来说，“课堂生活究竟是对未来生活的枯燥准备，还是教师和学生真实生活的过程，教师和学生在课堂中过一种什么样的生活，关系到课堂教学的实践效果问题”③。美育应该在有光的生活之中得到完成，这样的生活才算得上一种幸福完整的教育生活、一种美学重构视野的教育生活。

二、美育范畴：溢(逸)出艺术教育，走向生活美育

说到美育，大量相关论著将其定义为艺术教育。《国务院办公厅关于全面加强和改进学校美育工作的意见》也明确指出，“学校美育课程建设要以

---

① “蒲轮辙环”见于《明儒学案·卷三十二·泰州学案》，指王艮的一些“荒诞”行为。据说王艮在讲学传道时，往往别出心裁、异乎常人地采用一些“法门”，比如按《礼经》穿深色衣服，头戴五常冠，手执笏板，乘蒲轮车，四处周游演讲，所到之地，则坐下焚香默识；或者在自家门前张贴“招生广告”，自谓“此道贯伏羲、神农、黄帝、尧、舜、禹、汤、文、武、周公、孔子，不以老幼贵贱贤愚，有志愿学者，传之”。这些使“乡人始而骇”的教学方法，收到了乡人“渐而信，久而浸与俱化”的良好效果。参见卢佩民：《泰州学派文化》，26页，南京，南京大学出版社，2015。

② Hans Ulrich Gumbrecht，“Aesthetic Experience in Everyday Worlds：Reclaiming an Unredeemed Utopian Motif，” *New Literary History* 37，no. 2 (2006)：302. 叶朗先生也曾指出，所谓美就是“意象世界照亮一个真实的世界”，参见叶朗：《美学原理》，73页，北京，北京大学出版社，2009。

③ 王鉴：《教师与教学研究》，137页，兰州，甘肃教育出版社，2013。

艺术课程为主体”，而其“构建科学的美育课程体系”一节所列举的课程也基本上是传统艺术课程。诚然，美的主要表现形式是艺术，美学在相当多的情况下也可以等同于艺术哲学。就连著名美学家朱光潜曾都作诗曰“不通一艺莫谈艺，实践实感是真凭”①，说的就是美学要依托具体的艺术门类，要依靠亲自动手的“实践实感”作为论说审美的凭证，避免论述的“隔靴搔痒”，而仅为“空对空”的理论推演和“画饼充饥”。

这其实也是南菁高中的美育课程体系建构的主要思路：艺术教育要建立在完善的美育课程体系基础之上，以艺术课程为核心和典范，展开审美对其他课程领域的渗透。不过，南菁高中的艺术教育之“艺术”不仅局限在音乐、美术、舞蹈、戏剧、戏曲、影视等传统艺术门类(核心)，而是将山水景观、兰花、扎染、十字绣、陶艺、插花等与生活密切相关的艺术形式都纳入“艺术教育”之中，使之成为一门独特的美育校本课程。这其实是在核心门类与其他非艺术课程的审美渗透之间搭建一座过渡的桥梁，使艺术教育能够在课程体系与校园中形成一种“氛围”，从而构建起论者所谓“生态式艺术教育观”——“各科各自有不同的偏重，但无一例外地，艺术要在其中发挥一种核心辐射作用；也就是说，艺术必须融合或辐射到语文、数学、伦理、体育等各个学科中，各个学科的教育过程也因为艺术的辐射而变得更有趣味……很明显，这个过程本身已经成为艺术的”②。

这番话固然有理，但是，不那么明显的却是，仅强调艺术的“融合或辐射”，而不强调“语文、数学、伦理、体育等各个学科”本身即有、本自具足的“现成良知”，不着力于开发日常生活之中的美感，只是一味求助艺术的“加法”，恐难免“入宝山而空回”之讥。而要在校园生活中寻找美的存在，以审美重构校园生活，就需要在相关美学与教育学的理论和概念上为这一思路扫清障碍。就教育学而言，教育现象学已经赋予了教育生活实践与体

---

① 朱光潜：《怎样学美学》，载《编创之友》，1981(1)。

② 滕守尧：《艺术与创生：生态式艺术教育概论》，14页，西安，陕西师范大学出版社，2002。

验以高度的合法性，这一点前文已略加说明①；而就美学来说，早在其创始人鲍姆嘉通那里，美感就是一门与对象无关，而注重主体感性的学问。就当前的生活美学而言，“一个普遍看法，审美客体不是一些特殊物，审美是由主体的态度与经验所决定的”②，这一观点显然与中国学界所熟悉的车尔尼雪夫斯基对“丑”的唾弃大相径庭，尽管后者也强调“美是生活”③。而作为当前对美学的基本共识，这一观点也与杜威有着密切的关系④。晚近以来，舒斯特曼所代表的新实用主义，更是在审美经验上，超越了杜威所主张的愉悦(pleasure)，而将“不安的震惊、撕裂感、迷失感、困惑感、惊骇、抗拒，甚至极端厌恶感”都视为人的审美感受能力的丰富⑤。

可见，新的美学之美，不仅以美(愉悦)为美，也以不美的、自在的日常生活为审美对象；它努力通过主体的审美感受，使单调乏味的生活表现出神奇、创造性的一面，从而慰藉被抛入深渊的主体，也显现出生命的意义。这是多么丰富而又深刻的“美”！而要让师生在校园生活中能够深入体会这些丰富的“美”(情感)，仅靠艺术课程，恐怕未必能够圆满。随着“美”与“美学”的定义从艺术、艺术哲学向情感、感性学转移，美育课程也应该由艺术课程转向更深远的、与情感密切相关的生活之上。这显然有两种方式：一是以艺术课程为核心，其教育方式与审美经验通过渗透、融合、介

---

① 另可参见王萍：《教育现象学：方法及应用》，97～98页，北京，教育科学出版社，2012。

② Yuriko Saito, “Everyday Aesthetics,” *Philosophy and Literature* 25, no. 1 (2001): 87-95.

③ [俄国]车尔尼雪夫斯基：《艺术与现实的审美关系》，6页，北京，人民文学出版社，2009。

④ 西方世界的权威词典《布莱克威尔美学指南》和《牛津美学手册》都以1934年杜威《艺术即经验》为生活美学的直接起点，参见 Sherri Irvin, “Aesthetics of the Everyday,” in *A Companion to Aesthetics*, ed. Stephen Davies, Kathleen Marie Higgins, Robert Hopkins, Robert Stecker & Davie E. Cooper (Malden: Blackwell Publishing, 2009), 136; Crispin Sartwell, “Aesthetics of the Everyday”, in *The Oxford Handbook of Aesthetics*, ed. Jerrold Levinson (New York, Oxford University Press, 2003), 766。

⑤ Richard Shusterman, “Aesthetic Experience: From Analysis to Eros,” *The Journal of Aesthetics and Art Criticism* 64, no. 2 (2006): 217-229.

入等，进入其他科目的课程，这可以命名为“溢出”。而另一种美育课程转向，则是其他科目的课程“自力更生”，内向性挖掘自身的美学元素，尤其是教学知识与教学主体（教师）的情感蕴藉与传递交流之能力，绕过艺术课程，直接与美育发生关联，此为“逸出”。

只有通过类似办法，才能摆脱艺术课程作为美育课的“婆婆”的地位，彰显情感交往之于审美的巨大意义——要知道，艺术虽是审美情感的集中象征，但是，艺术课程却有大部分时间是用于相对机械化的技能训练的。如果不能与生活相联系、与学习主体的情感表征相联系，而是与艺考、特招、等级、选秀等相联系，那么，艺术被技术所异化的危害将更大。因为它毁坏的是整个社会对艺术可能是人类精神家园最后救赎手段的仅存的一点希望。而溢（逸）出艺术教育，并非否定艺术教育，其真正目的在于绕过艺术（品），放眼于其后的整个日常生活世界，以及同样生活于这一世界中的“他者”。

不妨将他者与天地万物所构成的世界统称为“物”，而对物的情感投射，即为“成物”。论者言，“就其现实性而言，成己与成物并非彼此分离。对世界的认识与改变，离不开人自身存在的境遇的提升。同样，自我的成就，也无法限定于狭隘的生存活动或精神之域，惟有在认识和变革世界的过程中，成己才可能获得具体而丰富的内容”①。这就为南菁高中美育课程培育“完整的人”这一目标提供了一种哲学的把握：人只有在与他者（外物）相融合之中，在从“为自己而活”走向“新的社会联结”②的过程之中，才能寻找到真正的自我，实现对幸福的审美。这一过程怎么会只发生于课堂？只要教

① 杨国荣：《成己与成物：意义世界的生成》，9页，北京，人民出版社，2010。杨国荣所谓“成物”是将他者与客观的天地万物视为一体，统称为“物”；而对于注重情感意义的生活美学而言，人与人之间的交往更为根本，因此，确有必要将主体对他者的成全（成人）独立出来加以讨论。《郭店简》亦有“知己而后知人，知人而后知礼，知礼而后知行”语，见李零：《郭店楚简校读记》，159页，北京，北京大学出版社，2002；而“从‘行’来看，‘知己’同时也是‘成己’”，参见龚建平、宁新昌：《儒家哲学中的“知己”与“絜矩之道”的方法论意义》，载《孔子研究》，2010(2)。

② ［德］马尔里希·贝克、伊丽莎白·贝克—恩格斯海姆：《个体化》，27页，北京，北京大学出版社，2011。

师有审美之心，在与学生交往的日常生活之中，在校园里、在班级中、在操场上，随处点拨，则天机焕然。因为，只有与人交往的人，才是“完整的人”。一如杜威所言的“审美经验”，其特征在于“统一性、完整性和完满性，而不在于它是否令人愉快”①。由这样的审美经验所构成的“校园”即是“以美育重构了之后的校园”，时刻保持如是审美意识、保持与他人(包括师生)情感交流意愿的生活，即幸福完整的教育生活。

从这个意义上讲，“何处青山不道场，何须策杖礼清凉”，美育应该要走向生活。而南菁高中正走在通往生活美育的一条路上。

三、以教育成就师生的人生幸福

学校文化说到底就是为师生学习和生活营造一种愉悦的环境，引领人的价值追求。朱邦芬院士在谈到中美教育的差别时认为，“中国教育哲学的成功之处在于它对于大多数学生的比较规范的课堂教学和比较严格的课外练习，美国教育哲学的成功之处在于它为少数天才学生提供了充分的发展空间和非常好的环境。”杨振宁先生也曾深刻地指出，“一般来讲，对于多数学生，90 分以下的学生，中国的教育哲学比较好，能够训导他们成才、少走弯路，增加他们的自信心和安全感。至于 90 分以上的学生，他们常常不大需要训导。对于这些学生，美国的教育哲学一般能够比较好地让他们有更多的空间发展他们的才能。”杨振宁的这个观察表明，少数天才学生的成才，主要不是依靠老师的训导，而是需要充分的发展空间和良好的文化环境。当前，部分中学将升学作为学校发展的唯一价值取向，学生成为考试的机器和被教育奴役的对象，夸美纽斯把这样的学校称为“人才的屠宰场”，教育生活没有任何美感可言。真正的教育应该让学生有更多的自由，以诗意的教育追求去唤醒学生的潜能，激发他们对未知世界和美好人生的追求欲望。美育是情感的教育，是感性与理性、情感与理智相协调的教育，是促进学生科学精神与人文素养协调发展的教育，它通过解放和提升人的感

---

① 参见李媛媛：《杜威美学思想论纲》，47～59 页，北京，中国社会科学出版社，2010。

性来培育健康人格，改善人的审美品质。以美育重构学校生活，让师生在美的体验中成就未来，正是我们基于此的教育愿景。

南菁高中将始终以师生的幸福成长、全面发展为追求，树立以人为本的管理理念，建立起科学的学生和教师评价制度，引领师生过一种浪漫的校园生活——学生乐学好学，教师乐教善导，师生共同进步。近代国学大师王国维早就说："美育者，一面使人之感情发达，以达完美之领域，一面又是德育与智育之手段，此又教育者所不可不留意也"。学校文化建设要积极构建审美的教育生活，一种能够积极影响人的情感、意志、追求，给人以想象、启迪，予人以喜悦、同情，令人心旷神怡的生活；审美的教育生活是师生在校园生活中创造和参与、享受的过程，是人与人、人与对象之间的审美关系，是一种"应当如此的生活"。审美生活是真与善的统一，总是充分洋溢着人的自由创造精神和创造力。

南菁高中正是本着这样的理念，来进行审美课程体系建设的。历经沧桑的百年南菁，以其融合历史与现代的校园风貌，为学生提供了美的生活学习环境；学校独有的沈鹏艺术馆、明远书屋、邢秀华书法艺术馆、民间艺术珍宝馆等全国知名的艺术场馆，是学生美育的丰富资源，南菁高中的美育课程体系建设依托这些独有的文化艺术资源全面展开。学校分三个阶段进行课程开发：一是器物研究，即对艺术品的形式展开具体分析，突出科学的"求真"精神；二是文化研究，即对艺术品的时代内涵、风尚与文化精神展开讨论，突出伦理的"求善"意识；三是鉴赏研究，即对艺术品所展现的美感进行个性化的分析，辅以艺术创作实践，使学生得到富有个性的美育熏陶，这就突出了个体感性经验的"求美"效果。多种课程的开设，使南菁高中的校园充满了"美的气息"。今后，学校将构建立体的美育课程体系，让美育渗透到学校教育生活的方方面面，让学校处处洋溢着美的气息。

党的十八届三中全会提出"坚持立德树人""完善中华优秀传统文化教育""改进美育教学，提高学生审美和人文素养"，这些高瞻远瞩的时代教育强音，使我们认识到"美育"应该以"提高学生审美和人文素养"为基准、为诉求。也就是说，美育要以培养一个富有审美眼光、保有艺术敏感、怀着天真之心的“人”为最终目标，最终成就师生的生命幸福。加强美育，立德树人，这是党中央对包括南菁高中在内的所有学校提出的殷切期望，也是加快拔尖创新人才培养的重要举措，南菁将坚守全面育人的价值追求，为实现中华民族伟大复兴的中国梦培养更多的优秀人才。

四、关于生活美育及其研究的展望

当前学界关于“生活美育”的研究与讨论方兴未艾①。事实上，这一潮流与趋向同教育的整体语境变革密切相关，或者说，它与未来社会的整体转型密切相关。随着互联网技术的兴起，大众创业、万众创新成为一种趋势，而这一趋势的思想史意义可以认为是民间的、大众的，亦即“生活”的崛起。

当然，这一“崛起”并非一蹴而就，而是有着一个相对漫长的发展过程。以美学而论，从20世纪中期开始，关于“大众文化”与“文化工业”的讨论即已有“苗头”，20世纪末至21世纪初，“日常生活审美化”研究已蔚为大观，而“从2005年开始，西方的生活美学从零星的相关论文发表转到结集出版，所以这一年可以被视为狭义的生活美学形成整体力量的一年”②。生活美学的兴起，意味着强调审美神圣化的传统康德美学(古典美学)正在逐渐走向黄昏。

到2010年之后，当互联网走向“物联网”时代，大数据、云计算等技术手段更是将人们空前地结合在一起，翻转课堂、未来学校、慕课、微格教学、电子白板等教育技术手段也在此时涌现。从某种意义上说，这也可以认为是“民间”的崛起，是原本作为接受者的“大众”的崛起，是一场借助技术而实现的自下而上的教育革命。顾明远先生在为南菁高中课程文化丛书所做的序言中说，“今天大家都在谈论未来教育，但未来教育发展的趋势是什么、有什么变化？……我觉得可用一句话来概括，即‘从教到学的转变’。无论从当今信息技术发展对教育的影响来说，还是从我国教育发展的转型

---

① 张春海等：《“生活美育”使美学更接地气》，载《中国社会科学报》，2016-11-25。

② 刘悦笛：《今日西方“生活美学”的最新思潮——兼论中国美学如何融入全球对话》，载《文艺争鸣》，2013(3)。

来说，都要从教师的教向学生的学转变。”①这既是教育发展趋势自身的变革，也是社会整体转型所带来的必然影响。

无论审美，还是教育，一种强调“接地气”的观念正在蔓延，社会文化的各维度都在这一观念中面临着类似的变化。然而，亦如前文所指出的那样，当前美育研究的困境在于研究美育者多为哲学美学家，而重视实践的教育学者则不多。这一状况在事实上构成了对“生活”崛起或“接地气”的“反动”。因为哲学美学领域的专业学者讨论，往往疏阔宏大，偏重基础理论的研究与深挖，但对生活美育的立足点和落脚处——课程，却鲜有深论。这是本书选题讨论的原因之一，但限于学力，全书在对课程的讨论上仍存在明显的不足。这主要表现在：

在研究对象上，集中于南菁高中的美育课程建设，对其他相关学校的探索、实践虽有关注，但比较研究不足；在对国外研究展开收集、整理、分析时，主要关注其美学理论和课程理论，对其课程体系建设的关注也有欠缺。这固然可以说是一种“文化自信”的表现，但更多是研究展开仓促所致。而事实上，长期以来我国关于外国教育或比较教育的研究也主要集中在理论上，对其具体教学案例的考查、引介都不十分丰富。这需要将来在研究中加以完善。

在研究方法上，本书基本以思辨讨论与个案分析为主，缺乏质化与量化方面的实证研究。在课堂建设、课程评价方面，如果能够引入一定的问卷或访谈，通过数据处理相关材料，当可有效地佐证文章观点。尤其可以探索使用人类学的民族志方法，展开对南菁高中的课程建设分析。民族志的研究方法在教育学领域具有广泛的应用前景，但当前我国却主要“局限于考察少数民族教育问题”，这不但“极大地忽视了其他边缘群体的教育诉求”②，而且忽视了对普通高中相关教育实践的考察。特别是如南菁高中标

---

① 参见杨培明：《激扬生命的教与学：南菁课程的重构与变革》，1页，北京，红旗出版社，2016。

② 李淼：《论学校民族志的发展及在我国的应用》，载《湖南师范大学教育科学学报》，2015(2)。

举“以美育重构校园生活”的教育理念，运用重视生活的民族志深描等研究方法当十分合理①。

在研究成果上，南菁高中近六年来的美育课程体系建设实践成果显著，而本书的讨论难以括其全貌，不说挂一漏万，却也难免有遗珠之憾。对于纳入讨论的案例，在对其理论性叩问与实践性总结上，都不免过于疏浅。这是要向研究对象致歉之处。不过，好在实践仍在继续，生活美育还是南菁高中教育教学实践的主要方法。本书的研究也将随之继续，以长时期的参与式观察，期待下一次写作。

概括而言，本书以江苏省南菁高中的美育课程体系建构为个案，讨论了当前我国普通高中美育课程体系建设的基本理论、思路、目标、内容、实施方法和评价机制。在美育课程理论的发展上，尝试提出身心一体化的感性教育、以美育重构校园生活等带有创新性的命题，并以此作为建构普通高中美育课程体系的主要依据。建构出南菁高中美育课程体系的核心框架、实践框架和理论框架，此期对其他学校的课程体系建构提供一定的价值参考，并在美育理论和美育课程研究的讨论上有所推进。但毫无疑问的是，真正的研究，尤其是教育学研究，始终“在路上”。南菁高中之于美育课程的改革探索不会停止，生活美育的研究也始终在继续。因此，我们可以期待来者的相关讨论。而就 2015 年《国务院办公厅关于全面加强和改进学校美育工作的意见》提出的“构建科学的美育课程体系”的总体要求来看，我国普通高中的美育课程体系建构也将会是今后一段时间内需要重点解决的问题，所以，南菁高中的相关经验是可作为一种不甚成熟的参照的。

---

① 参见袁汝仪：《哈佛魔法：从 Do Harvard 到 Do World 的哈佛人领袖性教育民族志》，台北，远流出版公司，2010。袁汝仪毕业于美国俄勒冈大学艺术教育专业，主要从事艺术教育的人类学研究。本书考查哈佛大学教育学院艺术教育硕士班的日常运作，以深描的研究方法，展示了一种学术教育的特殊社群及其现象。

后　记

2013到2017年，我在西北师范大学读书，我的博士论文题目是《普通高中大美育课程体系建构——以江苏省南菁高级中学为例》，本书是在我博士论文基础上形成的。选择这个题目来研究，是基于我的工作实践以及对教育问题的深刻反思。普通高中究竟要培养什么样的人才？是被迫迎合社会对升学率的现实期待，还是顺应国家和民族长远发展的理想诉求？叩问普通高中教育的使命，教育应高扬中华美学精神，以立德树人、铸魂育人为根本，成就师生生命的幸福和人生的美好。这些认识是我从事这一研究的根本动力。

我从事这一研究的四年时间，是我国基础教育迅速发展、转型跨越的四年。党中央对我国基础教育发展进行了新的战略性的部署，将立德树人确定为教育根本任务，明确提出"加强和改进美育教学"，对美育问题给予前所未有的重视。党的十八大以来，普通高中的美育工作受到前所未有的重视，以美育人的研究与实践取得了丰硕成果。作为在基础教育从事研究和工作的每一个人，都应该感谢这个美好的时代，社会主义新时代的教育为我们的学习和研究提供了广阔的舞台，也引领着我们前进的方向。

南菁高中的前身是创办于1882年的"南菁书院"，它曾是江苏省最高学府和教育中心。"忠恕勤俭"的校训和经世致用的传统源远流长。130多年来，南菁英才辈出，黄炎培、陆定一、顾明远、沈鹏、金立群等一大批杰出校友彰显南菁教育的文化基因和家国情怀，引领南菁学子探寻人生的美好、领悟生命的价值、塑造高尚的情怀。近年来，南菁高中试图从历史传统的继承和时代使命的呼唤中探寻改革动因与实践方略，不断探索面向全体学生、贯穿教育全程、涉及全部学科、融入日常生活的“大美育”课程体系，进而真正形成“以美育重构中学生活”的发展路径。这样生动的美育实践，真正解决了美育落地的问题，从根本上改变了一所学校的教育样态，促进了学校育人模式的转型。我很幸运过去近 20 年能在这样一所学校工作。2015 年至 2020 年我担任南菁高中副校长，分管学校课程建设工作，这使得我能够参与策划南菁高中大美育课程改革建设并进行美育课程教学实践。我的研究得到了南菁中学的老师们和学生的智慧启迪，这本书也记录了我与南菁中学的老师和学生共同成长的经历，这每一行字都凝结着我对南菁这所学校的真挚情感，也是我教育理想的审美表达。

回首西北师范大学四年的求学时光，老师的教诲、学长的指引、同学间的讨论……这些情景都还历历在目。四年，显然并不短暂，但这四年对我的意义不仅仅是学业的增进，更是精神的成长和生命的充盈。师大四年的学习，我谨记“知术欲圆，行旨须直”的校训，沐浴在百年师大厚重的人文底蕴和严谨的学术传统之中。这宝贵的学习经历无疑让我对教育有了新的认识，促使我重新审视自己所做的工作，思考自己从事教育应该追求的价值，更加坚定和理性地行走在通向教育美好未来的路上，从而成就学生也成就了自己——让我能够拥有这样一段宝贵的生命历程。

我的这一研究能够顺利进行并取得预期成果，要感谢我的导师王嘉毅先生，他学养深厚、治学严谨、诲人不倦，对我的学习和研究悉心指导。先生学术视野开阔，对教育热点难点问题进行深入地研究和思考，并要求我们在学习中注重理论联系实际，从立德树人的高度研究和解决教育实际问题。感谢我所工作的南菁高中校长杨培明先生。杨校长教育理念先进，具有改革创新的精神和魄力，以“办关注师生生命幸福的教育”这一教育哲学引领南菁开展美育实践，取得了突出的成绩。我的研究是在南菁美育的实践中展开的，戴加成副校长、张敏军副校长、冯德强副校长、刘正旭副书记、教科室印晓明主任、办公室徐海龙主任等同事是南菁美育团队的核心成员，他们的实践成果为我的研究提供了重要支撑。从这个意义上讲，这本书也是南菁高中的集体智慧。

我的研究得益于众多专家、学者、同事和家人的关心和帮助。浙江大学林玮副教授和江苏师范大学的程岭副教授为本书的成书、出版做了大量的工作，他们全程参与了南菁高中的美育实践，这本书饱含着他们的智慧。感谢《人民教育》副总编辑赖配根先生、策划部主任施久铭先生、资深编辑任国平先生，他们对南菁高中的美育课程建构进行了指导，我的研究也汲取了他们的智慧。这本书能顺利出版，还要特别感谢北京师范大学出版社的伊师孟老师和其他编辑老师们的辛勤工作。最后，还要感谢我的家人，妻子刘芝秀对我学习和工作的支持，对家庭默默的付出，解除了我学习和工作的后顾之忧。

本书的出版仅仅代表我过去研究成果初步总结，我对美育的研究与实践仅仅是一个开始。教育不仅彰显理性和逻辑，更渗透审美、想象、灵性以及诗意和创造的审美经验。教育的美学立意，旨在让教育呵护“完整的人”，回归师生对生命幸福和精神家园的期盼，以美学精神优化统领学校教育生活，体现教育对“美好生活”的引领、诠释与促发。这是本研究所追求的目标，亦是我今后从事教育工作的不懈追求！

由于本人水平和认识所限，对美育中很多问题的理解还处于探索阶段，有些观点仅仅是个人的浅薄之见，不妥之处还请专家学者们指教。

马维林

2020年1月10日